사색의 그물망과 친화력

사색의 그물망과 친화력

송희복 지음

동국대학교출판부

독자를 위하여

저는 『사색의 그물망과 친화력』이란 제목으로 된 또 하나의 책을 세상에 내보내고 있습니다. 이 책은 우리 근현대시의 정체성과 존재 의의, 또 이와 관련된 여러 가지 현상을 밝힌 것이라고 할 수 있습니다.

이 책의 내용은 우리 시의 사상 내지는 형이상形而上에 대한 측면을 부연하고 그 윤곽을 세밀하게 확대하는 차원에서 쓴 글들입니다.

이 책의 성격에 관해서라면, 비평문이라고 해도 좋고 논문이라고 해도 무방합니다만, 제가 그저 가치평가의 관심과 학구적인 관점을 동시에 충족하려고 생각했기 때문에, 저는 독자 여러분께 이 책이 비평과 탐구의 영역을 아우르는 간間텍스트적인 성격과 형태를 지닌 것으로 보아 주시기를 감히 기대합니다.

과거에도 우리 시의 형이상이란 다소 무거운 주제를 대상으로 한 강단비평적인 성격의 글이 발표된 경우도 없지 않았습니다. 그런데 이 경우는 대체로 보아서 모더니티, 영미 신비평, 서양 근세 철학 등의 교양의 바탕 위에서 우리나라의 근대시를 비판적인 관점에서 체계적인 틀을 이해하고 인식하였던 것으로 보아야 할 것입니다. 다시 말해, 기존의 시각에 의하면, 우리 근현대시에는 이른바 정한론情恨論과 같은 용어에서 살펴볼 수 있듯이 감정주의의 지배를 받아서 형이상적인 사색의 깊은 흔적이 없다거나 좀 부족하다거나 하는 것입니다. 시의 사상성 문제에 관해서도 주로 이데올로기와 정치 현실에, 아니면 신비적인 시심을 둘러싼 이성적 구조에 관한 논쟁으로 점철해 왔습니다. 우리 시가 사상성이 얕다는 사실을 우리 스스로 인정한 형국이지요. 이 모든 것은 서구적인 근대성의 개념 내지 인식의 틀과 관계되는 문제입니다.

저의 발심은 이 사실로부터 비롯하였다고 해도 지나친 말이 아닙니다. 저는 2010년대에 이르러 동양적인 발상전환의 시학에 관해 여러 가지로 사색하기 시작했습니다. 그 결과에 이르러서, 저는 비非서구적인 것과 탈脫근대적인 것의 시학 정립이 우리 근현대시의 정체성과 존재 의의를 해명하는 데 긴요한 척도로 자리매김할 수 있을 것이다, 라는 생각을 가질 수 있었습니다.

이런 취지에서 저는 저의 모교이기도 하고 제 학문에 관한 한 생명력의 근원이기도 한 동국대학교(출판부)에, 불교를 중심으로 동양의 심원한 사유방식을 배경으로 한 우리 시의 형이상적인 측면과, 우리의 시와 사상의 관계성을 바라보는 성찰의 시각에 관해 독창적인 가설을 실현하기에 알맞은 저술 형태를 제안하게 되었습니다. 감사하게도, 이 제안이 받아들여져 지금 이 책은 공간되기에 이르렀습니다. 이 사실도 부처께서 맺어 주신 소중하고도 고귀한 인연으로 생각하고 싶습니다.

제게는 오래 묵은 원고를 모아 단행본으로 출판하는 일이 더러 있었습니다만, 이 책은 최근에 쓴 것들이 대부분이란 점에서 발 빠르게 움직인 것의 결과입니다. 민첩한 대응력을 발휘한 것에 대해, 저는 매사에 둔감한 제 자신에게 좀 놀란 것이 사실입니다. 앞으로도, 비평가로서, 또 학인으로서 완급을 조절하고 살펴보는 일에 마음을 쓰고 정성을 기울일 것입니다.

감사합니다.

2014년 초여름에

저 자

| 차 례 |

제1부
언어의 결, 사상의 틀

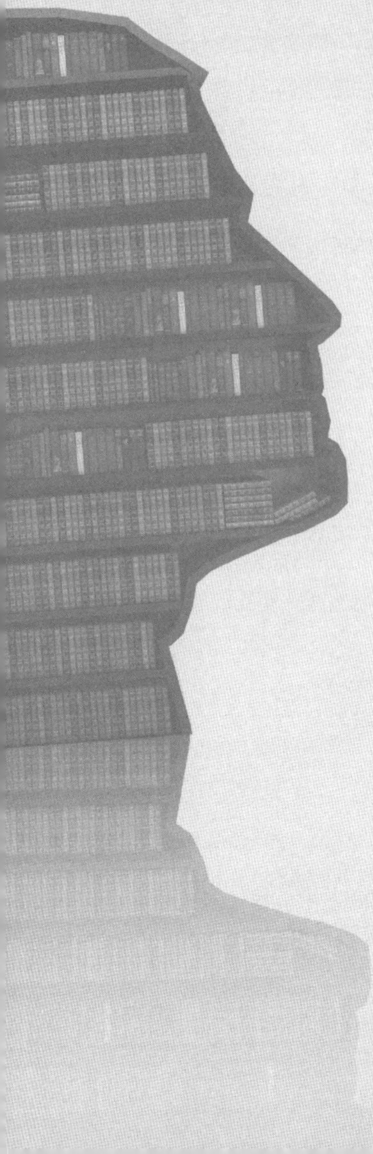

한용운 시의 형이상形而上, 모순형용의 수사학과 불교의 유식 사상
– 시와 사상의 조응 관계에 관하여

1. 문제의 제기

한용운 연구자 중에는 그의 문학사상에 관한 관심을 보여 준 이 가운데 한 사람으로 조동일을 기억할 수 있을 것이다. 그는 『한국문학사상사시론』(1978)에서 한용운을 체재體裁의 한 장으로 설정해 놓았다. 그는 한용운의 문학사상에 관해, 그의 사상이 불교에서 나온 것이면서, 불교로 정지되어 있는 게 아니라 3·1운동 세대가 지닐 수 있는 민족 사상의 정수를 보여 주었다고 했다.[1] 오늘날의 입장에서 볼 때, 이러한 유의 견해는 불교의 깊이를 천착하지 않고 표피적으로 이해했다거나, 시민적 지도자급 인물을 염상섭·현진건·나운규·유관순 등으로 대표되는 소시민적인 청년 세력인 소위 3·1 세대와 구별하지 못했다거나, 또한 문학사상과 문학관의 차별성

1 조동일, 『한국문학사상사시론』, 지식산업사, 1978, 351면, 참고.

을 명확하게 밝히지 못했다거나 하는 아쉬움과 한계를 남기고 있었다. 한용운의 부분에 관한 한, 그의 저서는 자신이 밝히고 있듯이 시론적試論的인 미완의 저서라고 할 수 있겠다.

주지하듯이, 한용운의 시에 관한 연구는 그동안 수많은 연구자들에 의해 다각도로 진행되어 왔다. 내용은 다양했지만, 관점은 대체로 보아서 제한적이었다. 그가 한 시대의 사상가이며 사회실천가였기 때문에 그의 시도 사상적인 깊이를 드러내는 측면과 사회문화적인 비평관의 측면에서 이해되고 인식되어 온 것이 사실이다.

연구사의 개괄적인 면을 살펴보면 세부적인 분야에서 큰 성과를 이루어낸 경우도 있었다. 그 중에서 대표적인 연구 결과라면, 형식주의적인 분석비평의 측면에서 한용운의 유일한 시집인 『님의 침묵』을 정치하게 꿰뚫어본 송욱의 『전편 해설 한용운 시집 '님의 침묵'』(1974)을 떠올릴 수 있다.

그러나 한용운 연구사의 주류는 개별적인 천착이라기보다 종합적이며 통합론적인 안목을 보이는 데 있었다. 불교학자 조명기에 의해 한용운의 기구한 생애와 난삽한 사상을 밝힌 공동 노력의 보물함이라고 높이 평가된[2] 박노준·인권환의 『한용운 연구』(1960) 이후 지금까지도 그러한 안목은 유효하게 계승되어 온 감이 없지 않다. 한용운 사상의 의미 있는 중핵에는 불교가 자리하고 있다. 불교를 축으로 그의 문학사상이 다양한 양상을 띠는 것이라는 견해가 큰 줄거리를 이루어 왔으나, 최근에는 문학의 부분을 사상한 가운데 한용운의 사상이 불교와 서양철학을 접목한 것이라는 소수 견해가 제시되기도 했다.[3]

---

2 동아일보, 1960. 12. 15.

3 한용운의 자유주의는 서양철학, 특히 칸트를 토대로 불교를 재해석한 결과라는 것이다. 한용운의 불교적인 근대 인식에 칸트의 자아론과 자연과학의 인과론은 큰 영향을 미쳤다. 칸트의 현상적 자아와 불교의 무명, 인과론과 '상즉상리相卽相離' 관계론은 불교와 서양철학을

이 글은 한용운의 시세계에 관한 연구이다. 이 글은 형식주의 연구의 일환인 수사학적인 관점에 의한 논의의 결과와 불교 유식唯識의 사상에서 그것을 살펴보는 것을 연구의 지향점으로 삼고 있다.

요컨대, 나는 이 글을 통해, 한용운 시세계에 관한 모색의 깊이를 더하기 위해, 종합적이며 통합론적인 안목에서, 시적 형식 의장意匠으로서의 수사학과 불교의 유식을 초점화한 사상 배경을 연결하는 데 있어서 하나의 접점을 찾기 위해 노력하려고 한다.

2. 응결된 모순의 언어와 모순형용의 수사학

수사학의 전통은 서양이 동양보다 긍정적이며, 또한 훨씬 깊다. 대부분의 수사학에 관한 책들은 서양적인 지적 전통 위에 놓인 것들로 채워져 있다. 수사학은 오랜 전통의 토대 위에서 전개를 거듭해 왔으며, 오늘날의 문체론은 이 바탕 위에서 발전적으로 계승한 것이다. 수사학이 고대인들의 문체론이요, 문체론이 현대인들의 수사학이 되는 까닭이 여기에 있다.

서양에선 수사학을 담론을 구성하는 능력의 일환으로 간주한다. 이 사실은 시에서도 마찬가지로 적용된다. 시는 수사학과 밀접한 관련을 맺는다. 시와 수사학에 관한 친연성의 폭은 상당히 넓다. 그도 그럴 것이, 시는 비유적인 표현을 풍부하게 사용하는 언어이며, 강력한 설득력을 발휘하는 언어이기 때문이다.[4]

접목할 수 있게 한 주요한 모티프가 된다.(윤종갑, 「한용운의 근대 인식과 서양철학 이해」, 『한국민족문화(39)』, 2011. 3, 15~27면, 참고.)

4 조나단 컬러, 「수사학, 시학, 시」, 박인기 편역, 『현대시론의 전개』, 지식산업사, 2001, 389면, 참고.

불교의 경전에 기어綺語란 말이 있고 유가의 가르침에 교언巧言이란 말이 있는 걸로 보아서 동양에서는 비유적인 표현을 두고 그다지 마뜩찮게 여겨왔던 것 같다. 그럼에도 불구하고, 불가에서는 비유가 본질을 흐리게 하는 표현이라고 생각하면서 이를 어리석은 대중의 깨침을 위한 방편으로 이용하는 데 대체로 동의하고 있다. 이른바 『아바다나(Avadana)』니 『백유경百喩經』이니 하는 경전이 그 대표적인 사례라고 할 수 있다. 불교문학에서 비유가 차지하는 비중은 다대하다. 십이분교十二分教 중에서 비유의 장르가 별도로 차지하고 있을 정도로, 불교에서의 비유 문학은 광범위하다.

만해 한용운의 시에서 비유는 다양하고도 화려하게 이용되어 있다. 그는 시에서의 비유적인 표현인 수사학이 시의 표현 효과 및 독자에의 감화적인 커뮤니케이션에 매우 적절하며 설득적이라고 생각했던 것 같다. 그의 시에서 사용된 수사적인 표현은 대체로 모순적인 진술 형태로 된 언어의 왜곡상을 보이는 것이라고 할 것이다.

한용운의 시에서 언어의 절묘한 묘미는 모순되게 진술되는 언어의 왜곡상에 있다고 할 수 있다. 이를 가리켜 우리는 역설(paradox)이니 모순어법(oxymoron)이니 하는 용어를 사용하고는 한다. 이 두 가지 낱말은 거의 같은 개념으로 사용되고 있다. 알렉스 플레밍거의 시학사전에 따르면, 역설은 '사실이 아닌 것처럼 보이지만 자세히 살펴보면 타당성이 입증될 수 있는 진술'이며,[5] 모순어법은 '응결된 역설(condensed paradox)'[6]이다. 이를 보아 양자는 유사한 것이지만 전자가 좀 성글고 엉성하다면, 후자는 응축성을

---

5 Preminger, Alex. (ed.), Warnke, Frank J. and Hardison, JR., O. B.(Associate ed.), *Princeton Encyclopedia of Poetry and Poetics*, Princeton: New -jersey, Princeton University Press, 1974, 598면, 참고.

6 같은 책, 595면.

지향하고 있다고 하겠다.

일반 수사학자의 입장에서 볼 때의 모순어법은 역설과 별로 차이가 나타나 보이지 않는다. 자크 뒤부아 등이 저술했다는 국역된 책을 보면 모순어법은 다음과 같이 설명되어 있다.

> 모순어법은 이웃한 두 개의 단어, 일반적으로 실사(實辭 : 한국어 문법에 비추어 보자면 체언에 해당함-인용자)와 형용사 간의 모순에서 생겨난다. 예를 들면 '어두운 광명' '불타는 듯한 눈(雪)' 등이다.[7]

이 인용문이 있는 책에서 저자들은 시인 보들레르의 시구에서 한 적례를 찾고 있는데, 이를테면 "오, 진흙투성이의 고귀함이여! 숭고한 치욕이여!(O fangeuse grandeur! Sublime ignominie!)"와 같은 표현이 바로 그것이다. 여기에서 보는 것처럼 모순어법은 소위 '대립적 일치(coincidentia oppositorum)'를 지향한다.[8] 말하자면, 사물의 모순을 통해 의미의 동일성을 추구하는 것이 모순어법이 아닐까 한다.

모순어법은 '모순형용'이란 낱말로 대체되기도 한다. 어감의 미세한 차이로 볼 때 모순어법이 산문적이라면, 모순형용은 시적이다. 또 이것을 '형용모순'이라고 말하는 사람들도 있다.[9] 어쨌든 시에서의 형용모순은 시적인 언어의 긴장감을 극대화시키는 데 큰 효능을 지니고 있다고 하겠다.

---

7 자크 뒤부아 외 지음, 용경식 옮김, 『일반수사학』, 한길사, 1989, 208면.

8 같은 책, 208~209면, 참고.

9 최근의 한 신문 칼럼에 의하면, 미학자이며 진보적인 논객인 진중권이 '형용모순'이란 말을 즐겨 사용하며, 또 표현상의 적례를 노엄 촘스키가 '자본주의의 탈을 쓴 악마'에 비유한 신자유주의를 가리켜 '좌파 신자유주의'라는 말을 사용한다면 영락없는 형용모순이 된다는 것에서 찾고 있다. (박구재, 「형용모순, 그 허튼 말장난」, 경향신문, 2013. 10. 31, 참고.)

김재홍은 『한용운문학연구』에서 한용운의 대표적인 수사법을 가리켜 역설로 보고 있다. 그에게 있어서의 역설은 다름 아니라 표면적으로 모순되지만 내면에는 진실을 내포하는 표현 방법으로서 "격렬하며 재치가 있는 궤변의 언어"[10]인 것이다. 그뿐만이 아니라, 일반적으로 볼 때에도, 역설이 현대시의 매우 중요한 기법이 된다는 것은 두말할 나위가 없다고 하겠다.[11]

나는 禪師의說法을 드릿슴니다

「너는 사랑의쇠사실에 묵겨서 苦痛을밧지말고 사랑의줄을끈어라. 그러면 너의마음이 질거우리라」고 禪師는 큰소리로 말하얏슴니다

그禪師는 어지간히 어리석슴니다

사랑의줄에 묵기운것이 압흐기는 압흐지만 사랑의줄을끈으면 죽는것보다도 더압흔줄을 모르는말임니다

사랑의束縛은 단단히 얼거매는것이 푸러주는것임니다

그럼으로 大解脫은 束縛에서 엇는것임니다

님이어 나를얽은 님의사랑의줄이 약할가버서 나의 님을사랑하는줄을 곱드렷슴니다

－「禪師의 說法」 전문[12]

---

10 김재홍, 『한용운문학연구』, 일지사, 1992, 194면.

11 C. 브룩스(Brooks)는 현대시가 은유와 역설로 구성된다고 했으며, P. 휠라이트(Wheelwright)는 역설에 ① 표층적 역설, ② 심층적 역설, ③ 진술과 암시의 역설적 상호작용의 단계가 있다고 주장하였다.

12 한용운, 『님의 침묵』, 회동서관, 1926, 78~79면.

김재홍은 내용 구조에 의한 세 가지 층위의 역설 유형으로 정서적 역설, 의지적 역설, 관념적 역설을 들고 있다. 그는 시편 「선사의 설법」을 두고 관념적 역설의 유형에 포함된다고 했다.[13] 앞서 말한 바와 같이, 자크 뒤부아 등이 저술한 『일반수사학』에 보면, 대조법이 반복에 의한 논리 변환이기 때문에 모순어법과 대조법을 묶어서 논의하고자 하는 사람이 있지만, 이 사실은 근거가 분명히 희박하다고 말한다.[14] 김재홍 역시 형식적인 측면에서 대조 형식의 역설과 비유 형식의 역설을 분리하여 이해하고 있다. 한용운의 시에서 '소리 없는 메아리'(「비밀」)니 '침묵의 음표'(「침묵의 음표」)니 하는 표현이 후자에 해당한다는 것이다. 『일반수사학』에서 'A는 비非A가 아니다'라는 형식이 대조법의 형식이라고 말하고 있으나, 김재홍은 한용운의 시에서 이것이 'A=B'의 형식으로 나타난다고 보았다. 그 대표적인 것이 「선사의 설법」에서 '대해탈=속박'의 형식으로 드러난 것이다. 이처럼 대조 형식의 역설은 한용운의 시에서 여러 차례 되풀이되어 있다.[15]

대조법은 일종의 모순율(principium contradictionis)이다. 이것의 표현 형식은 'A는 비非A가 아니다'라는 형식과 'A는 B이다'라는 형식으로 나뉜다. 한용운의 시에서는 전자가 모순을 부정하는 긍정 형식으로 표현되는 반면에 후자는 모순을 승인하는 부정 형식으로 표현된다.[16] 시인 한용운은 자신의 시 「선사의 설법」에서 '사랑의 속박은 단단히 얽어매는 것이 풀어주는 것', '대해탈은 속박에서 얻는 것'이라고 표현함으로써, 부정 형식의 빛

---

13 김재홍, 앞의 책, 203~206면, 참고.

14 자크 뒤부아 외, 앞의 책, 209~210면, 참고.

15 예를 들면, '움직임이 곧 고요함이요(「정중동」)', '사랑을 '사랑'이라고 하면 벌써 사랑은 아닙니다(「사랑의 존재」)', '당신의 소리는 '침묵'인가요(「반비례」)' 등이 대표적인 사례라고 할 수 있다.

16 송희복, 「인명因明의 시학」, 『동악어문론집』 제28집, 동악어문학회, 1993, 235면, 참고.

나는 시적 모순율을 성취해 낼 수가 있었다. 송욱은 일찍이 『전편해설 한용운 시집 '님의 침묵'』(1974)에서, "이 작품은 진공眞空이 묘유妙有를 떠나지 않는다는 대승선大乘禪의 본질적인 철학을 주제로 한 것임을 우리는 알게 되었다."[17]라는 탁견을 내놓은 바 있었다.

진공과 묘유는 모순의 개념이다. 진공이 참다운 무無라면, 묘유는 미묘한 존재이다. 진공이 본질이라면, 묘유는 현상이다. 진공이 질료라면, 묘유는 형상이다. 진공이 혼돈이라면, 묘유는 질서이다. 그러나 이와 같은 모순의 개념은 기막힌 친화력으로서 합일한다. 불가에서는 "진공이란 것이 있음에 어긋나지 않은 없음이요(眞空者不違空有空也), 묘유란 것이 없음에 어긋나지 않은 있음이다(妙有者不違空之有也)."라고 설명한다.

대해탈이 진공이면, 속박은 묘유다.

1977년 노벨 화학상을 수상한 일리아 프리고진(Ilya Prigogine)은 '질서는 혼돈에서 태어난다'는 유명한 명제를 발설했다. 이 말에 따르면, 속박의 묘유도 대해탈의 진공에서 비롯된다는 것. 기 소르망은 프리고진의 생각 틀을 두고, 혼돈과 질서가 서로 바뀌며 일어나고 있다는 사실이야말로 '우주의 자연스런 운동'이라고 말한 바 있었다.[18] 대해탈이 속박에서 얻거나 속박이 대해탈에서 얻거나 한다는 것이야말로, 질서가 혼돈에서 태어난다는 것을 통해, 인과론적 관계에서 불가피하게 성립하는 고전물리학의 결정론이 불확정적인 동학動學 체계로 바뀐다는 프리고진의 이론으로도 설명될 수 있다. 서양의 한 논리학자는 불교의 논리를 다음과 같이 설명한 바 있었는데, 이 대목에서 뭔가 시사하는 점이 깊다.

---

17 송욱, 『전편해설 한용운 시집 '님의 침묵'』, 과학사, 1974, 196면.

18 기 소르망, 강위석 역, 『20세기를 움직인 사상가들』, 한국경제신문사, 1992, 63면, 참고.

결정론에 반대해서 불교도들은 자유의지와 의무를 주장한다. 자유에 반대해서 그들은 인과 법칙의 가장 엄격한 필연성을 주장한다. 불타는 필연성, 즉 인과 관계에 기초를 두고 있는 응보의 필연성이 있기 때문에 자유가 있다는 역설적 명제를 주장한 것으로 전통에 나타나 있다.[19]

이 논리에 따르면, 한용운의 시편 「선사의 설법」에서 보여 준, 말하자면 속박의 인과율에서 해탈의 자유를 얻을 수 있다는 시적인 신념이나 비전 같은 것은 석가모니(불타)의 진리에 기원을 두고 있는 셈이 된다. 그가 모순형용의 수사학에 기대어 시인의 상상력을 가다듬을 수 있었던 것도 인과나 윤회의 속박에서 자유(해탈)를 얻을 수 있다는 불교의 역설적인 원천 논리에 기인한 것이라고 할 수 있다.

이상과 같이 논의한 것처럼, 한용운 시의 기술 양식으로서의 모순형용은 시학과 수사학의 관계가 밀접하다는 사실을 새삼스럽게 확인시켜 준다. 소위 새로운 수사학의 대가인 제라르 주네트(Gérard Genette)는 문채文彩(Figures)의 개념을 유난히 강조하였다. 구조주의자들에게 있어서의 시학의 개념이란, 문학 형식의 이론을 포괄적으로 사용한 용어에서 비롯된 것이다. 말하자면, 그에게 있어서의 새로운 수사학은 문학의 문학성에 대해 결정적으로 말을 해줄 수 있는 것, 문학이 언어학의 자장 속에 편입되는 것이다.[20]

주네트에 의하면 문학 작품이란 그것을 구성하고 있는 문채들의 씨줄과 날줄이 서로 얽혀 있는 구조적인 망을 의미하며 텍스트란 바로 문채들의 이러한

---

19 테오도르 체르바츠키, 임옥균·진현종 역, 『불교논리학』, 경서원, 1992, 216면.

20 박성창, 『수사학』, 문학과지성사, 2000, 190면, 참고.

구조를 의미한다.[21]

한용운의 시는 수사학의 언어로 교직된 직물로 비유될 수 있다. 그만큼 그의 시는 화려한 비유의 언어로 이루어져 있다. 그 중에서도 그의 모순형용은 오도적인 극적 반전이 지닌 감동을 전해 준다. 따라서 그것은 언어의 그물망이며, 동시에 사색의 그물망이다. 자아와 세계의 친화력도 이 같은 그물망을 통해 건어 올린 시적인 성취의 결과인 것이다.

언어형식의 서술적인 측면에서 한용운의 시편 「선사의 설법」을 수사학적인 입장에서 지금까지 분석해 보았다. 작품의 내용과 종합적인 텍스트 상호 관련의 측면에서도 이 시편은 긍정적으로 평가될 수 있다. 최근에 시편 「선사의 설법」이 그의 불교관, 인생관, 사랑관, 해탈관, 현실관 등이 종합된 의미 깊은 작품이며 시집 『님의 침묵』에서 차지하는 비중이 막대하다는 가치평가도 있었다.[22]

3. 시편 「알ㅅ수업서요」와 우주론적 의문의 제기

한용운 시의 세계에 나타난 모순형용의 언어는 반성 없는 일상성으로부터의 각성을 의미한다. 불교에서는 이것을 가리켜 식識이라고 한다. 식의 강조된 표현이 즉 유식有識이며 또 이를 하나의 개념과 사상의 틀로 체계화한 것이 소위 유식 사상인 것이다. 그러면 유식의 의미를 먼저 살펴보자.

---

21 같은 책, 191면.

22 정효구, 『한용운의 '님의 침묵', 전편 다시 읽기』, 푸른 사상, 2013, 304면, 참고.

> 유식이란 글자 그대로 '오직 식뿐'이라는 의미이다. '식'이란, 광의로는 우리들의 정신활동 일반, 즉 '마음'을 말한다. 따라서 마음이라는 존재물 이외에는 어떠한 것도 존재하지 않는다는 것이 유식의 본래 의미이다.[23]

유식은 이른바 '식識일원론'으로 달리 불리는 것이다. 자기 자신의 마음을 떠나 외계 사물이 존재한다는 잘못된 집착을 없애기 위해 노력하는 데서 유식 사상의 본질이 있는 것이다.[24] 유식 사상이 불교 유심론의 대표적인 한 갈래로 존재하고 있는 것도 이 때문인 것이다. 평소에 특히 유심唯心의 세계를 시로 강조한 바 있는 한용운이었다.[25] 그의 시세계가 유식 사상으로부터 멀찍이 멀어진 것은 결코 아니다.

다음으로는 유식 사상의 출현 배경을 살펴보자.

이를테면 이런 말이 있다고 하자. 산이 있기 때문에 산을 오르는 것이고, 시냇물이 있기 때문에 다리를 건너는 것이다. 이 말은 우리가 전혀 의심할 필요가 없어 보이는 상식에 속하는 말이다. 사람들이 상식이라고 생각하는 것에 도전하면서 이것이 오류임을 끊임없이 논증했던 일군의 수도자들이 생겨났다. 이들이 제창한 것이 이른바 유식 사상이다.[26] 요컨대 유식은 상식에 대한 배반의 의미를 가지는 개념이라고 할 것이다.

한용운 시에 나타난 모순형용(역설)의 언어가 불교의 유식 사상을 배경으로 삼고 있다는 하나의 가설은 일반의 상식에 도전하는 참신한 역발상

---

23 요코야마 고이츠(橫山紘一), 김용환·유리 옮김, 『불교의 마음사상-유식사상입문』, 산지니, 2013, 15면.

24 일지一指, 『중관불교와 유식불교』, 세계사, 1992, 179면, 참고.

25 한용운은 잡지 『유심』 제1호(1918, 9)에, "心은心이니라/心만心이아니라非心도心이니心外에는何物도無하니라"로 시작하는 「심心」이란 표제의 시를 발표하였다.

26 요코야마 고이츠(橫山紘一), 위의 책, 15~16면, 참고.

에 기인한다는 데 있다. 다시 말하면, 그의 시적 수사학과 유식의 논리는 공통적인 사유의 기반을 삼고 있다는 것이다. 다음에 제시된 두 인용문은 이 얘깃거리를 얼마간 충족시킬 수 있는 근거가 될 수 있다.

> 일상어로서의 의미가 역설에 의해 새로운 시어의 의미로 탄생하는 것이며, 동시에 모순이 모순을 극복하고 초월적 진리로 상승하는 과정 그것이 바로 역설의 참된 의미이다.[27]

> 유식철학은 우리의 무반성한 일상성에서 각성하여 자아와 세계에 대한 새로운 안목을 가진 철학과 종교를 성립시켰다. 그것은 일상성을 타파하고 상식에 도전하는 것이었다.[28]

한용운 시의 모순형용은 일반의 상식에 도전하는 참신한 역발상을 일상어에 대한 새로운 언어의 변화를 모색하는 것으로 나타내었다. 이 언어로의 환치 구조는 반성 없는 일상성으로부터의 각성에서 출발하는 유식론의 사유 기반과 일정한 부분에 걸쳐 겹치는 것으로 추론되고 있다. 언어의 극묘極妙한 탈선을 제시하는 선시禪詩를 말할 때마다 거론되곤 하는 말이 있다. 반상합도反常合道……. 언어와 사유의 비약을 통해 일상(성)으로부터 궁극의 진리로 상승하는 것이 모순형용의 시적 수사학이요 유식사상의 본질이다. 한용운의 시 중에서, 일상의 언어를 뒤틀어 버림으로써 궁극의 진리, 근원의 상념에 도달하려고 한 시편 중에 「알ㅅ수업서요」가 있다.

27 김재홍, 앞의 책, 197면.
28 일지一指, 앞의 책, 179면.

바람도업는공중에 垂直의波紋을내이며 고요히ᄯᅥ러지는 오동닙은 누구의발자최임닛가

지리한장마ᄭᅳᆺ헤 서풍에몰녀가는 무서은검은구름의 터진틈으로 언뜻언뜻보이는 푸른하늘은 누구의얼골임닛가

ᄭᅩᆺ도업는 깁흔나무에 푸른이씨를거처서 옛塔위의 고요한하늘을 슬치는 알ㅅ수업는향긔는 누구의입김임닛가

근원은 알지도못할곳에서나서 돌ᄲᅮ리를울니고 가늘게흐르는 적은시내는 구븨구븨 누구의 노래임닛가

련ᄭᅩᆺ가튼발ᄭᅮᆷ치로 갓이업는바다를밟고 옥가튼손으로 ᄭᅳᆺ업는하늘을만지면서 ᄯᅥ러지는날을 곱게단장하는 저녁놀은 누구의詩임닛가

타고남은재가 다시기름이됨니다 그칠줄을모르고타는 나의가슴은 누구의밤을 지키는 약한 등ㅅ불임닛가

–「알ㅅ수업서요」 전문[29]

이 시의 내용을 보자. 바람도 없는 공중에 발자취가 있고, 지루한 장마철의 흐린 일기에도 푸른 하늘이 있다. 꽃 없는 고목의 향기는 입김으로 변하고, 시냇물의 흐름은 노랫소리로 들리고, 저녁놀은 아름다운 서정시로 변형된다. 무엇보다도, 시의 마지막 행에서 재와 기름의 수사적인 등식에 도달한 경우를 보라. 상식의 허를 각성하고 그 현실을 초월함으로써 이른바 '대립적 일치'의 묘미가 드러난 것의 아름다운 결정이 아닐 수 없다. 정효구는 시적 전환을 가져오는 부분인 시의 마지막 행이 세계를 묘사하고 바라보다가 시선을 자신에게로 돌려 현실 문제를 거론하면서 탁월한 미학적 장치를 보여 주고 있다는 사실을 설명하고 있다.[30]

---

29 한용운, 앞의 책, 4~5면.

이 시를 읽을 때마다, 내게 연상되는 것은 배화교拜火教의 경전인 『야스나스(Yasnas)』의 한 부분이다. 다음은 44장의 3절에서 그 5절에 이르는 내용이다.

아후라여, 당신에게 여쭈니 말씀해 주소서.
진리를 만든 이는 누구이며, 진리의 첫 아버지는 누구입니까?
누가 태양과 별들의 길들을 놓았습니까?
달이 차고 기울도록 한 이가 누구입니까?
이 밖에 다른 많은 것들을 알기 원합니다, 오 마즈다여.

아후라여, 당신에게 여쭈니 말씀해 주소서.
땅을 붙들고 있으며, 저 높은 곳에 있는 하늘을 받치고 있는 힘은 무엇입니까?
물과 식물을 만드신 이는 누구입니까?
바람을 빨리 불게 하고, 검은 구름을 몰고 와서 비를 내리게 하는 이는 누구입니까?
보후만을 창조한 이는 누구입니까, 오 마즈다여.

아후라여, 당신에게 여쭈니 말씀해 주소서.
빛과 어둠을 만든 이가 누구입니까?
자고 일어나는 것, 휴식하고 일하는 것을 정한 이가 누구입니까?
새벽과 낮과 밤을 만들어 지혜로운 자들이 하루에 일을 적당히 하도록 만든 이가 누구입니까?

–『야스나스』 44장 부분[31]

30 정효구, 앞의 책, 141~142면, 참고.

인용한 부분은 배화교 교주인 차라투스트라가 그의 주신主神인 아후라 마즈다에게 묻는 형식의 기도문이라고 할 수 있다. 그가 '아후라여' 하면서 부른 것은 기독교에서 '주여' 하고 부른 것과 같다. 마즈다라고 하는 이름은 가장 영명하고 지혜로운 신이라는 뜻이다. 요한 하위징아가 이 대목을 가리켜 일찍이 말한 바 있거니와, 『야스나스』는 원시적 놀이 형태의 흔적을 많이 간직한 우주론적 수수께끼이다.[32] 인용문은 오래된 시의 형태로 이룩되어 있다. 시의 화자는 차라투스트라이다. 그는 미지의 문을 두드리고 있는 경건한 구도자이다.

시편 「알ㅅ수업서요」에서의 화자는 시인 자신인 한용운이다. 그 역시 미지의 문을 두드리고 있는 경건한 구도자로서의 시인사제(poet-priest)이다. 『야스나스』의 44장처럼, 이 시는 가늠하고 측량할 수 없는 진리의 말씀에 귀를 기울이는 시적 화자가 현실적으로 존재하지 않는 숭배의 대상에게 간곡하게 바치는 호소문(기도문) 형식의 시다.

시편 「알ㅅ수업서요」에서 되풀이되는 의문문은 순환적으로 상속되는 정신 활동이다. 정신 활동은 일정한 상태로 정지해 있지 않고 계속 변화한다. 유식 불교에서는 이를 두고 식전변識轉變이라고 이름하고 있다.[33] 다시 말해, 이것은 주관과 객관이 대립하는 인식 한계를 초월하기 위해 끊임없이 변화하는 정신 활동을 말하는 것이다. 시편 「알ㅅ수업서요」에서의 마지막 시행은 일종의 식전변이라고 볼 수 있다.

한용운 시에 있어서의 모순형용도 마찬가지이다.

한용운 시에 있어서 주체와 객체는 모순형용(역설)에 의해 근원적인 동

---

31 나종근 엮음, 『조로아스터』, 시공사, 2000, 261~262면.

32 요한 하위징아 지음, 이종인 옮김, 『호모 루덴스』, 연암서가, 2010, 224면.

33 요코야마 고이츠(橫山紘一), 앞의 책, 138면, 참고.

일성을 획득한다. 이처럼 모순형용은 모순을 극복하고 시적 초월과 비약을 성취시키는 원동력이 된다.[34] 이 원동력이 바로 식識의 전변인 것이다.

한용운이 세계를 역설적으로 인식한 근거를 식·유식·유식학의 맥락에서 살펴본 선행 전례가 있었다. 그 근거는 다음의 인용문에 해당하는 것. "유식에 따르면 의미는 객관적으로 실재하는 것이 아니라 말을 통해서 비로소 형성되는 것이며, 언어의 의미는 그에 상응하는 지시체가 실재하지 않기 때문에 비유적일 뿐이라고 말한다."[35] 근거로서는 매우 소략하고 또 소박하다.

어쨌든 모든 것은 식이다. 식에 의해 영상(이미지)을 만들어 갈 따름이다. 이때 주객의 경계는 사라진다. 주체와 객체의 대립은 표상하는 자아와 표상되는 세계의 대립을 말한다. 주객의 경계가 사라진다는 것은 주객 대립의 지평 너머로의 초월을 의미한다. 철학에서 인식적인 관계맺음의 가능성은 주관이 객관을 인식한다는 데서 시작한다. 이 말은 자아가 주관 밖으로 나가 있다, 자아가 세계에로 나아가 있다, 라고 하는 뜻을 머금는다. 내가 세계를 인식할 때 그 세계는 곧 나에 의해 인식된 세계이며, 주관과 객관이 구분되어 있지 않는 그 초월의 자리가 바로 나의 본래 자리인 것이다. 마르틴 하이데거는 『존재와 시간』에서 자아 밖으로 내가 있고 세계에로 나아가 있는 자아를 두고 '세계 안의 존재(In-der-Welt-Sein)'라고 했고 메를로퐁티 역시 『지각의 현상학』에서 '세계에로의 존재(être-à-la-monde)'라는 비슷한 용어를 사용한 바 있다.[36]

요컨대 시편 「알ㅅ수업서요」의 시적 화자는 표상하는 자아이다. 표상되

34 김재홍, 앞의 책, 199면, 참고.

35 남정희, 「한용운 시의 역설과 그 의미-유식학과 『금강경』을 중심으로」, 『국제어문』 제53집, 국제어문학회, 2011, 94면.

36 한자경, 『유식무경, 유식 불교에서의 인식과 존재』, 예문 서원, 2000, 95면, 참고.

는 미지의 세계와의 경계를 해체하여 또 다른 하나의 합일된 세계를 추구하려고 한 점에 있어선 세계 안의 존재이자, 세계에로의 존재이다.

시편 「알ㅅ수업서요」가 물기 촉촉한 정감의 표현인 것처럼 보이지만 실제로는 매우 드라이하고도 논리적인 추론 과정에 따라 시심을 전개하고 있다. 직관적으로 볼 때, 상갈라주商羯羅主(Śaṇkarasvāṇmin) 보살이 지었다는 소위 인명입정리론因明入正理論과 무관하지 않다고 짐작된다. 「알ㅅ수업서요」는 주지하는 바대로 원인을 집요하게 밝히려고 하는 논리 추론과 유사한 유식적인 식전변-지속적으로 이어지는 정신 활동-의 과정으로 이루어져 있다.

> 자아는 자연을 객관적 대상으로 보지 않는다. 감관을 통해 지각되는 외부 세계는 구체적 실상이 아니라 하나의 현상에 불과하다. 때문에, 인간은 끊임없는 회의에 빠질 수밖에 없다. 시적 자아는 한 사람으로 형상화된 대자연의 '의존적 기인'으로 나타나고 있는 낱낱의 자연 현상을 '후 퀫션(who-question)'의 방식으로 되묻고 있다. 즉 「알ㅅ수업서요」는 영원한 불가해(不可解)의 세계를 향해 'A는 누구의 B입니까'라는 독특한 병치의 구문을 반복함으로써 원인을 규명하고자 한 인명(因明)의 시편이다.[37]

자아의 심적 활동을 떠나 실재가 외부에 따로 존재하지 않는다고 보는 것이 유식론자의 일관된 세계 인식의 태도이다. 궁극적인 것은 미지와 불가해의 진실이다. 이 진실에 대한 의문의 발심이 근원적인 것에 대한 그리움의 충동 같은 것을, 또는 시편 「알ㅅ수업서요」와 같은 시심을 촉발했을

37 송희복, 앞의 글, 234면.

터이다.

서양의 형식논리학이 3단논법이란 초시간적 형식 논리를 전개하는 것이라면, 불교의 인명론因明論은 3지작법三支作法이란 존재론적 인식 논리를 전개하는 것이다. 3지작법이란, 종宗과 인因과 유喩로 이루어져 있다. 종은 명제이며, 인은 명제의 원인이며, 유는 명제의 원인에 대한 비유이다. 시편 「알ㅅ수업서요」의 명제는 '대자연은 누구의 것인지 알 수 없다'라는 것. 명제의 원인은 '모든 자연 현상은 미지의 것이기 때문이다'라는 것. 명제의 원인에 대한 비유로는 '그 누구의 발자취는 오동잎 같고, 그 누구의 얼굴은 하늘 같고, 그 누구의 입김은 향기 같고, 그 누구의 노래는 시내 같고, 그 누구의 시詩는 저녁놀 같다.'라는 것이다. 이 독특한 인명의 시학은 시편 「알ㅅ수업서요」를 통해 한용운의 독창적인 시적 의장意匠을 만들어 가고 있는 것이다.

4. 식識의 발상전환 : '모른다'에서 '안다'로

한용운의 시편 「알ㅅ수업서요」는 알 수 없는 대답의 이어진 질문들이다. '모른다'로 일관된 대답이 하나의 모순형용의 표현으로 사용되고 있다는 생각도 들지 않을 수 없다. 한 연구자는 이 시에 숨어 있는 본뜻을 두고 '오히려 부정을 통하여 존재의 근원을 "안다"는 말의 역설적 반어反語'[38]일 것이라고 이미 말하기도 하였다. 역설과 반어는 차이가 있는 개념이지만, 언어와 현실 사이에 균열이나 모순이 생긴 것을 전제로 하고 있다는 점에선

38 인권환, 『한국문학의 불교적 탐구』, 도서출판 월인, 2011, 291면.

서로 비슷하다. 한용운이 시집 『님의 침묵』을 상재한 후 10년 후에 발표한 좋은 시가 있어서 다음과 같이 인용하려고 한다. 그동안 비평적으로 주목을 받아 오지 아니한, 「낙화」라고 하는 표제의 작품이다. 두 가지 텍스트를 보자.

> 떠러진 꽃이 힘업시 大地의품에 안길 때
> 애처로운 남은香氣가 어대로 가는 줄을 나는 안다
> 가는 바람이 적은 풀과 속삭이는 곳으로 가는 줄을 안다
>
> 떠러진 꼬시 굴러서 알지도 못하는집의 울타리새이로 드러갈때에
> 쇠잔한 붉은빗이 어대로 가는줄을 나는안다
>
> 떠러진 꼬시 날려서 적은 언덕을 넘어갈때에
> 가엽슨 그림자가 어대로 가는줄을 나는 안다
> 봄을 빼아서가는 惡魔의 발미트로 사러지는줄을 안다
>
> –「낙화洛花」 전문[39]

> 떨어진 꽃이 힘없이 대지의 품에 안길 때
> 애처로운 남은 향기가 어디로 가는 줄을 나는 안다.
> 가는 바람이 작은 풀과 속삭이는 곳으로 가는 줄을 안다.
> 떨어진 꽃이 굴러서 알지도 못하는 집의 울타리 사이로 들어갈 때에
> 쇠잔한 붉은 빛이 어디로 가는 줄을 나는 안다.

---

39 권영민 엮음, 『한용운문학전집 (1)』, 태학사, 2011, 289면.

부끄러움 많고 새암 많고 미소 많은 처녀의 입술로 들어가는 것을 안다.
떨어진 꽃이 날려서 작은 언덕을 넘어갈 때에
가엾은 그림자가 어디로 가는 줄을 나는 안다.
봄을 빼앗아가는 악마의 발밑으로 사라지는 줄을 안다.

–「낙화洛花」 전문[40]

인용한 작품은 조선일보 1936년 4월 3일에 발표된 한용운의 시이다. 전자의 텍스트는 권영민 엮음의 『한용운문학전집 (1)』(2011)에 실린 것을 그대로 옮겼다. 후자의 경우는 이보다 20년 전에 간행된 시 해설집인 『무슨 꽃으로 문지르는 가슴이기에』(1991)에 실린 것이다. 전자는 원간原刊의 형태를 복원한 것이고, 후자는 현대 독자들을 배려한 정본定本의 형태로 재작성된 것이다. 본문 상태를 서로 대조해 보면, 차이가 확연히 드러난다. 전자는 한 행이 빠진 것으로 보이며, 후자는 연聯 갈이가 되지 않았다고 추정된다.

기존의 해석에 따르면, 이 시는 상식을 뒤집고 이치를 어긋나게 하는 선가풍禪家風의 시이며, 의미를 극단적으로 뒤튼 선미禪味한 시이다. 또 '안다'가 되풀이되고 있는 이 시와 '모른다'로 일관한 「알ㅅ수업서요」 사이에 상칭의 묘가 발견되지만 사실은 동전의 양면이다. 이 시 역시 한용운의 다른, 적지 않은 시들과 같이 깨달음으로 향하는 죽음의 이미지를 소재화한 것이다.[41]

한용운의 시편 「낙화」는 떨어진 꽃이 ① 자연 속으로 돌아가고 ② 처녀의 입술로 들어가고 ③ 악마의 발밑으로 사라진다는 내용을 담고 있다.

40 송희복, 『무슨 꽃으로 문지르는 가슴이기에』, 늘푸른, 1991, 37면.
41 같은 책, 38면, 참고.

죽음의 이미지에 재생의 느낌을 불어넣고 있는 게 사실이다. 이 중에서 인상적인 것은 ②에서 처녀가 사랑의 제단에 바쳐지는 희생의 상징물로 재현되어 있다는 점이다. 물론 ③ 역시 의미가 심장하다. 일본의 제국주의에 대한 정신적 승리에 값하는 은밀한 예감의 언어, 즉 일종의 모순형용의 언어이다.

이 시에서 되풀이되고 있는 '안다'의 의미는 무엇일까? 축자적인 의미로는 식識에 해당한다. 불교의 유식 사상에서의 이 '식'은 '이해하다' '분별하다' '깨닫다' 등의 의미를 포괄하는 단어가 될 것이다. 유식론에서 근본적인 존재, 근본적인 심리 활동을 일컬어 '아뢰야식'이란 말을 사용하곤 하는데, 식의 발상전환은 최종적으로 자기 근원체인 아뢰야식이 있는 본래 상태로 되돌리는 걸 말하는 것이리라.[42]

시편 「낙화」의 내용 중에서 언어와 현실 사이에 모순이 발견되지만, 긴장감이 한껏 강화된 모순형용의 언어는 아닌 듯하다. 좀 다른 표현이 허용된다면, 시편 「낙화」의 언어는 소위 '낭만적 반어(Romantische Ironie)'이다. 이 용어는 낭만주의의 핵심 개념인 것으로 '파괴와 생성을 거듭하는' 원리로 수용되고 있다고 하겠다.[43] 독일의 초기 낭만주의자들이 '세계는 낭만화되어야 한다'라는 명제에 공명된 바 있듯이, 더 좋은 세상을 위해 끊임없이 뒤집는 것을 추구하는 세계의 낭만화란, 낭만적인 것의 질적 강화를 의미한다.[44] 앞서 말한 '식의 발상전환'은 낭만적인 것의 질적 강화와 서로 통한다. 이런 점에서 볼 때, 불교의 유식 사상과 낭만주의의 '낭만적 반어'는 친화력을 획득하고 있다고 하겠다. 시편 「낙화」의 내용을 보면, 저속한 것

---

42 요코야마 고이츠(横山紘一), 위의 책, 99면, 참고.

43 김주연, 『사라진 낭만의 아이러니』, 서강대학교 출판부, 2013, 212면, 참고.

44 같은 책, 92면, 참고.

이 고상한 것으로, 평범한 것이 신비한 것으로, 유한한 것이 무한한 것으로 발상이 전환되고, 질감이 강화된다.

한용운과 루쉰을 비교문학적으로 연구한 이는, "고통 속에서 지옥을 얻고, 지옥 속에서 천당을 구하라."라고 1920년에 옥중에서 한용운이 남긴 말과, "천상에서 지하 심연을 보았노라, 희망 없는 가운데서 구원을 얻었노라."라고 독백한 루쉰의 묘갈墓碣의 문장은 대각자의 오도송 같기도 하고, 허허롭고 자유로운 정신의 높이를 보는 듯하다, 라고 말한 바 있다.[45]

말할 필요조차 없이, 더 좋은 세상을 위해 세계는 낭만화되어야 한다는 깨달음의 극적인 반전을 보여 준 선禪어록 내지 명名어록이 아닌가 한다. 그들의 어록은 시가 아니라서 곧이곧대로 말해진, 뭔가 모르게 강요하는 인상을 주고 있는, 그래서 비문학적인 수사의 언설로 된, 넓은 의미의 모순 형용에 해당되리라.

한용운의 시편 「낙화」는 독자 대중에게 비록 알려져 있지 않아서 인지도가 매우 낮은 것으로 치부되어 있겠지만 자신의 시세계 가운데 정신의 높이에 있어선 궁극점에 서 있다는 건 엄연한 사실이다. 선禪과 정신분석학의 관계를 논의한 이는 에리히 프롬(Erich Fromm)이다. 그는 「선과 정신분석」이란 논문에서 선의 목표가 깨달음에 있다면 정신분석의 그것은 무의식을 의식화하는 데 있다고 했다. 그는 누군가로부터 무의식으로부터 의식에 이르는 변혁 원리를 궁극점까지 추구해 간다면 깨달음의 단계에 접근될 수 있다는 제의를 받은 바 있다. 그러나 그는 이를 부정적으로 보았다. 그는 정신분석이 선과 달라서 무의식을 파악하기 위해 의식을 훈련하고 억압을 제거함으로써 인간 경험의 범위를 넓히는 거라고 했다. 양자에게

45 윤세종, 『화엄의 세계와 혁명 – 동아시아의 루쉰과 한용운』, 차이나하우스, 2009, 169~170면, 참고.

공통의 접점이 있다면 미망을 없애는 것. 자기 내부에 있는 세계에 대한 미망을 들추어 내는 것이다.

우리나라 사람들이 잘 아는 선어록이 있다. 산은 산이요, 물은 물이다. 산은 산이 아니요, 물은 물이 아니다. 산은 역시 산이요, 물은 역시 물이다. 중국 송나라 때의 선사 청원 유신靑原惟信(?~1117)의 빛나는 어록이다. 여기에서 '산은 역시 산……'은 나와 우주의 관계에 대한 최종적인 자각의 단계가 아닌가 한다. 에리히 프롬은 이를 두고 "의식과 무의식의 양극성이 사라진 새로운 현실주의의 여명"이라고 표현했다.[46]

한마디로 말해, 한용운의 시편 「낙화」는 '모른다'에서 '안다'로 식識의 발상을 전환시킨 최종의 단계에 선 작품이다. 시집 『님의 침묵』을 상재한 후 10년 후에 발표된 것도 이 때문이라고 보인다. 이 10년 동안은 한용운의 정신의 높이가 깨달음의 단계로 한 걸음씩 고조되어 간 기간이 아닌가 한다. 그가 스스로 '안다'고 한 것은 단순한 식識이라기보다는 '무지無知의 지知'를 성찰하고 자각한 것이라고 믿어 의심하지 않는다.

5. 요약과 전망

이 글은 한용운의 시세계에 관한 연구이다. 이 글은 형식주의 연구의 일환인 수사학적인 관점에 의한 논의의 결과와 불교 유식唯識의 사상에서 그것을 바라본 나의 견해를 아우르는 것을 연구의 지향점으로 삼았다.

한용운의 시 「선사의 설법」은 속박의 인과율에서 해탈의 자유를 얻을

46 E. 프롬 외, 김용정 역, 『선과 정신분석』, 원음사, 1992, 105면, 참고.

수 있다는 시적인 신념이나 비전 같은 것을 제시하고 있다. 그가 모순형용의 수사학에 기대어 시인의 상상력을 가다듬을 수 있었던 것도 인과나 윤회의 속박에서 자유(해탈)를 얻을 수 있다는 불교의 역설적인 원천 논리에 기인한 것이다.

시편 「알ㅅ수업서요」에서의 화자는 미지의 문을 두드리고 있는 경건한 구도자로서의 시인사제(poet-priest)로서의 시인 자신인 한용운이다. 본 연구에서 시편 「알ㅅ수업서요」와 『야스나스』의 44장을 함께 제시하면서, 서로 비교하였다. 여기에서 되풀이되는 의문문은 순환적으로 상속되는 일종의 정신 활동이다. 유식 불교에서는 이를 두고 식전변識轉變이라고 이름한다.

시편 「알ㅅ수업서요」가 '모른다'로 일관한 시라면, 시편 「낙화」는 '안다'가 되풀이되고 있는 선적인 취향의 시다. 이 시는 깨달음으로 향하는 죽음의 이미지를 소재화한 것으로서, 낭만주의의 핵심 개념인 것으로 '파괴와 생성을 거듭하는' 원리로 수용되고 있다. 이때 낭만적인 것의 발상이 전환되고, 또 그 질감이 강화되고 있는 것은 물론이다.

한용운의 시에 나타난 비유의 연구는 그동안 적지 않게 이루어져 왔다. 그 대부분이 역설(법)에 관한 부분이었으며, 나는 역설이라는 용어보다 '모순형용'이란 용어를 사용했다. 언어와 현실의 모순 상황에서 발생한 오도적悟道的인 극적 반전의 묘미가 이 용어를 사용하는 데 동기를 유발시켰던 것이다.

한용운 연구사에서 문학사상적인 연구는 불교가 주류를 형성해 왔음에도 불구하고 유식 사상에 관한 부면에서는 정밀한 탐구가 실현되지 않았다. 과문한 탓에, 나 역시 불교 사상의 깊이에 이르지 못한 채 이에 관한 사상 배경과 수사학을 관련시켰던 것이다. 미진한 것은 후속 연구자들에 의해 정밀하게 탐구되어야 할 것이다.

끝으로, 나는 한용운 시의 수사학적인 언어형식과 유식 사상의 깊이 있는 의미론 사이의 상호 관계가 후속 연구자들에 의해 앞으로 더 정치하게 심화되리라는 전망을 가져 본다.

관계적 사유의 그물망과 서정시의 친화력

– 한국 근현대시와 우주 생명의 동일성

1. 문제 제기를 위한 한마디

한국 근현대시를 이해하고 인식하기 시작한 비평가들은 일찍이 서구적인 교양으로부터 사유의 바탕과 비평적인 안목을 기른 사람들이었다. 다시 말해, 모더니티, 영미 신비평, 서양 근세 철학 등의 교양의 바탕 위에서, 그들은 우리나라 근현대시를 비판적인 관점에서 체계적으로 이해하고 인식하였던 것이다.

우리 근대시가 이를테면 정한情恨과 같은 것에서 보듯이 감정주의의 지배를 받아서 사색의 깊은 흔적이 없다는 것이 외국 문학 이론을 수용한 1960년대 강단비평의 대체적인 시각이었다. 근대성의 기초를 이루는 계몽적인 이성의 기획과 시선은 비평계, 학계에서 유효하게 적용되고 있는 게 지금까지도 현실적인 저간의 사정이 아닌가 한다.

비非서구와 탈脫근대성의 시학 정립은 우리 현대시의 정체성과 존재 의의를 해명하는 데 긴요한 척도로 자리매김할 수 있을 것이다. 이런 취지에서 나는 동양의 심원한 사상을 배경으로 하는 우리 시의 형이상적인 측면을 천착하기 위한 독창적인 가설을 감히 제안하고자 한다.

모두에 제시된 표제가 '관계적 사유의 그물망과 서정시의 친화력'인 데서 희미하게나마 암시되어 있듯이, 이 글은 서정시의 장르적인 특징으로서의 동일성 이론을 동양사상의 일원론적인 기원과 원천에 두고 그 가설을 검증해 보려고 한다. 여기에 동원된 시인은 한용운과 박이문과 이성복이다. 이들은 선불교의 오도悟道 체험과, 노장老莊 사상과, 역易의 시적 원리에 각각 기울어져, 이를 창작의 결이나 틀로 받아들이기도 했다. 이들이 형성한 사유의 체계는 본디 서구의 교양에서부터 비롯하였다.

한용운은 서양의 근세 철학을 접한 불교 구도자이고, 박이문은 서양철학을 전공하면서 또 비교문학을 공부한 철학자이며, 이성복은 프랑스 문학을 전공한 직업적인 의미의 시인이었다.

이들이 시로서 도달한 것은 동양의 유현하고도 심오한 사상의 세계였다. 이들이 좇은 동양적인 형이상形而上의 시학은 우리 시문학사에 긴요한 전망을 던져 준, 또 하나의 적례가 된 것이라고 볼 수 있을 것이다.

2. 한용운의 한시에 나타난 우주적인 오도悟道의 체험

주지하는 것처럼, 한용운은 선사인 동시에 시승이었다. 전통의 불가에서는 시를 쓰는 승려는 그다지 많지 않았다. 더욱이 참선하는 승려가 시를 쓰는 경우는 드물었다. 그가 쓴 선시禪詩가 한글 표기의 근대시가 아니라 한자로 표기된 전통 한시였다는 사실을, 우리는 주목하지 않을 수 없다. 이 글의 한 부분을 이루는 한용운에 관한 동기의 유발도 이 주목되는 사실로부터 비롯하고 있다.

물론 그가 쓴 한글시에도 선미禪味하다고 할까, 선취적禪趣的이라고 할까 하는 시적인 경향이 없는 것은 아니었다. 일반 독자들이 잘 알고 있는 그의 대표작 몇몇 편도 넓은 의미의 선시라고 할 수 있다. 특히 1936년에 신문 지상에 발표한 시편인 「낙화」는 잘 알려져 있지 아니한 한글시이지만 언어를 개성적으로 왜곡하고 있다는 점에서, 또 상식을 뒤집고 이치를 어긋나게 했다는 점에서 전형적으로 볼 수 있는 선시적인 경향의 시라고 할 수 있다.[1] 낙화라는 소재는 매우 범박한 것이지만 사물을 꿰뚫어 보는 그의 직관은 매우 남다르다고 하겠다.

그의 시 중에서 낙화의 이미지가 반영된 것이 적지 않다. 일반 시뿐만 아니라 시조에도 한시에도 더러 나타난다. 시집 『님의 침묵』 가운데 "꽃은 떨어지는 향기가 아름답습니다 / 해는 지는 빛이 곱습니다……"로 시작되는 「떠날 때의 님의 얼굴」은 아름답기 그지없는 논리적인 모순의 형용形容 언어, 즉 광채로운 역설의 언어로 분식된 인상적인 낙화 소재의 시편이다. 다음에 인용한 것 역시 이와 유사한 성격의 그의 한시 한 편을 가려 본 것이다.

夢似落花花似夢
人何胡蝶蝶何人
蝶花人夢同心事
往訴東君留一春

–「춘몽春夢」 전문[2]

1 송희복, 『한국 서정시의 이해–무슨 꽃으로 문지르는 가슴이기에』, 예하, 1993, 38면, 참고.
2 권영민 엮음, 『한용운문학전집 (1)』, 태학사, 2011, 645면.

꿈은 낙화와 같고,

꽃은 꿈인 듯하네.

사람이 어찌 나비이며

나비가 어찌 사람이리.

나비의 꽃, 사람의 꿈은

모두 마음이 지어낸 것인데,

동군(東君)을 찾아 호소하리라.

가는 봄을 멈추게 하소서.

– 졸역본

이 한시는 비유의 화려한 언어로 치장된 것. 불교에서 말하는 이른바 법유불이法喩不二의 오묘한 경지를 십분 발휘하고 있다. 불교의 진리(법)와 문학의 비유법은 둘이 아닌, 하나가 된 상태를 지향한다. 시적 화자의 깨달음이 극적인 반전의 묘함에 편승하여 시인은 구도자의 경지에 이른다.

이 시에서 표현된 '동군東君'은 봄을 관장하는 신이라고 한다. 나는 '심사心事'를 두고 '마음이 지어낸 것'이라고 번역했다. 이렇게 하는 게 당연하리라고 본다. 유식론에서는 모든 것이 자기가 만들어 낸 것에 지나지 않는다고 했다. 인간의 정신 활동인 '식'을 떠나 실재하는 것은 아무것도 없다.[3] 이런 점에서 낙화를 소재로 한 한용운의 「춘몽春夢」은 그의 한시 중에서

3 요코야마 고이츠(橫山紘一), 김용환·유리 옮김, 『불교의 마음사상–유식사상입문』, 산지니, 2013, 196면, 참고.

도 매우 불교적인 사색의 깊이가 엿보인 수작임에 틀림없다. 다음에 따온 오언五言의 시는 숫제 언어의 절대 경지에 도달한 주옥같은 선취禪趣의 명편이 아닐까 생각해 본다.

山下日杲杲
山上雪紛紛
陰陽各自妙
詩人空斷魂

–「즉사卽事」[4]

산 아래 햇살이 눈부시고
산 위엔 눈발이 휘날리네
음양이 제 스스로 미묘해
난 하릴없이 넋을 놓았네

– 졸역본

한용운의 한시 「즉사卽事」는 선시의 일종이라고 해도 괜찮다. 나의 졸역본은 모두 10자로 맞추어 놓았다. 즉사란, 눈앞의 사물을 대면하는 것을 말한다. 비슷한 말이 있다면 직관이라고 해도 좋겠다. 시인 화자는 직관의 시선으로 사물을 꿰뚫어 보고 있다. 이 시의 마지막 행인 시인공단혼詩人空斷魂은 사실상 번역될 수 없는 말이다. 나는 '단혼斷魂'을 두고, 고심 끝에 '넋을 놓았다.'라고 했다. 이 시는 모순형용의 극치인 하나의 선어록을

4 권영민 엮음, 앞의 책, 421면.

연상하게 한다. 깨달음의 경지에 근접한 소치일까? 어쨌든 언어의 구도자로서 한껏 도약했음을 보여 준다.

실존주의 철학가 칼 야스퍼스는 명상의 세 단계로서의 불교적 자아관을 설명한 바 있었다. 첫 번째 단계는 육체로서의 자아이며, 두 번째 단계는 정신으로서의 자아이며, 세 번째 단계는 형체를 갖지 않는 의식으로서의 자아이다. 육체로서의 자아는 다만 감각적인 생존을 위한 자아이다. 이것이 정신적인 자아의 단계를 지나 더 한층 높은 영역에 이르면 그 이전의 자아는 소멸하면서 다시 무無의 세계로 돌아간다.[5] 이는 근원적인 존재인 아뢰야식을 통해 미혹에서 깨달음으로 전환하거나 변혁하게 하는 유식의 실천적인 본질과도 무관하지 않다고 보인다.

한용운의 한시 「즉사」에서 보여 준 '공단혼空斷魂'의 경지는 언어를 초월한 경지이다. 오도悟道의 극적 반전을 제시한 꼭짓점에 도달한 느낌이 있다. 이 대목에서 마르틴 하이데거의 시적 언어관이 우리에게 적절히 다가선다. 이를테면, 세계가 우리에게 무언가를 말하지만 지각할 수 없는 소통 행위이기 때문에 '세계의 말'은 침묵이고, 따라서 세계의 의미는 침묵의 말로 나타나고, 마침내 시인은 침묵의 말을 듣고 그것을 시로 만들어 존재의 진리를 경험케 한다.[6]

窮山寄幽夢
危屋絶遠想
寒雲生碧澗
纖月度蒼岡

---

5 칼 야스퍼스 저, 정병조 역, 『야스퍼스의 불교관』, 한국학술정보㈜, 2004, 51~52면, 참고.
6 이승훈, 『선과 하이데거』, 황금알, 2011, 336~337면, 참고.

曠然還自失

一身却相忘

–「영한咏閑」 전문[7]

외진 산 속에 그윽한 꿈 부치고

높은 곳 암자에서 아득한 상념 끊다

찬 구름은 맑은 벽계수에 걸리고

초승달은 푸른 산등성이를 건너네

환하구나, 오히려 나 자신을 잃으니

이 한 몸마저 잠시 잊을 수 있겠네

– 졸역본

이 시 역시 깨침의 황홀경을 한 순간의 느낌으로 제시하고 있다는 점에서 앞에서 본 「즉사」와 비슷하다. 「즉사」의 '시인공단혼'과 「영한咏閑」의 '일신각상망一身却相忘'은 서로 통한다. 불교의 관점에서 보자면, 시인–구도자는 선정 삼매의 경지에 도달했음을 말하고 있다.

이 대목에서 우리가 잘 알고 있는 선어록을 떠올릴 수 있다. 중국의 청원 유신青原惟信 선사는 깨달음을 이렇게 말한 바 있다. 참선하기 전이 첫 단계였다. 산은 산이요, 물은 물이었다. 어진 스님을 만나 깨침을 들어 본 단계가 두 번째 단계였다. 산은 산이 아니요, 물은 물이 아니었다. 마침내 진실과 진리를 깨친 단계가 마지막 단계였다. 산은 의연히 산이요, 물도 의

7 권영민 엮음, 앞의 책, 493면.

연히 물이었다.

인용시 「영한」은 깨침의 세 단계를 잘 보여 주고 있다. 제1단계는 일상성 내지 보편타당성을 바탕으로 한 주객 대립의 논리적인 차원이요, 제2단계는 일상성을 벗어 버리는 선적禪的 토대의 차원이요, 제3단계는 주객의 대립을 넘어선 단계의 차원이다. 이 궁극의 단계에 이르면, 서정적 자아는 개오開悟의 상태에 이른 '나'가 된다. 즉, 주객 대립이 사라진 세계 속에서 그 '나'는 우주와 하나가 되는 것이다.[8] 『선과 깨달음』의 저자인 하인리히 두몰린(Heinrich Dumoulin)의 표현을 빌리자면, 무無로 모아지는 집중적인 해방 경험인 소위 '우주적 체험'인 것이다.[9]

나의 잃음과 몸의 잊음, 자아의 상실과 육신의 망각은 처음엔 서로 간에 대립 개념이었다가 궁극적으로 대립 없는 개념으로 발전된다. 그래서 '일신각상망'은 '시인공단혼'과 더불어 모순형용의 극치를 보여 준다. 시에서 언어와 현실 사이에 발생한 모순적인 긴장과 틈새를 이처럼 극복하려고 하는 것은 자아와 대상의 동일성에 실천적으로 접근하고자 하는 서정시의 미학 원리이기도 하다.

나는 젊었을 때 「선禪으로 약동하는 화려한 넌센스」(1992)라는 표제의 비평문을 쓴 바 있다. 선시의 장르적인 성격과 동시대적인 현황에 관한 글이었다. 다소 자화자찬인지 모르겠거니와, 그것은 정교하고도 자유로운 필치로 쓰였고, 비평적인 사색의 에스프리가 있었던 에세이적인 감각의 비평문이었다. 나는 이 글에서 선시의 서정시적인 장르적인 특성을 이렇게 밝혔다.

---

8 김광원, 『만해의 시와 십현담 주해』, 바보새, 2005, 99면, 참고.

9 같은 책, 65면, 참고.

선시와 서정시는 서로 간에 충실하게 접근한다. 서정시가 순간적으로 타오르는 세계의 열화를 통해 서정적 자아의 외롭고 아름다운 꽃을 피우듯이, 비유컨대 선시는 나와 고립된 대상이 아닌 모란꽃의 서정적 신비감에 심취하듯 자아와 세계를 시심(詩心)의 꽃으로 융합하는 것이리라. 세계의 자아화란 자아와 세계가 표현적 정조(情調)의 자극 속에 서로 동화하는 것, 따라서 서정시가 영혼의 근저에 타오르는 내면적 정조의 표출이라면 선시도 즉각적인 예지의 빛남을 포착할 따름인 것이다. E. 슈타이거가 말한 주객의 융합(Erinnerung)은 바로 승속의 경계를 벗어난 저 심오한 불이(不二)의 깨우침과 크게 다를 바 없다.[10]

선시는 서정시의 이상이요, 구경이다. 선시가 관계적 사유의 그물망을 가장 촘촘하게 얽어 놓았다면, 서정시에는 자아와 세계, 인간과 자연, 낱낱의 삶과 모듬살이 사이의 간극을 무화시키는 환희로운 묘오妙悟와 친화력이 있다.

3. 박이문의 시집 『나비의 꿈』과 노장老莊사상

박이문은 젊은 나이에 시인으로서 시도 쓰고 불문학 교수로서 촉망받는 삶을 이미 보장받았지만 학구적인 갈증으로 모든 것을 버리고 대양에 떠도는 난파선처럼 유학을 떠났다. 프랑스와 미국에서 온갖 종류의 철학을 섭렵하며 지적 호기심을 멈추지 않았다. 외국의 한국인 교수로서의 삶을 접고 30년 만에 귀국한 이래, 지금까지 독창적인 철학의 체계를 정립하고 일곱 권의 시집을 낼 만큼 시에 대한 열정을 버리지 않았던 그는 이제

10 송희복, 『한국시 : 감성의 계보』, 태학사, 1998, 129면.

인문학계의 원로로서, 잘 알려져 있지 않은 시인으로서 여생을 향유하고 있다.

그는 철학자와 시인, 혹은 사상가와 시인을 동시에 충족하고 있는 매우 희귀한 인물이다. 그가 마지막으로 간 철학의 경지가 이른바 '둥지의 철학'이다. 이것은 '시적 철학'으로 불린다. 반면에 그는 우리나라뿐 아니라 국제적으로도 매우 독창적이라고 할 수 있는 소위 '철학적 시'를 써 왔다. 그의 철학적 시는 『나비의 꿈』(1981)에서 이미 빛을 발하고 있었다. 그는 이 시집을 상재하기 일 년 전에, 서양철학을 전공한 그가 동양사상의 한 정수이기도 한 노자와 장자의 사상을 서구의 지적인 담론의 패러다임 속에서 체계적으로 규명한 결과물인 저서 『노장사상』(1980)을 간행한 바 있었다. 학구적인 저서인 『노장사상』과 시집 『나비의 꿈』은 비슷한 시기에 내놓은 저작물이란 점에서, 무엇보다도 양자 모두가 매우 흡사한 소재를 공유하고 있다는 점에서 텍스트 상호관련성이 충분히 담보되어 있는 것이라고 할 것이다.

> 내 꿈속의 나비는
> 꿈
> 나비 속의 꿈에서
> 나를 보고
> 나는 나비 속의 그림자
> 나비의
> 꿈속의 나의
> 그림자
> 껍데기
> 나는 그늘 속의

그늘

껍데기

꿈으로 만들어진

현실

현실의 껍데기

속의

꿈의

꿈

-「내 꿈속의 나비는」 전문[11]

이 시는 박이문의 시집 『나비의 꿈』 첫머리에 놓여 있는 시다. 이 시의 소재는 주지하는 것처럼 『장자』 제물론齊物論 마지막 장에 있는 '나비 꿈'인 게 분명하다. 물론 허무니 인생무상이니 하는 걸 말하려는 것은 아닐 터. 그 내용은 식자들이 대체로 알고 있다. 어느 날 장자가 나비 된 꿈을 꾸었다. 이때 자신이 장자인 줄 몰랐다. 깨어 보니 다시 장자가 되었다. 장자가 나비 된 꿈을 꾸었는지, 나비가 장자 된 꿈을 꾸었는지 잘 알 수 없다. 장자와 나비 사이에 구분이 있을 테지만, 서로 바뀌는 걸 두고 물화物化라고 한다. 박이문은 이 얘기를 제 나름대로 풀이하면서 자신의 견해를 밝힌다.

장자가 사람인데 나비였다는 것이 꿈이었는지, 혹은 장자가 나비인데 사람이라고 꿈을 꾸고 있는지를 어떻게 구별하는가? 장자가 나비였다는 것이 꿈이라고 믿게 되는 것은 장자가 사람이라는 것을 전제로 함으로써만 가능하다. (……) 그러한 전제는 나비가 꿈에 지나지 않았다는 사실로는 입증될 수 없다. 이와

11 박이문, 『나비의 꿈』, 일조각, 1981, 14~15면.

같은 입증법은 논리적으로 일종의 순환의 오류를 범하기 때문이다.[12]

박이문은 장자의 '나비 꿈' 에피소드에 서양의 논리학을 들이댈 때 순환의 오류를 범하고 있다고 말한다. 동양의 직관을 서양의 논리학으로 해체하려 든다면 아마 그럴 수밖에 없을 것이다. (그가 물화를 가리켜 '물질의 변형'이라고 이름 붙인 것도 서구적인 착상이 아닌가 한다.) 어쨌든 그 순환의 오류는 그의 시편 「내 꿈속의 나비는」 속에서 고스란히 드러나고 있다. 하지만 여기에 그치는 게 아니다. 순환의 오류를 넘어서 자동기술적인 혼돈 내지 착란의 상태에까지 나아가고 있다. 시인은 자신의 시를 비문 및 비논리의 상태에 의도적으로 빠뜨리고 있다. 이 알쏭달쏭하고도 모호한 것이야말로 물론 이 시가 가지는 매력이기까지 하다.

하늘은 뜻이
없어
맑고

산들은 말이
없어
푸르고

꽃들은 생각이
없어
곱고

12 박이문, 『장자사상—철학적 해석』, 문학과지성사, 1980, 40~41면.

그냥 맑고

그냥 푸르고

그냥 곱고

—「무의미의 의미」 부분[13]

이 시는 시편 「무의미의 의미」의 앞부분이다. 이 시는 시상이 더 이어지고 있지만 여기에서 끝이 났으면 하는 아쉬움이 남아 있다. 이 정도로 끝이 났으면 참 단아한 서정시라고 본다. 그러나 박이문은 서정시의 미덕과 장처에는 큰 관심이 없는 듯하다. 18세기의 형이상 시에서 20세기의 모더니즘적인 경향의 시에 이르는 주지적인 경향의 시세계에 빠져 있었다.

이 시는 노장사상의 핵심적인 키워드의 하나인 '무위無爲'와 관련된 것이다. 무위도 일종의 '위爲'이다. 축자적인 의미라면, 행동하지 않고 행동하라는 것. 마치 선택하지 않은 것도 하나의 선택이다, 라고 한 사르트르의 어록처럼 말이다. 무위는 인위人爲와 대립되며, 또한 노장사상은 인위적인 것을 규탄하는 사상으로 굳건히 자리를 잡는다.[14] 요컨대, 인용시의 표제인 '무의미의 의미'는 무위로서의 '위'를 말하고 있다. '위'는 사람에게 옳고 그름의 행위가 되고, 자연에게는 진위眞僞, 즉 참과 거짓이 적용되는 개념이다.

'있다'라고 할 때의 '있다'라는 말은, '산은 푸르다'라고 할 때의 '푸르다'라는 말과 논리적으로 전혀 다른 기능을 하고 있다. '있다'라고 할 때의 '있다'가 술어가 아닌 데 비해서 '산은 푸르다'라고 할 때의 '푸르다'는 술어의 기능을 하고 있다. 따라서 전자의 말에 대해서는 진위를 따질 수 없고 오직 후자의 말에 대

13 『나비의 꿈』, 앞의 책, 132~133면.

14 『장자사상』, 앞의 책, 91~92면, 참고.

해서만 진위라는 개념은 적용될 수 있는 것이다.[15]

시인 박이문의 시 작품을 해석하는 데 있어서 자신의 책에서 해석의 단초를 가져올 수 있다면, 시편 「무의미의 의미」의 내용은 다름이 아니라, 진위를 따질 수 없는 것을 통해 진위를 따지고 있는 것이라는 얘기가 된다. 이 얘깃거리는 "행하지 않음을 행하고, 아무것도 아님을 일삼고, 아무 맛도 없는 것을 맛으로 느낀다.(爲無爲, 事無事, 味無味)"라고 적혀 있는 노자의 어록과 유사하게 읽히는 대목이 아닐 수 없다. 인용시 「무의미의 의미」의 인용된 부분 다음에는 '있다'가 아닌 '없다'로 되풀이되고 있다. '있다'에서 무위로 물화物化된 것이 앞부분이라면, '없다'에서 인위로 변형된 부분이 뒷부분이다. 이것은 인간의 욕망인 동시에 문명이라고 할 수 있다.

이루어지지 않는 생각이
가루가 되어
낱말들의 눈송이 나리고
다듬어도 짜봐도
흩어지고 부서지는 마음

-「낱말들의 눈송이가 나리고」 부분[16]

노자의 유명한 어록이 있다. 아는 자는 말하지 않고, 말하는 자는 알지 못한다. 그의 저서인 『도덕경』 제56장에 있는 말이다. 지자불언知者不言이요, 언자부지言者不知라. "노장의 인식론에 의하면 참다운 인식은 오

15 같은 책, 44면.
16 『나비의 꿈』, 앞의 책, 68면.

로지 직관적인 것이고, 직관적인 것은 언어로 표현될 수 없다."[17] 언어는 인위적인 것 중의 인위적인 것이다. 노장사상에서 존재에 대한 언어의 열등성은 지속적으로 되풀이되고 있다. 현대 언어철학의 입장에서 본다면, 이것은 O. F. 볼노브(Bollnow)가 표현한 바, 전통 철학의 언어적대관계(Sprachfeindschaft)에 해당하는 것이다.[18]

철학자로서의 박이문은 노장의 언어관을 양가적으로 받아들였는지 모른다. 한편으로 존재를 왜곡하는 언어를 넘어서 언어 이전의 직관적인 세계를 강조하였고, 다른 한편으로는 언어를 떠나서 존재 자체를 이해하라는 노장의 가르침에 반기를 들기도 했을 것이다. 인용시 「낱말들의 눈송이가 나리고」는 어디에 해당할까? 어디에도 다 해당될 수 있다. 일종의 시적 중의성이라고 할 수 있다.

노장사상은 언어 없는 인간 생활, 언어 없는 존재 및 진리를 강조한다. 미리 암시했듯이, 이것을 두고 우리는 무위(자연)라고 하는 것이다. 무위는 노장사상에서 궁극적인 그 무엇이다. 이것은 불교에서 말하고 있듯이, 생성과 소멸이 없는 영원한 것으로서의 진여眞如에 해당하는 개념이다.[19] 시인 박이문은 이 궁극의 경지를 두고 '깨어나지 않는 나비의 꿈'이라고 비유했다.

고단한 꿈들의 잠에 곁들인
깨어나지 않는 나비의
꿈

17 『장자사상』, 앞의 책, 63면.
18 이규호, 『말의 힘』, 제일출판사, 1968, 13면, 참고.
19 일지, 『중관불교와 유식불교』, 세계사, 1992, 245면, 참고.

꿈의 눈송이가 날린다

–「깨어나지 않는 나비의 꿈」 부분[20]

매우 환상적인 표현이다. 장자의 어록이 (혹은 선객들의 선어록이) 역발상의 극치라면, 이 표현된 부분은 역발상에 대한 역발상이다. 한마디로 말해, 메타적 층위에 놓인 언어적 소요逍遙의 경지이다.

노장사상에서 이 소요라는 개념은 노자와 장자의, 삶에 대한 물음을 가장 적절하게 나타낸 말이다. 박이문은 이렇게 믿고 있다. 노장의 인생관은 삶을 하나의 시詩, 하나의 축제, 하나의 소요로 본다. 그는 이것을 기독교의 그것과 대비한다. 니체가 지적하고 공격했던 것처럼, 그는 기독교의 그것을 반反생명적인 죽음의 인생관으로 보고 있다.[21]

내가 보는 노장사상도 그렇다.

앎은 말로써 결코 드러내지 못하고, 삶은 이를 누리려고 하는 자의 몫이다. 이 누리려고 하는 것은 라캉이 즐겨 쓴 용어인 '주이상스'에 가깝다. 기독교의 속죄, 불교의 고행, 유교의 실천궁행 등과 다른 차원에 서 있는 노장사상의 이른바 '소요(유)'는 생명정합적인 사상이며, 낙관적인 지복至福의 사상이며, 매우 예술적이요, 시적인 취향의 사상이다. 달리 표현하자면, 디오니소스적인, 내지는 니체적인 도취의 사상이기도 하다. 박이문 역시 인간과 자연의 시적인 관계가 무위적인 관계에 근접한다고 했다.[22]

노장사상은 궁극적으로 일원론을 지향한다. 노장사상가들에게 있어서 세계는 무와 유의 조화로 이루어져 있다. 무는 무위, 진리, 본질이라면, 유

20 『나비의 꿈』, 앞의 책, 180면.

21 『장자사상』, 앞의 책, 122~123면, 참고.

22 같은 책, 104면, 참고.

는 인위, 언어, 현상인 것이다. 노장사상 중에서도 특히 노자의 사상에서는 양자가 동체同體이며 통일체임을 선언한 것이라고 말해진다. 그 관계론의 선언이 『도덕경』 제1장이란 것이다.[23]

이렇게 본다면, 박이문의 시세계는 동양적인 일원론을 지향하는 사상과 무관하지 않으며, 한 걸음 양보하더라도 동양과 서양의 상생적인 일원 관계의 시적인 원천 속에서 비롯된 것이라고 말하지 않을 수 없다. 그의 시가 다소간 모더니즘 풍인 것이 사실이긴 하겠지만, 상당 부분에 걸쳐 자아와 세계의 시적인 관계에 있어서, 인간과 자연의 무위의 관계에 있어서 서정시의 친화력을 획득하고 있는 것은 언연한 사실이라고 말할 수 있을 것이다.

4. 이성복의 시세계에 투사된 역易의 잔영들

대체로 보아서, 서양인의 사유 체계가 불변하는 개념의 절대 원리를 내세우는 것과 달리 동양인들의, 특히 중국인들의 그것은 변화의 원리에 충실한 절대 원리를 내세우는 감이 없지 않다. 변화와 변형을 통해 새로운 생명의 질서가 생기生起한다는 사상의 대표적인 것이 있다면, 역易[24]의 개념 내지 사유 체계라고 말할 수 있을 것이다.

공자와 그의 제자들이 십익十翼(주역을 돕는 열 편의 보조적인 해설서)을 갖춘 후부터 역易에 철학 사상을 주입하여 '주역'이란 이름의 텍스트를 정본화定本化했다. 역은 이를 통해 덕을 쌓고 마음을 씻는 사상으로 발전되어 갔

23 신영복, 『강의-나의 동양고전 독법』, 돌베개, 2006, 270면, 참고.

24 역의 자의는 『비서秘書』라는 책에 나타나 있다. 역은 '일월의 합이며, 음양을 본뜬 것(日月爲易象陰陽也)'이라고 말해진다.

다. 역학 사상의 근본적인 윤리성은 유가儒家의 인·의·예·지의 논리와 밀접한 관계를 가지게 된다. 역은 궁극적으로 천일합일의 사상을 지향한다. 요컨대, 이것은 천명과 천도가 인간을 떠나서 존재할 수 없으며, 인간을 바탕으로 하늘과 신명과 인간이 서로 돕고 존중하면서 융화하는 것이다.[25]

역의 사상을 집약적으로 표현한 고전적인 전범이 바로 『주역周易』이다. (이 책의 이름이 영어로는 주로 '변화의 책'으로 번역되곤 한다.) 중국의 고대적인 지혜가 함축되어 있는 이 옛 경전에는 소위 도道가 바탕을 이루고 있다. 도란 불변의 진리라기보다 상황에 따라 현실에 적응하는 피동적인 영감, 혹은 능동적인 직관을 아우르는 포괄적인 개념이 아닐까 한다. 주역은 기본적으로 음양陰陽의 이론에서 비롯한다. 주지하듯이, 음과 양은 생명에 관한 원초적인 상징체계이다. 조각난 획의 상징인 음은 여성적이며 에너지를 수용하는 쪽이다. 반면에 조각나지 않은 획의 상징인 양은 남성적이며 에너지를 분출하는 쪽이다.

역은 변화 속에서 조화를 찾는 것이다.

알려진 바에 의하면, 음과 양은 0과 1에 각각 해당하는 이진수 체계이다. 이것의 변형을 통해 수數가 인간과 세상을 지배한다는 암시를 제시하는 변화의 프로세스인 4상, 8괘, 64종괘를 만들어 가는 것은 아닐까. 존슨 얀이 『DNA와 주역』에서 역의 수리적인 변화가 지닌 현대적인 의미와 그 해석의 가능성이 진폭을 가지고 있음을, 그 스스로 말하고 있다.

> 음효(조각난 획)나 양효(조각나지 않은 획) 세 개가 모이면 모두 여덟 종의 조합이 가능하다. 3선형 두 개가 모이면 8의 제곱, 즉 64종의 조합이 가능하다. 주역에

25 윤태현, 『주역과 오행 연구』, 식물추장, 2002, 67면, 참고.

서의 이러한 조합 방식은 생물 세포의 DNA에서 염기가 세 개씩 조합되어 아미노산을 발생시키는 방식과 정확히 일치한다.[26]

DNA의 아미노산 코드가 64종이 된다는 방식이 주역에서 말하는 64종괘와 같다는 것은 매우 흥미로운 발상이 아닐 수 없다. DNA이든 주역이든 전혀 전문가가 아닌 나로서는 뭔가 신비한 수의 마법이 있음을 예감케 한다. 역의 사상은 다양한 분야에서 응용될 수 있다. 그동안 오랜 세월에 걸쳐 동양의학, 점술학에서 그것이 많이 응용되어 왔으며, 오늘에 이르러서는 이처럼 DNA 분야의 담론에도 생기를 불어넣어 주고 있다.

문학 분야와 역의 사상도 상당한 관련성이 있었고, 또 앞으로 있을 것으로 생각되고 있다. 두루 아는 바처럼, 옥타비오 파스의 시 창작에 적잖은 영향을 끼쳤던 것 중의 하나가 주역이었다. 우리나라의 경우는 시인 이성복이 19세기 전반기의 낭만주의 시인인 제라르 드 네르발(G. de Nerval)의 시 연구를 통해 역학적易學的 해석을 시도한 바 있으며, 또 자신의 시 창작에도 얼마간의, 또 간헐적인 영향을 미친 것으로 알려져 있다.

시인 이성복은 네르발 시의 연극성을 주목하였다. 여기에서 네르발 시의 역학적 해석이 시작된다. 그의 시로부터 전체의 변화와 생성의 원리를 도출할 수 있기 때문이었다. 이러한 이성복의 가설에 의하면, 네르발의 시의 총체적 극적 상황이 음양·4상·8괘의 구조와 무관치 않으며, 여기에서 하부구조의 극적 상황들은 64괘와 같은 틀로써 이루어질 수도 있다는 것. 즉, 이성복은 네르발에게 있어서 시의 변화 과정과 세계관의 변화 과정은 간이簡易한 역의 원리에 의해 비교적 무리 없이 설명될 수 있다고 말한다.[27] 이성

26 존슨 얀, 인창식 옮김, 『DNA와 주역』, 몸과마음, 2002, 26면.

27 이성복, 『네르발의 시 연구-역학적 해석의 한 시도』, 문학과지성사, 1992, 331면, 참고.

복에 의한 네르발 시의 역학적 해석은 다음과 같은 결론에 이르게 된다.

> 역은 표층에 가리워진 심층의 구조를 읽는 방법을 제시하는 여러 교과서들 가운데 하나라 할 수 있다. 우주 자연과 인간 사회에서 일어날 수 있는 예순네 가지 원형적 상황들의 유기적 조합이라고 할 수 있는 역의 체계는 특히 문학 작품 속에 내재하는 상징체계 혹은 '이미지의 그물'을 드러내는 작업에 있어서도 그 근거의 틀로서 기능할 수 있을 것이다.[28]

이성복은 네르발 시의 연구를 통해 수용된 역의 원리가 문학 작품 속에 내재하는 심층적인 부분들, 즉 상징체계 혹은 '이미지의 그물'을 드러내는 데 있어서 하나의 근거의 틀을 마련할 수 있다는 것을 결국 말하고 있는 것이다. 서구적인 비평 이론이면 모든 것이 해결되는 것은 아니다. 문학 작품을 해독하는 읽기 방식의 한계를 보완할 수 있다는 점에서 소위 역학적 해석도 또 다른 읽기 방식의 하나라는 것이다.

> 우리 육체의 집을 지어도 그 문가에서 서성거리는 것은 마음의 집이 멀리 있기 때문이다 우리 마음의 집을 찾아가도 그 문가에서 머뭇거리는 것은 우리가 집이라고 부르는 그것도 제 집을 찾아 멀리 떠났기 때문이다
>
> 우리 집은 비울수록 무겁고 다가설수록 멀어라!
>
> –「집」 전문[29]

28 같은 책, 332~333면.
29 이성복, 『그 여름의 끝』, 문학과지성사, 1990, 23면.

시인 이성복이 쓴 시편 「집」이다. 그의 세 번째 시집 『그 여름의 끝』(1990)에 실려 있는 작품이다. 내가 이 시를 인용한 것은 이 시가 주역과 상관이 있어서다. 무슨 상관이 있는가? 주역을 해설하는 말에는 인명因明의 구문이 많다. 예컨대 '……함은……하는 것이다'나 '……하는 것은……하기 때문이다'라고 하는 문장이 그것이다. 누이동생을 시집보내는 데 날짜를 미루니, 늦게 시집가는 것은 때가 있기 때문이다. 이것은 '귀매괘'의 한 효사爻辭(전체 상황의 상징인 괘보다 더 구체화된 상징인 효의 말)의 예문이다. 이것은 "군주에게 함부로 나아가지 않는 신중함을 보이는 태도를 말하는 것이다."[30]로 해석되는 하나의 상징 표현이다. 우리 육체의 집을 지어도 그 문가에서 서성거리는 것은 마음의 집이 멀리 있기 때문이다. 이 문장은 시인 이성복이 주역의 해설서를 많이 읽었다는 증좌인 셈이다. 앞의 예문과 구문이 유사하다.

> 속옷만 입은 우리 아이가 밖에서 놀고 있는데 아이가 무섭다고 기겁을 하는 것을 보니 아이보다 훨씬 큰 멧돼지가 한 마리 화살통 같은 입을 세우고 달려오기에 엉겁결에 몽둥이를 들어 심하게 내려쳤지만 꿈쩍도 않아 누가 옆에서 갖다 준 도끼로 여러 번 찍고, 또 찍고 그러고 나서 들여다보니 도끼에 찢긴 어깻죽지에 피 묻은 속옷이 너덜거리고 정말 그것은 피투성이가 된 우리 아이의 무참한 모습이었습니다
>
> –「역전易傳 3」 전문[31]

이 시는 제목부터가 주역과 상관성을 가진다. 역전易傳은 주역의 일부로서 주석서를 뜻한다. 이것은 부수적이고 기생적인 해설에 지나지 않는다

---

30 심의용, 『주역과 운명』, 살림, 2004, 19면.

31 이성복, 『그 여름의 끝』, 앞의 책, 60면.

는 점도 없지 않지만 그 이상의 가치 또한 없지 않다. 이를테면 거기에는 주석자들의 '철학의 철학, 즉 메타-철학적 자세'[32]가 수용돼 있기 때문이다. 인용한 이성복의 시편 「역전易傳 3」은 주역의 가상적인 세계 경험에 대한 메타-철학적인 시의 성격을 지닌 것이라고 할 수 있다. 비참과 공포의 극대화를 노린 이 시적 전망에는 암울하고도 비관적인 세계관이 틈입해 있다. 역의 사상이 점술占術로도 변형된 것은 잘 알려진 사실이거니와, 이와 관련해서 말하자면, 인용시는 대흉大凶의 불길함을 언표하는 형식의 시라고 말할 수 있다.

인생이란 미지의, 혹은 불가해한 세계다. 그렇기 때문에 인생에는 다양한 은유와 상징이 존재한다. 인간은 이를 통해서 인생을 이해하고 살아가는지도 모른다. 이러한 이유 때문에 은유를 역경 언어의 핵심이라고 말한 이도 있다.[33] 역경이라고 함은 주역과 역전을 가리킨다. 앞엣것이 상징적인 부호 중심의 재현 텍스트라면, 뒤엣것은 은유 방식의 언어 중심의 설명 텍스트이다. 천둥소리가 진동해서 만물의 힘을 돋우며, 바람이 불고 비가 옴으로써 만물은 윤택해진다.(옥타비오 파스는 이 표현을 이용하여 시를 쓴 적도 있다.) 이러한 유의 표현을 두고 볼 때, 우리는 역의 언어가 매우 시적임을 알 수 있겠다.

이성복의 시 중에는 은유와 상징의 언어 체계로서 삶과 죽음의 문제를 하나의 시심으로 삼은 시가 있다. 완성도가 매우 높은 시라는 판단이 서서, 내가 오래 기억해 온 시다. 다음의 시를 보자.

나방이 한 마리 벽에 붙어 힘을 못 쓰네 방바닥으로 머리를 향하고 수직으

32 문용직, 『주역의 발견』, 부·키, 2007, 244면.

33 같은 책, 278면, 참고.

로 붙어 숨 떨어지기를 기다리네

담배 한 대 피우러 나갔다 온 사이 벽에 나방이가 없네 그 몸뚱이 데불고 멀리 가지는 못했을 텐데 벽에도 방바닥에도

나방이는 없네 아직 죽음은 수직으로 오지 않았네 잘 살펴보면 벽과 책꽂이 사이 어두운 구석에서 제 몸집만큼 작고

노란 가루가 묻은 죽음이 오기를 기다리네 아무도 기억하지 않는 죽음은 슬프지 않아라, 슬프지 않아라

－「아무도 기억하지 않는 죽음」 전문[34]

누구나 이 시를 보면 은유와 상징의 언어로 가득 차 있음을 알 수 있다. 죽음을 운명적으로 기다리고 있는 하루살이 나방은 슬프지 않다. 그러나 이를 투사하고 있는 사람만이 슬픔의 감정에 휩싸일 따름이다. 아무도 기억하지 않는 미물의 죽음은 '작고 노란 가루가 묻은 죽음'일 뿐이다. 이 시가 묘사하고 있는 풍경이 역의 본질이 아닌가 하는 생각이 든다. 삶과 죽음의 문제가 본질적으로 역의 운행 원리에 의거하기 때문이다. 동양철학자 이즈츠 도시히코는 역의 의미를 이렇게 말한 바 있다. 역은 무한한 동적 과정, 우주적 유동, 존재론적 유동성에 의해 특징 지워지는 것, 유로부터 출발하여 무에 이르고, 무에서부터 유로 돌아오는 것, 사람의 눈에 반영된 리얼리티의 존재론적 풍경인 것.[35] 이 말과의 연관성을 한 번 생각한다면, 이성복의 시편 「아무도 기억하지 않는 죽음」은 역의 의미와 무관하지 않으리라고 본다. 주역 전문가인 문용직은 『주역의 발견』이란 책에서 삶과 죽음의 문제를 주역의 관점에서 말한 바 있다.

---

34 이성복, 『호랑가시나무의 기억』, 문학과지성사, 1993, 61면.

35 이즈츠 도시히코, 김동원 옮김, 『동양철학의 심층분석』, 솔밭, 1991, 40면, 참고.

'삶과 죽음'을 생각하자. 이 개념은 본질적으로 매우 은유적인 개념이다. 인생은 어떤 목적지로 향하는 여행. 죽음은 밤이나 어두움, 차가움뿐만 아니라 출발로 간주된다. 그렇지 않은가? 곤괘 초육(初六)의 효사인 이상(履霜) 견빙지(堅氷至)는 이 점에서 쉽게 이해된다. 그 언젠가 내 친구가 죽었을 때 나는 물어봤다. 주역에게 물어보았다. 죽음이란 무엇이냐고. 역경의 답은 이랬다. 서리를 밟으니 곧 얼음이 얼겠음을 알겠다. 곧 곤괘 초육(初六)의 효사, 바로 그것이었다. 하! 슬픔 넘어선 설움![36]

서리를 밟으니 곧 얼음이 얼겠음을 알겠다. 역의 언어는 이처럼 비유적이고 시적이다. 죽음은 슬픔을 초월한 그 무엇이다. 하루살이 나방의 죽음도 슬픔을 넘어선다. 서리를 밟은 다음의 결빙된 서러움. 슬픔도 일종의 동적인 과정이다. 그것이 정지된 결빙의 순간에 슬픔은 사라지고, 다만 서러움만이 남는다. 죽음으로 향해 움직여 서서히 기다리는 그 나방은 아무도 기억해 주지 않기에 슬픔을 남기지 않는다. 김영석의 시 「고요의 거울」 가운데, "고요의 거울 속 / 꽃가지 그림자에 / 작은 벌레 한 마리 기어갑니다."라는 표현이 나온다. 이를 가리켜 문학평론가 김유중은 다음과 같이 해석한 바 있어서, 나에게 인상적으로 남아 있다.

고요 속에서도 끊임없이 모든 것들이 제 나름의 운행 원리에 따라 움직이고 변하는 것을 보면 그것들은 움직이는 질서가 분명 있다는 것을 깨닫게 된다. 이 움직임의 질서가 바로 역(易)의 질서이며 원리이다.[37]

---

36 문용직, 앞의 책, 247면, 참고.

37 김유중, 「도道·역易·시詩」, 『문학청춘』, 2012. 여름, 52면.

작은 벌레 한 마리가 기어가는 것에서도 움직임의 질서를 관찰한 비평적인 직관이 예사롭지 않다. 역은 이처럼 우주 생명의 진실을 은유하거나 상징한다. 모든 생명 현상은 질서와 혼돈의 상호작용이 빚어낸 결과이다. 생명력의 근원은 음양의 하모니에서 비롯된다.

역은 대립과 통일의 원리로 이루어진다. 천지의 모든 사상事象은 고립해서 존재할 수 없다. 모든 것은 상호작용하는 관계 위에서 존재한다. 이른바 모순의 동일성이다. 우주의 모든 것은 변화의 원천이 된다. 일월성진과 산천초목이 서로서로 상호작용하면서 변화를 이끌어 간다. 우주는 이와 같은 친화력의 원리에 의해 이룩해 가는 것이다.[38]

이렇게 본다면, 역의 근본 원리는 서정시의 동일성 이론과 매우 흡사한 면이 있다. 주지하듯이, 서정시는 자아와 세계의 경계 없는 화음의 꽃을 피우는 것이다. 시인 조지훈의 시편 「화체개현花體開顯」에서 보듯이, 신화적인 축제의 순간 같은 꽃 피우기야말로 우주 생명의 진실을 드러내는 서정시의 본질이 아니던가. 이것은 소우주(자아)와 대우주(세계) 사이에 존재하는, 측량할 수 없는 심연의 상호관계, 그 이상도, 그 이하도 아닌 것이다. 요컨대 역과 서정시는 서로 다른 이름의 '코스모바이올로지(cosmobiology : 우주생명상관론)'인 것이다.

그러나 이성복은 역의 원리에 바탕을 둔 시를 쓰려고 했으나 미완의 단계에 머물고 말았다. 그의 이러한 시도는 매우 참신하였다. 최근에는 시인 장석주가 이른바 역시易詩의 시를 쓰고, 또 시집을 낸 바 있다. 앞으로 역의 사상을 바탕에 둔 시가 적잖이 나올 것이라고 예상된다.

---

38 노태준 역해, 『신역 주역』, 홍신문화사, 207~208면, 참고.

5. 요약, 그리고 남는 한마디

이제, 나는 이 글에서 지금까지 논의된 부분을 요약하려고 한다. 한용운과 박이문과 이성복은 동양사상을 바탕으로 한 서정시의 미학을 수용, 체계화하였다. 이들은 각각 선불교의 오도悟道 체험과, 노장老莊사상과, 역易의 시적 원리에 각각 기울어져 이를 창작의 결이나 틀로 받아들이기도 했다.

한용운은 마침내 사물 간의 대립 개념을 대립 없는 개념으로 발전시킨다. 그래서 그의 선禪 체험은 시적 체험으로 그대로 환치되면서, 언어에 있어서 모순형용의 극치를 보여 준다. 이는 자아와 대상의 동일성에 실천적으로 접근하고자 하는 서정시의 미학 원리이기도 하다.

박이문의 시세계는 동양적인 일원론을 지향하는 사상과 무관하지 않다. 본고에서는 노장사상과 특히 관련시켰다. 그의 시가 다소간 모더니즘풍인 것이 사실이긴 하겠지만, 상당 부분에 걸쳐 자아와 세계의 시적인 관계에 있어서, 인간과 자연의 무위의 관계에 있어서 서정시의 친화력을 획득하고 있는 것은 엄연한 사실이라고 말할 수 있을 것이다.

음과 양은 생명에 관한 원초적인 상징체계이며, 주역은 기본적으로 음양陰陽의 이론에서 비롯한다. 이성복의 시 중에서 일부는 역의 원리나 이미지를 차용하고 있다. 그가 네르발 시를 역학적으로 해석한 바 있기 때문이다. 역의 원리에 바탕을 둔 이성복의 시가 미완의 단계에 머문 것은 아쉬운 점이라고 하겠다.

서정시가 시인에 의한 천지의 감응이요 우주의 교감이라고 할 수 있다면, 그것은 일종의 '코스모바이올로지(cosmobiology)'가 아닌가 한다. 조지훈에게 있어서 그것은 '우주 생명의 진실'인 것이며, 말라르메에게 있어서의 그것은 '만물조응'으로 표현되는 것이다. 옥타비오 파스는 시적인 우주 생명의 일원론을 이렇게 설명한 바 있다.

> 말라르메는 겉으로는 서로를 배척하는 두 개의 가능성을 마주서게 한다. 그리고 그것들의 어느 한 쪽을 배제하지 않은 채, 조건부의 긍정 속에 그것들을 용해시킨다.[39]

서양의 수많은 서정시인들이 왜 적잖이 동양사상에 경도되었는가 하는 물음의 답은 말라르메의 만물조응론에서부터 옥타비오 파스의 역易의 시적인 재구성에 이르는 일관된 패턴 속에서 규명되어야 한다. 한용운과 박이문과 이성복이 근대성의 교양에 세례를 적고 많고 간에 받았으면서도 동양적인 형이상의 시학에 되돌아간 이유가 그 속에 숨겨져 있다.

---

39 옥타비오 파스, 김홍근·김은중 옮김, 『활과 리라』, 솔, 1998, 354면.

춤추는 살은 주인 없는 산으로 간다

– 강은교의 시세계와 여성생태주의

1. 놀라운 엄숙과 경건한 고독

시인 강은교는 다산의 시인이다. 시인으로 활동하면서 지금까지 십 수 권 이상의 시집을 간행했다. 자신의 삶에 있어서 시인이 천직이요 필생의 업이며 운명으로 받아들일 수밖에 없는 것을 자인하지 않고서는 오랜 세월을 두고 이처럼 많은 시집을 낼 수가 없을 것이라고 생각된다. 그의 시는 멀리 「순례자의 잠」으로부터 시작되었다. 이 작품은 『사상계』 1968년 9월호에 발표된 신인문학상 당선작이다. 그의 시 역정이 장강의 도도한 흐름으로 비유될 수 있다면, 이 시는 강은교 시세계의 남상濫觴인 셈이 된다.

바람은 늘 떠나고 있네.
잘 빗질된 無機의 구름떼를 이끌면서
남은 살결은 꽃물 든 마차에 싣고

집앞 벌판에 무성한
내 그림자도 거두며 가네.

비폭력자 마틴 루터 킹 목사가 죽은 아침
싸움이 끝난 사람들의 어깨 위로
하루낮만 내리는 비
落果처럼 지구는 숲 너머 출렁이고
오래 닦인 초침 하나가
穹窿 밖으로
장미가시를 끌고 떨어진다.

(……)

위대한 비폭력자
마틴 루터 킹 목사와 함께 가는 아침
돌아옴이 없이 늘 날으는
바람에 실려
내 밟던 흙은 저기 지중해 쯤에서
또 어떤 꽃의 목숨을 빚고 있네.

–「순례자의 잠」 부분[1]

이 시는 1960년대에 전지구적으로 풍미했던 참여문학을 연상케 한다.

---

1 이 글에서는 『슬픈 노래』(자유문학사, 1988)와 『그대는 깊디깊은 강』(미래사, 1991)과 그 밖의 최근 시집을 텍스트로 삼았다.

마틴 루터 킹의 암살이라는 시사적인 소재로부터 착상을 얻고 있기 때문이다. 시사적인 내용이라고 해서 시적 언어가 더 긴장되거나 덜 함축적인 것은 아니라고 본다. 그런 내용의 시라고 하면, 목청을 가다듬거나 목소리에 힘이 실려 있거나 시대의 비분강개를 직설적으로 토로하며 자칫 논장論章의 징후가 잠복되어 있는 시를 연상케 한다. 이에 비해 강은교의 「순례자의 잠」에서는 의표를 찌르는 듯한 참신한 이미지와 화사하면서도 발랄한 수사법이 유감없이 제시된다.

마틴 루터 킹 목사의 암살 사건은 인간에 의해 자행된, 인간을 억압하는 공포의 사건이다. 강은교의 초기시에는 공포에 대한 강박관념이 적지 않게 엿보인다. 권력·병고病苦·죽음 등의 문제가 늘 위협하면서 따라다녔다.

> 날이 저문다.
> 먼 곳에서 빈 뜰이 넘어진다.
> 無限天空 바람 겹겹이
> 사람은 혼자 펄럭이고
> 조금씩 파도치는 거리의 집들
> 끝까지 남아 있는 햇빛 하나가
> 어딜까 어딜까 도시를 끌고 간다.
>
> －「자전 · 1」 부분

삭막하고 황량한 내면 풍경을 잘 드러내 주고 있는 작품이 있다면 그것은 「자전·1」이며, 인용문은 이 시의 첫 번째 연에 해당한다. 도회지의 스산한 황혼녘에, 화자는 한계 상황에 맞선 죽음의 도시 한가운데 서 있는 것 같다.

1960년대의 성장 세대였던 강은교는 4·19에서부터 비롯된 정치적 격동의 현장에서 구조적으로 내재된 폭력의 긴장 관계를 직접적으로 체험했다. 그는 여기에서 인간을 억압하는 공포에 질린 인간으로서의 자신을 발견한 듯하다.

암살된 킹 목사는 반파쇼적이고 비폭력적인 인격의 화신이다. 인종주의는 서구·남성 중심 사회가 빚어낸 가부장제의 억압적인 개념들에 다름 아니다. 그의 공포의식이 훗날 여성주의적인 편향성을 보이는 데까지 이처럼 영향을 주지 않았을까?

> 떠나고 싶은 자
> 떠나게 하고
> 잠들고 싶은 자
> 잠들게 하고
> 그리고도 남는 시간은
> 침묵할 것.
>
> 또는 꽃에 대하여
> 또는 하늘에 대하여
> 또는 무덤에 대하여
>
> 서둘지 말 것
> 침묵할 것.
>
> (……)

가장 큰 하늘은 언제나

그대 등뒤에 있다.

–「사랑법」 부분

인용시 「사랑법」은 강은교 시 가운데 가장 대중적인 시이다. 널리 인구에 회자될 만큼 독자 대중으로부터 무던히도 사랑을 받아 왔던 주옥같은 시이다. 초기의 작품에 해당하는 여기에 그의 웅숭깊은 삶의 지혜가 미리 내장되어 있다.

폭력의 구조가 내면화되어 있는 정치적인 문제의 시적 현안이나, 죽음과 허무에 맞서 싸우면서 이를 어떻게 초극해야 할 것인가 하는 문제에 대한 시적 대응력에 있어서, 강은교는 속내를 쉽사리 드러내지 않는 시인이다. 이러한 문제들은 인간 존재에 대한 근본적인 물음이다. 그는 이 물음을 부단히 제기해 온 시인이다.

그는 사물 하나마다 진지한 눈길을 주거나 작은 것에서도 생명의 경이를 섬세하게 느끼고자 했던 것이었을까? 그는 작은 것의 배후에 큰 것이, 낮은 것의 배후에 높은 것이, 사소하고 하찮은 것의 배후에 위대한 것이 엄존하고 있다는 이치를 깨우쳤을까?

1970년대 말, 여성 시인 김승희는 『문학사상』 지에 동시대 시인·작가들을 탐방하여 인터뷰한 내용의 대화록을 연재한 바 있다. 이때 그는 강은교를 만났을 때 "그녀의 방에서 놀라운 엄숙함과 경건한 고독을 보았다."[2]라는 소감을 나타낸 바 있었다. 김승희의 말처럼, 강은교는 이러저러한 점에서 볼 때 놀라운 엄숙과 경건한 고독의 시인인지도 모를 일이다.

---

2 김승희, 『영혼은 외로운 소금밭』, 문학사상사, 1980, 61면.

2. 허무와 신생, 그 아득한 틈새

인간 존재에 대한 물음을 부단히 제기했던 시인 강은교……. 다소 앞뒤가 맞지 않는 모순된 진술이 되겠지만 존재에 대한 문제 제기란 죽음에 대한 천착과도 서로 통하는 것. 그는 적어도 등단한 지 10년까지 허무라는 이름의 키워드랄지, 화두와 같은 것에 매달렸다. 그의 허무는 선험적이라기보다는 체험적이며 관념적이라기보다는 직관적이다. 따라서 그는 허무 그 자체의 실재 속에서 존재와 죽음의 깊은 의미를 탐색하는 데 안주하지 않고, 허무를 허무로써 초극하는, 즉 허무를 하나의 육화된 영혼의 구원으로 재인식할 수 없느냐 하는 적극적인 시인적 통찰을 보여 주기도 한다.

다음에 올 때면 그대여
저승에나 갔던 듯 돌아오게

저승이 저 하늘이라면
여기서 하늘이 참 가까우니
별 냄새도 조금 나고
바람 때도 조금 묻혀서
산 모래 부서지듯 부서지듯
부끄럽게 부서지며 오게.

다음에 올 때면 그대여
잠든 이의 눈까풀 속으로는 오지 말게
귀뚜라미나 풀잎처럼
풀잎처럼 사랑처럼

오래 말 못하는 것이 되어
눈물이 죽은 강물을 깨우듯
말없이 깨우며 깨우며 오게.

다음에 올 때면 그대여
죽은 강 허리 위에
귀뚜라미 울음이나 얹어주게.
쓰러질 수 있다면 다시 한번
마지막으로 쓰러져서
귀뚜라미 울음 위에
저 하늘의 푸른 색을
놓아주게, 잠들지는 말고.

-「회귀」 전문

비교적 잘 알려진 전기적 사실이 되겠지만 시인 강은교에게 있어서 1972년은 혹독한 생의 시련을 감당한 해가 된다. 이 해에 그는 어두운 사경을 헤매면서 힘겨운 투병을 혼신으로 체험한다. 그는 이때 거의 절망적인 상황 속에서 죽음의 집행이 유예되는 축복을 받는다. 그는 세상의 모든 것에 감사하기 시작했고 마침내 가톨릭에 귀의하기에 이른다. 하지만 그는 힘겹게 투병하며 낳은 쌍둥이 한 아이를 저세상으로 보낸다. 생후 7개월의 아이를 가슴에 묻고 그는 인용시를 썼다. 이 시에 등장하는 '그대'는 바로 시인 자신이다. 즉 강은교 스스로 이 시를 두고 "바로 내가 나 자신의 죽음에 걸어 보는 이야기"[3]라고 해설한 바 있듯이, 이 시는 시인이 다름 아닌 시

3 강은교, 「허무의 극복」, 『문학사상』, 1973. 3, 321면.

인 자신에게 건네는 형식의 넋두리로 이루어져 있다. 시인의 존재를 신에 이르는 자라고 규정했던 플라톤 유의 가설을 만약 승인할 수 있다면 시인은 신명을 얻기 위해 넋두리한다. 그리하여, 신명을 얻은 자는 정신적인 완벽한 해방을 향유할 수 있으리라.

허무와 신생을 거의 동시에 체험했던 강은교는 죽음 그 자체를 온전한 사멸로 간주하지 않고 새로운 생을 얻기 위한 이른바 통과제의로 파악했던 것이다. 말하자면, 죽음과 삶의 틈새에, 보이지 않는 이음새가 있음을 비로소 체득한 그는, 인용시 「회귀」에 이르러, 죽음의 가까운 자리에서 절박하게 투병했던 자신의 체험을 바탕으로 한 상상력을 통해 육친과의 사별로 인한 지고한 비극의 내면적 현실을 추스르는 초인적인 인내를 보여준다. 요컨대 허무에의 극복인 것이다. 이를 두고 우리는 생의 예지 및 그 밝고도 여유로운 달관이라고 불러도 좋으리라. 1971년에 간행했던 그의 첫 시집 『허무집』에 허무의 심연에 가라앉는 듯한 어둡고도 무거운 언어(어조)가 비교적 어렵잖이 확인되는 것도 그러한 점을 반증해 주고 있다.

허무란, 비극적 세계 인식의 결과이다. 세계와의 접촉의 과정에서 자기 존재에 대한 철저한 인식이 좌절될 때 허무의 감정이나 그 의식이 발생할 것이다. 자고이래로 수많은 시인들에 의해 고열高熱의 서정성을 띤 허무가 노래되어 왔던 게 사실이다. 그 역시 모래, 사막, 폐허, 죽은 나무, 사라지는 별들을 통해 허무를 노래했다. 다만 그의 시에 반영된 허무의 특징을 말해 볼 수 있다면 그것은 사소한 개인 의식이나 소시민 근성에서 비롯된 것이라기보다는 인간의 불모의 삶, 황폐화된 삭막한 세계의 풍경을 상징하고 있다는 점이다.

사람이여
네가 가는 길 위에

웬 모래가 이리 많은가.
조금만 귀 기울여도
창 밖에는 살(肉)을 나르는 바람소리
동쪽으로 서쪽으로
내 뼈 네 뼈가 불려 가는 소리
바다로 가는 소금들의
빠른 발자국도 보인다.
여기가 너무 넓은가.
알지 못할 빛이 많은가.
오늘 밤엔 시든 나팔꽃들도
다시 한번 고개를 들었다 숙이고
나팔꽃 그늘에서 우리는
몇 만 그램의 핏방울을 저울에 달았다.
살아 있지도 죽어 있지도 않은
다만 흐르는 소리뿐인
내 피의 몇 세기
날이 저물고
저편 하늘에서 기다리던 구름 서넛이
무덤 속으로 들어간다.

–「황혼곡조黃昏曲調 · 4」 전문

시인 강은교에 의하면, 존재하는 모든 것은 소멸된다. 필경 모든 사람도 세계로부터 버림받은 자가 될 것이다. 김승희의 말을 따른다면, 강은교는 삶의 아름다움을 부정했고 우주론적 절망을 노래했고 호사스러운 지상의 육체를 해체했고 끝내 모래가 된 살과 물이 된 피와 어둠처럼 끝없는 시간만을 보았다.[4] 그는 인간을 시간이라는 사슬로부터 벗어날 수 없는 운명적 조건에 처한 존재로 간주했다. 우리가 아무리 달려도 시간의 흐름을 초월할 수 없기 때문이다. 이 때문에 인간은 끝 간 데 모를 허무의 깊이에 빠져들게 된다.

존재하는 모든 것이 결국 소멸한다면 미의 진실 역시 지속하는 것이란 결코 아름다울 수 없다는 보편적인 명제에 의해 큰 설득력을 얻는다. 예컨대, 숙련된 바하의 노래가 공중에 이르자마자 꽃가루처럼 덧없이 공중에 흩어져 버림으로써 결국 사라지는 운명에 놓여 있는 모든 소리의 완성은 소리 그 자체에 이미 완벽한 세계를 마련하고 있다는 것이다.[5]

요컨대 강은교는 사라지는 것의 덧없는 아름다움을 통해 인간의 감정과 의식을 지배하는 모든 억압된 삶의 조건과 분별없는 집착으로부터 벗어날 수 있는 또 다른 세계를 꿈꾸고 있다. 이를테면 이 세계는 다음과 같은 것으로 표현된다.

> 거기엔 아마 시간이 없고 다른 무엇이 있을 것이다. 거기엔 아마 삶도 죽음도 없고 다른, 전혀 엉뚱한 그 무엇이 있을 것이다. 또는 거기엔 일체 아무것도 없을 것이다. 존재한다는 것이 이미 비열해지고 자유라든가 해방, 그런 따위에의 열망도 가치 없는 것이 될 것이다. 해탈도 무아(無我)의 환희도, 자비도, 그렇다고 어둠도 빛도 없는 세계. 아, 지구가 기다란 평면으로 이루어져 있다면.[6]

불교적 세계관을 연상시키는 대목이다. 시작도 끝도 없다는, 그 오묘한

---

4 김승희, 앞의 책, 67면.

5 강은교, 『시인수첩詩人手帖』, 문예출판사, 1977, 23면.

6 같은 책, 11면.

반야심경의 공관空觀! 시인은 지구가 기다란 평면으로 이루어졌으면 좋겠다고 한다. 이것은 현재의 위치로부터 끝없이 간다면 어디엔가 도달할 수 있으리란 관념을 나타낸 것. 바로 허무이면서 동시에 그 초극이라 할 수 있다. 그 벼랑이 평면의 끝인 동시에 또한 새로운 시작이기 때문이다.

강은교에게 있어서의 허무는 서양의 허무주의가 지향하는 온전한 사멸을 의미하지 않고 새로운 삶을 반복시킬 수 있는 창조를 의미한다. 따라서 그의 허무는 순환적 질서의 원리를 얻고 있다. 그의 시가 불교·노장사상·샤머니즘 등 방대한 동양적 사고 체계에 친연성을 가지는 것도 이 때문이라고 말할 수 있다. 그는 완전한 침묵을 소리의 어머니라고 규정하는 노장적老莊的 견해에 동의를 표한 바 있다.[7] 환원하자면 허무는 충만의, 소멸은 창조의 어머니인 셈이다. 여기에서 그는 사물의 근원적 모성성에 대한 깊은 명상과 통찰력을 보여 주고 있다.

> 내 만일 폭풍이라면
> 저 길고 튼튼한 벽 너머로
> 한번 보란 듯 불어볼 텐데……
> 그래서 그대 가슴에 닿아볼 텐데……
>
> –「내 만일」 부분

이 시는 김소월의 「개여울의 노래」로부터 운韻을 얻은 것으로서 동양적 생명 원리에 입각한 작품의 적례에 해당한다.[8] 김소월의 시에서는 바람, 굼

7 같은 책, 56면.
8 강은교는 김승희와의 인터뷰에서 과거엔 싫어했던 김소월이 점점 좋아진다면서 그만한 시인도 우리나라엔 없었구나 하는 생각을 갖게 되었다고 술회한 바 있다.

벵이, 돌, 불귀신에서 생명력의 변전에 대한 암시를 얻고 있지만, 강은교의 시에선 폭풍, 안개, 종소리 등의 무감정적 대상물에로까지 그 꿈을 연장시키고 있다. 이 우주의 순환적 생명 질서는 이를테면 윤회설이라고 불린다. 가톨릭에 귀의한 그로서는 이 불교적 용어에 대해 썩 달가워하지는 않겠지만, 시를 전문적으로 연구하는 일부의 국문학자들은 강은교 시세계를 이루는 윤회설을 일반적 학설로 대체로 수용하는 듯하다. 특히 박노균은 강은교의 시세계를 세 가지로 요약한 것 중의 하나로, 그의 시에 상당히 중요한 위치를 차지하는 불교적 윤회사상을 구체적으로 거론하기도 했다.[9] 어쨌든 강은교의 시에 나타난 윤회론적인 생명의 순환 질서는 명시로서 독자수용의 폭이 넓은, 다음의 아름다운 시편에 잘 집약하여 표현되어 있는 것 같다.

> 우리가 물이 되어 만난다면
> 가문 어느 집에선들 좋아하지 않으랴.
> 우리가 키 큰 나무와 함께 서서
> 우르르 우르르 비 오는 소리로 흐른다면.
>
> 흐르고 흘러서 저물녘엔
> 저 혼자 깊어지는 강물에 누워
> 죽은 나무 뿌리를 적시기도 한다면.
> 아아, 아직 처녀인
> 부끄러운 바다에 닿는다면.

---

9 박노균, 「강은교론 : 존재탐구의 시에서 역사적 삶의 시로」, 일모 정한모 박사 퇴임 기념 논문집, 『한국현대시연구』, 민음사, 1989, 404면.

그러나 지금 우리는
불로 만나려 한다.
벌써 숯이 된 뼈 하나가
세상에 불타는 것들을 쓰다듬고 있나니

만리 밖에서 기다리는 그대여
저 불 지난 뒤에
흐르는 물로 만나자.
푸시시 푸시시 불 꺼지는 소리로 말하면서
올 때는 인적 그친
넓고 깨끗한 하늘로 오라.

－「우리가 물이 되어」 전문

여기에서 물과 불로 대립되는 원형적인 이미지는 생명력의 근원으로 환원되는 질료로서의 이미지이다. 물은 하나의 비탄의 전경全景이며 아름답고 성실한 죽음의 세계이다. 이에 반해 불은 자기희생과 관련된 소멸의 운명을 지닌 순간성, 야성적이고도 열광적인 본성 내지 번뇌와 세계고世界苦의 불꽃으로 타오르는 불교적 세계 인식에 도달한다. 나는 한때 이 시를 강은교가 추구하고자 했던 독특하고도 강렬한 시적 페미니너티(femininity)가 있는 작품으로 간주하면서 구체적인 분석을 시도한 바 있다.[10] 이에 관해선 글을 줄이려 한다.

강은교의 시는 숱한 무속적 심상을 거느리고 있다는 점에서는 서구적 합리주의를 거부하는 새로운 세계 질서로의 탈근대성을 지니고 있다. 그

10 송희복, 『한국 서정시의 이해』, 예하, 1993, 250~252면.

가 즐겨 수용한 무속적 심상은 특히 신화적인 세계에 깃들어 그 자신 특유의 여성성을 지니고 있다. 여성성이란 무엇인가. 때로 한없이 부드럽고 눈부신 인간 정신의 빛인 여성성. 혹시 이것은 여성적인 의식 상태 내지 그 존재 방식으로 정의되지는 않을까. 인류 역사 초기에 형성된 모권적母權的 문화층이 지배적인 공식문화로서 획득한 부권적 의식의 저편에 존재하고 있는 것이지만 그 신화적인 여성성은 오늘날에도 문학이나 예술 등을 통해 깊이 반영되어 있다.

여성의 성징性徵을 나타내는 가장 대표적인 상징 표현물은 아마도 달이 될 것이다.[11] 달에 대한 원형적인 집단무의식은 아마도 한없는 모성母性의 깊이를 반영하고 있을 것이다. 달과 '그레이트 마더' 간의 상관성 내지 여성성의 주술적 활동에 힘입은 다산성 등에 관련된 이미지는 강은교의 시 세계를 이해하는 데 있어서 적잖은 도움이 될지도 모른다.

강은교는 초기 때부터 시적 성모상聖母象을 그려 나아갔다. 그에 의해 최초로 그려진 성모상은 비리데기(바리데기)로 이름되는 여성신으로서의 소위 무조신巫祖神이다. 이에 관해선 언급을 회피하겠거니와 대표적인 작품으로 「비리데기의 여행 노래」가 있다. 그리고 「소리·8」에서는 "처녀적 마을 숲이나 헤매시며 / 모래 웅덩이 혹은 밭고랑 / 엎더 있는 모개신……"을 그렸다. 그 초월적인 모습은 그믐달빛을 통해 칠흑 어둠에 스며 계시된다. 그는 1980년대에 이르러서도 시적 화자의 초자연적 예언과 영감을 반영한 무가풍巫歌風의 시를 선호했다.

아 오소서, 당신

11 소녀가 월경에 의해 자연의 존재로부터 여성이 되듯이 달은 여성에게 있어서 결정적 운명의 순간이기도 하다. 산스크리트어로 달을 멘스(mens)라고 한다.

어둠의 어머니시여

슬픔의 어머니시여

-「오소서, 꿈마다 깨우치며 오소서」 부분

이 시를 보면 그는 무녀의 퍼소나(탈)를 쓰고 그레이트 마더를 애타게 부른다. 예로부터 북방족은 남성보다 여성이 샤먼적인 재능을 많이 부여받는다고 믿었다. 시베리아에서는 여성을 선천적인 샤먼으로 여기기도 했으며, 몽고 신화에서의 여신들은 '달의 딸'로서 표현되는 샤먼 그 자신이라고 여겼다.[12] 이 사실을 하나의 근거로 삼는다면 여성 시인은 어쩌면 샤먼적 재능을 타고난 사람인지도 모른다. 강은교 역시 죽음의 제의를 통해 시를 통한 여성성의 깊이를 한껏 보여 주고 있다.

보고 있었어, 난

결코 잊을 수 없었어. 한 탄생

뒤에서

달려오는 다른 탄생을.

어둠 속에서

빛나는 어둠을.

물의 죽음 뒤에

불의 胎芽.

-「생자매장生者埋葬 · 3」 부분

이 시는 혼돈되지만 황홀한 죽음의 의식을 거친 후 새로운 삶의 거듭남

12 M. A. 챠플리카, 이필영 역, 『시베리아의 샤머니즘』, 탐구당, 1984, 176~177면, 참고.

을 강렬히 희원하고 있다. 이 땅의 현실이 모순되고 불합리하다면, 이때 시인은 보다 나은 공동체적 세계 질서를 위한 제의를 연행하지 않을 수 없다. 그 제의가 바로 넋두리이며 시인 것이다. 이러저러한 맥락에서 볼 때, "아직도 어둠은 빛의 어머니임을 보십시오."라고 부르짖고 있는 「거리 시」는 강은교 시의 여성성을 나타내는 한 극점에 도달하고 있다.

만약 시인이 신에 이르는 자라고 할 것 같으면, 시인은 정신적 오르가즘으로서의 해방과 자유를 최대치로 향유하고자 한다. 이를 우리는 신성의 충만이니 법열이니 자기 완성에의 염원이라 해도 무방할 것이다. 그러나 이 경지에는 아무도 도달하지 못한다. 다만, 도달을 시도하다가 시도한다는 그 자체에 만족할 뿐이라는 생각에 도달할 뿐이다. 강은교도 일찍이 "해방에의 의지 때문에 나는 시를 쓰고 그것이 결국 불가능한 것임을 인식하는 데서 나의 시는 끝난다."[13]고 술회한 바 있었듯이.

3. 공동체 의식의 확산된 지평

강은교 시의 정치적인 문제의식은 초기시의 경우, 수면 아래 잠겨 있었다. 그 후, 그는 두레박으로 명징한 물을 길어 올리듯이 삶의 구체적인 현실 속에로의 참여가 기약될 수 있는 시적 언어의 전범을 제시해 보였다. 강은교는 1970년대 후반에 「나를 둘러싸고 있는 것들」이란 산문에서 "나는 이제껏 병의 그림자에 가려 보이지 않았던 이 땅의 억울한 삶과 역사에 대하여 관찰하고 그들의 진실과 만나야겠다."라고 밝힌 바 있다.[14]

---

13 강은교, 『시인수첩』, 앞의 책, 258면.

14 강은교 외, 『나－문제작가 10인의 자전소설』, 청람, 1978, 35면.

일어서라 풀아

일어서라 풀아

이 세상 숨소리 빗물로 쏟아지면

빗물 마시고

흰 눈으로 펑펑 퍼부으면

가슴 한아름

쓰러지는 풀아

-「일어서라 풀아」 부분

인용시 「일어서라 풀아」는 1979년에 발표된 작품이다. 김수영의 「풀」 이래 풀뿌리의 상상력이 빚은 끈질긴 민중적 생명력의 문제를 다시금 제시한 것으로 여겨진다. 인간이 사는 삶의 터전에 지천으로 널려 있는 풀은 사소하고 보잘것없는 것이다. 그럼에도 불구하고 이 풀의 배후에 자연의 엄격한 원리가 이어져 있다. 말하자면, 풀은 보잘것없는 것들의 보이지 않는 힘이요, 쓰러져도 살고 되살아서 마침내 일어설 수 있는 뭇 생명의 상징인 것을.

강은교에게 있어서의 1980년은 각별한 의미가 내포된 해가 아니었던가 한다. 1980년의 격동의 시절에 겪은 그의 정치적인 충격은, 4·19에서 한일협정 반대 데모에 이르는 정치적 충격 이후에 겪었던 두 번째의 그것이었다. 이것에 반응한 시가 있다면, 1980년에 발표된 「이제 스미리」가 아닌가 한다. 이 시의 전문을 인용하면 다음과 같다.

이제 스미리,

언제나 핏물 넘치고 넘쳐

저물녘이면 시뻘겋게 해져 가는

이 땅에 스미리,
안개 밟고 가는 이들이여
발걸음들은 가볍고 가벼워
한 올 실바람에도 자주 흩어져 버리는 이들이여.
그 안개 실은 우리가 남겨 놓은 것
우리 크나크던 한숨 어둠에 끌려가다
이리 찢기고 저리 찢겨 허공에 부서진 것들,
그 바람도 실은 우리 가슴에서 불어 가는 것
서리 맺힌 우리 마음들
날이면 날마다 일어나
어이 하리, 세상 지붕에 몸 비비는 것
어젯밤엔 눈이 되어 내렸었네,
우리 채 녹지 못한 눈물 긴 눈발로
창밖 담벼락에 닿아 울었었네.
아, 이제 스미리
가슴마다 맺힌 한 전부 풀어 풀어
떠오르는 해에 정성 바쳐 드리고
스미리, 산야에 가득 풀포기로
실은 우리 울음인 까치 소리로

–「이제 스미리」 전문

이 시를 참여시나 민중시의 범주에서 이해할 수 있다면, 생경한 관념을 극한으로 절제한 품격 높은 한 편의 서정적인 사회시로 간주할 수 있을 것이다. 암울한 정치 현실 속에서도 미래에 대한 낙관적인 전망을 넉넉히 보여 주면서 문제의 핵심과 실상에 적확하고 진실되게 접근하고 있다는 점이 돋보인다.

그런데 시인 강은교에겐 시인으로서의 역할이 따로 있지 않았을까 하는 생각도 든다. 굳이 강은교가 아니어도 무수한 민중시인들이 칼날을 세우고 있었듯이 말이다. 소위 1980년대 민중의 시대에 그는 시류에 휩쓸린 감도 없지 않았다고 보인다. 평론가들은 1980년대의 강은교 시를 가리켜, 지하에서 지상으로 옮겨진 능동적인 상상력이니, 민중 주체의 발전 사관에 기초한 진보적 시각이니 하면서 고무적인 평판을 남겼다. 하지만 당대의 이해와 세평을 넘어서는 그의 문학의 시대적인 호응이 폭넓게 적용될 수도 있었을 것이다.

4. 여성생태주의의 시적 가능성

오늘날 우리는 극심한 환경오염의 세계 속에서 살아가고 있다. 환경오염이란 자연 상태의 극단적인 부조화를 의미한다. 인간과 자연이 한 몸을 이루며 살아가던 시대에는 존재하지 않았던 각종 성인병 질환이 유발되고 있는 것을 보면 인간의 식생활에서조차 자연의 조화롭고 화해로운 질서를 거부하고 있음을 알 수 있다.

모든 사물로부터 우리는 우주적 리듬을 감지할 수 있다. 한 개인의 인체에도 부단한 기氣의 순환과 신체 리듬의 곡선이 있다. 천체의 운행과 사계의 순환과 만물의 조응 역시 우주 생명의 조화로운 리듬을 가지고 있다. 그러나 우리 인간은 이 위대한 콤비네이션의 세계를 간과하고 있다.

시는 인간의 삶의 현장과 구체적인 복지 향상에 기여하지 못하는 쓸모없는 것일 수도 있다. 시는 시인의 출세를 보장하지 않는다. 또 베스트셀러 소설가처럼 재산을 형성하지도 못한다. 연애시는 연애를 성공시켜 주지도 않는다. 꽃다운 처녀가 좋은 시집을 읽는다고 해서 좋은 데 시집간다는 보장도 없다. 역설적으로 말해 시의 최대한 매력은 여기에 있다. 쓸모없다는 사실을 활용한다는 것, 이 점이야말로 인간 정신을 고양하며 심금을 울리며 시심을 자극한다.

오늘날의 시의 역할은 삭막하게 황폐화된 세계의 풍경을 개선시키는 데 있다기보다는 인간이 시의 우주적 리듬을 배워야 한다는 데 있다. 시에는 기의 생명력, 신명, 우주 생명의 리듬 등이 비밀스럽게 내포되어 있다. 서정시가 일종의 비의적秘意的인 우주음악이란 점에서는 더욱 그러하다. 나는 평소에 시를 통해 자연에 대한 인간의 친화감, 인간과 자연의 교감, 심지어는 인간의 초자연적 영감의 확대까지를 구현시켜야 한다고 생각해 왔다.

강은교의 시에는 앞에서 살펴본 바와 같이 근원적 생명력에로 환원하는 이미지가 있고 윤회라고 이름되는 우주의 순환적 생명 질서가 있다. 이런 점에서 그의 시는 오늘날일수록 더욱 유효한 현재적 가치를 획득하고 있다. 그는 시에서뿐만이 아니라 사회적으로도 유기적인 관계를 중시했다. 즉 그에 의하면 인간이 모여 사는 사회는 살아 있는 인체의 각 기관으로 비유되며 그 조화와 협력의 관계가 깨지는 경우에 인간적 삶의 보편성은 상실된다.[15] 그가 시집 『빈자일기』 이후 인간과 사회의 자율적이고도 통제적인 관계의 와해에서 야기되는 모순과 갈등의 문제에 천착해 온 사실 역시 자연의 조화로운 질서에 대한 가치지향성을 함유하는 것이기도 하다.

그가 허무에 매달리는 것은 사실이지만 허무 그 자체에 안주하지는 않았다. 그의 허무에는 신생新生으로 표현되는 생명 질서가 내포되어 있었던 것이다. 그 스스로도 말한 바 있듯이 그가 느끼는 허무는 우리의 삶 속에

15 강은교, 『우리가 물이 되어 만난다면』, 도서출판 새벽, 1979, 72~73면.

드리워져 있는 실패의 내재성에 대한 일종의 저항적인 무기였던 것이다.[16]

허무와 신생, 그 틈새에는 아득함이 있다. 끝 간 데 모를 어두움이라 해도 좋고 우주적 침묵이라 해도 좋으리라. 여기에서부터 그의 시에 반영된 여성성의 심층이 그 아득한 틈새를 극복하려 한다. '70년대' 동인으로 활동해 온 김형영金炯榮은 "은교의 시의 저류에는 여성이 아니면 쓸 수 없는 모태母胎의 힘 같은 것이 흐르고 있다."[17]라고 평한 바 있고, 정희성鄭喜成은 「은교의 시」라는 시편에 "그녀가 다스리는 허무의 영역 / 다시 들어가 보면 / 그러나 아주 허무는 아니고 / 자궁 같이 든든한 알맹이가 보인다."[18]라고 표현하고 있다. 나는 강은교의 시세계를 단적으로 집약하고 있는 시구를 인용하고자 한다. 더 이상의 설명은 췌언이기 때문이다.

그렇다. 바다는
모든 여자의 자궁 속에서 회전한다.

–「자전自轉 · 2」 부분

그대여
어두운 세상천지
하루는 진눈깨비로 부서져 내리다가
잠시 잠시 한숨 내뿜는 풀꽃인 그대여

–「진눈깨비」 부분

---

16 같은 책, 79면.

17 김형영, 「인간적 진실과 공동체의식에의 접근」, 강은교, 『소리집』 발문, 창작과비평사, 1982, 128면.

18 김승희, 앞의 책, 71~72면, 재인.

생명의 모태 깊숙이 내재하고 있는 여성성이란 과연 무엇이겠는가. 영원히 여성적인 것이 우리를 인도한다, 라는 유명한 경구도 있지 아니한가. 나는 앞서 여성성을 여성적인 의식상태 및 그 존재방식이라고 매우 추상적으로 정의한 바 있다. 물론 여성성은 남성성을 전제로 한다. 그렇다면, 여성성은 반드시 그 대립 개념인 남성성을 전제로 할 때에만 성립하는 개념인가. 이에 대해서도 설명을 유보한다. 이러저러한 물음에 대해서 많은 논의가 이미 있었고 앞으로도 있을 걸로 예상된다.

> 여성의 지혜는 思辨的이 아니고, 보다 더 생명이나 자연에 가깝고, 운명과 살아 있는 현실에 밀착하고 있다. 그 幻想이 없는 현실에의 눈길은 이상을 품는 남성적인 지성을 놀라게 할지는 모르지만, 그러나 여성의 지혜는 그뿐만 아니라 이 현실을 기르고 도와주면서, 위로하고 사랑하면서 그에 매어져 있고 더욱이 죽음을 넘어, 언제나 새로운 轉生과 誕生으로 이끌어 가는 것이다.[19]

강은교의 시가 여성주의의 맥락에서 어떻게 읽힐 수 있는가 하는 점에 관해서는 나도 관심이 없지 않다. 이 문제는 이 분야에 지적 정보와 경험이 풍부한 여성 비평가에 의해 탐구되어 봄 직하다. 우선 그의 의도와 상관없이 그의 시에는 생태여성주의적인 이미지가 적잖이 드러나 있다. 특히 최근의 작품에 가까울수록 이러한 경향이 구체성을 띠는 것같이 느껴진다.

> 섬의 끝에서
> 동쪽과 서쪽이 만났습니다.

19 에리히 노이만, 서봉연 역, 『여성의 심층』, 삼성미술문화재단, 1982, 137면.

동쪽이 서쪽의 어깨를 만지면서 말했습니다.
나는 해를 뜨게 한다고,
서쪽이 동쪽의 어깨를 만지면서 말했습니다.
나는 해를 지게 한다고.

북쪽이 끼어 들었습니다.
나는 늘 지구를 얼어 있게 한다고.

동쪽과 서쪽이, 남쪽과 북쪽이
눈을 흘겼습니다.
서쪽과 동쪽이, 북쪽과 남쪽이
눈을 흘기며 어깨들을 심하게 부딪쳤습니다.

지구가 출렁
흔들렸습니다.

그 바람에 주홍 산나리 셋이
바위틈에 몸을 풀었습니다.
꽃잎으로 뿌리를 가리며.

–「섬의 끝」 전문

이 시는 2002년에 문학과사상사에서 상재한 시집 『시간은 주머니에 은빛 별 하나 넣고 다녔다』에 실려 있는 작품으로, 표제는 「섬의 끝」이다. 왜 이 시가 생태여성주의적인가? 남성에 의한 여성 지배를 정당화하고 합리화하는 사회는 지배와 경쟁의 원리로 이루어진다. 그 반대의 경우는 평화와 공존의 원리를 지향한다.

남성 권력에 의해 왜곡되지 않는 여성적인 것의 진정성은 보살핌의 원리, 관계성, 다원적 사고 등에 있다. 이 시에서 바위 틈새에 몸을 푼 주홍 산나리는 갈등을 조정하고 이분법적인 사유를 화해롭게 하는 여성적인 특징을 구체적으로 보여 주고 있다.

여성적인 것의 상징은 여신이다. 우리나라의 경우에 있어서의 그것은 웅녀·사소·설문대할망 등등이 있어 시의 상관물로 이용된 적이 있었다. 에코페미니즘의 상징물로는 요컨대 삼신할미와 바리공주로 집약된다.

이 가운데서 바리공주는 강은교가 초기시에서부터 최근 시에 이르기까지 집요하게 관심을 가져 왔던 신화적 캐릭터이다. 바리공주는 부모로부터 버림을 받아서 바리데기라고 한다. 그러나 죽어 가는 부모를 살리기 위해 천상의 생명수를 구하러 길 떠나기를 시도한다. 천상에서 9년의 시집살이를 한 후에 궁전으로 돌아와 부모를 되살린다. 그리고 그녀는 마침내 만신(무당)의 몸주가 되었다.

바리데기는 가부장제 이데올로기의 희생자였다. 그녀가 자기희생과 맹목적인 효의 화신이 아니라, 주체적이고 독립적이고 능동적인 신격으로 해석됨으로써 마침내 페미니즘의 승리자가 된다. 그러면, 여성주의의 관점에서 볼 때 여성적인 것의 특징은 어떠한 맥락에서 가치가 부여되는가? 다음의 글에 적절히 시사되어 있다.

> 여신은 합일의 과정, 우주적인 춤, 자궁처럼 생긴 동굴, 달의 주기를 닮은 여성의 생리, 끊임없이 진동하는 물질과 에너지의 흐름을 존중한다.[20]

---

20 김재희 편, 『깨어 있는 여신』, 정신세계사, 2000, 14면.

생태여성주의는 가부장제 문화에서 말하는 진보를 거부하고 그동안 평가절하되었던 여성의 기르고 양육하는 특성의 가치를 복원시킨다. 여신 숭배, 가이아, 몸, 자연적 주기, 모든 것의 상호관련성 등을 강조하면서 영성을 추구한다.[21]

생태여성주의는 급진적인 사상이다. 그러나 강은교의 시는 결코 급진적인 성격의 시라고 볼 수 없다. 생태여성주의와 강은교의 시가 이를테면 (남성에 의해 억압된) 여성의 원리와, (문명에 의해 훼손된) 자연의 원리를 일체화시키는 면을 서로 공유하고 있는 것도 사실이다. 자연과 여성을 근대문명과 가부장제의 타자로 보는 생태여성주의와, 곧잘 자연을 여성으로 의인화하거나 여성을 자연에 동일시하는 강은교의 시는 순환적 리듬의 주재자로서 생성과 소멸을 주관하는 여신의 눈길로 세계를 그윽이 관조한다.

살이 춤춘다.
춤추면서 살은
주인 없는 산으로 간다.
가다가 밭이 있으면
잠깐 쉬어 밭이 된다.
산밭에 나물로 핀다.

–「연도 · 4」 부분

「연도·4」의 일부를 따왔다. 이 시에서 시인화자는 여신의 시선으로 생명의 영속적인 윤회를 간파해 내고 있다. 이 윤회의 과정 속에서 가부장적인 이성과 합리성은 제어되고, 상호관련적인 존재 양식의 새로운 면모가

21 같은 책, 185면.

드러나게 된다. 그것은 에코페미니스트들이 궁극적으로 지향하는 바 '평화의 정치학'[22]에 대한 비전일지도 모른다.

강은교의 시세계는 대체로 세 가지 국면으로 나뉜다.

초기시는 허무와 초극의 개인의식에 깃들어 있었다. 반면에 1980년대에 이르면, 그는 공동체 의식을 드러내면서 인간과 인간의 유대, 관계성에 관심을 집중시키기도 했다. 이 경우에 그는 인간을 사회역사적인 존재로 생각하는 경향을 드러내고 있다. 최근 십 수 년간에 걸쳐 그는 우주 생명의 문제의식에 대한 시적인 천착을 서서히 보여 주기도 했다.

내가 비평적인 관심을 갖고 있었던 부분은 이 세 번째 국면이다. 여성과 자연의 동화적 관계의 원리에 의거하여 좀 더 근원적인, 우주적인 생명의 원환적圓環的인 이미지를 긍정적으로 수용하고 있다는 사실로 인해 그의 시에 매료되지 않을 수 없었다. 여기에서 우리가 간과하지 말아야 할 것이 있다. 그것은 강은교가 시를 쓰던 어떤 시기에서든 위의 세 가지 국면은 언제나 혼재되어 있다는 사실이다.

22 이소영 외 편역, 『자연·여성·환경 : 에코페미니즘의 이론과 실제』, 한신문화사, 2000, 227면.

불교적 생태 감성과 에코카르마의 시학

1. 아름다움에 눈을 뜨게 하는 것

서정주의 「국화 옆에서」가 친일 작품이라고 알고 있는 학생들이 적지 않은 듯하여, 나는 내심 놀라워한 적이 있었다. 그 근거도 아연 실색케 한다. 국화가 일본 천황가天皇家를 상징하는 꽃이기 때문이라고 한다. 이러한 내용을 제기한 사람이 아직 지식이나 경험이 성숙하지 않은 학생들이라기보다 이들을 오도하고 있는 일부의 교사들이라는 심증이 없지 않다면, 아름다움을 아름답게 보게 하고, 아름다움에 편견 없이 눈을 뜨게 하는 것이 교육자로서 교육의 본분을 다하는 것이 아닐까 하는 생각에 미치지 않을 수 없다.

이러한 문제점은 초·중등학교에서의 환경 교육과도 알게 모르게 관련되어 있다고 여겨진다. 지금까지의 환경 교육이 일선 학교에서 환경에 대한 지식의 습득이나 덕성 교육의 차원에서 이루어져 왔음을 부인할 수 없다. 환경 교육의 목적은 환경적으로 각성된 존재를 육성하는 데 있지 않을까? 아무리 환경에 대한 지식이 많아도 자연의 아름다움에 빠져 보지 못한 사람이 환경적 존재라고 말할 수 없는 것은 두말할 나위조차 없으리라고 본다. 환경 교육에 문학이나 예술이 연계되는 일이 그다지, 아니 별로 없다는 것이 오늘날 환경 교육의 현주소를 극명하게 보여 주고 있는 것은 아닐까?

환경적으로 각성된 존재를 키운다는 사실은 다름 아니라 생태적인 것이 아름다운 것이다, 라는 환경적 심미안을 갖게 한다는 것이다. 환경적 심미안은 자연의 실경이나 예술의 형태를 통해 얻어질 수 있다. 물론 시가 지닌 환경 친화의 교육적인 측면도 결코 간과될 수 없는 것으로 여겨진다. 시 중에서도 환경 문제에 한껏 다가선 하위 범주가 있는데, 이를 두고 흔히 '생태시'라고 말한다. 이른바 생태시는 사람살이의 아늑한 터전으로서의 생태 환경의 보존을 하나의 문제의식으로 삼고 있는 시를 뜻한다. 그런데 생태시로 분류되는 전혀 다른 성격의 시가 있을 수 있다. 하나는 독자로 하여금 경악하게 하고 다른 하나는 경건하게 한다는 점에서, 다음 두 편의 시는 사뭇 이질적이다. 앞의 것과 뒤의 것을 잘 대조해 가면서 읽어 주길 바란다.

피와 물 속에서 태어나
대도시의 숲 속에서
교육되어
칼로 분단된 채
정글과 잇닿은
다른 정글
빛의 산림과 함께 날고

독약 물결 속에서 헤엄친다.

마지막 어머니

공기여

우리는 공기를 살해한다.

– 로제 아우스랜더 「마지막 어머니」 전문

생각해 보라

이 세상에 나무처럼 아름다운 시가 어디 있으랴

단물 흐르는 대지의 젖가슴에

마른 입술을 대고 서 있는 나무

온종일 신(神)을 우러러보며

잎이 무성한 팔을 들어 기도하는 나무

가슴에 눈이 쌓이는 나무

비와 더불어 다정하게 살아가는 나무…

나 같은 바보도 시는 쓰지만

신 아니면 나무는 만들지 못한다.

– 조이스 킬머 「나무들」 전문

전자는 공해나 오염된 환경을 소재로 절망과 비관의 세계(관)를 보고하는 형식의 시이다. 이것은 기형적인 문명 시대를 살아가고 있는 인간들에게 무언가 경고를 보낸다든가 경각심을 환기시키려는 시이다. 이는 대체로 보아서 유럽 쪽 생태시의 한 전형을 보여 주는 것이다. 이런 유의 시는 한편 묵시록적인 종말관을 사상적 배경으로 삼은 것이 아닌가 한다. 이에 비해 후자는 희망을 노래하는 성격의 시이다. 환경 오손에 대한 공포감을 자아내기보다는 자연의 조음적인 교감에 대한 경건한 외경심을 불러일으키는 작품이다. 나는 이렇게 상이한 성격의 생태시를 두고 오래전에 생태학적 문명비판시와 생태학적 서정시로 분류하여 논의한 바 있다.[1]

내 생각으로는, 시가 환경 교육으로 활용, 재활용될 수 있다면 후자와 같은 유의 시가 유용성을 지니는 것이 아닌가 한다. 앞서 말했듯이, 환경적 심미안을 갖게 하는 데 '해선 안 된다' 식의 경고나 각성보다는 '해야 한다'는 식의 적극적이고 자발적인 유대의식이 더 필요하기 때문이다. 「나무들」과 같은 시는 생태시라는 목적성을 소거해 버린다면 서정시의 장르적 성격과 온전히 부합한다. 어쨌든, 나무를 생각하면 떠오르는 구절이 있다. 석가는 보리수 아래에서 도를 깨친 후, 푸른 생명의 위대함을 찬미했다, "나무는 경이로운 생명이다. 자신을 베려고 도끼를 휘두르는 이에게도 그늘을 드리워 준다."라고……. 스웨덴 여성인 헤레나 노르베리-호지로 이름되는 세계적인 생태운동가가 있다. 그녀의 저서 『오래된 미래』는 47개 언어로 번역되었다. 우리나라에서도 30만 부 이상 판매되었다는 책이다. 이 책에 이런 말이 있다.

> 나무는 독립적인 존재를 가지고 있지 않습니다. 관계의 그물 속으로 녹아들어가 버립니다. 잎사귀에 떨어지는 비와 나무를 흔드는 바람과 그것을 받쳐주는 땅이 모두 나무의 한 부분을 이룹니다. 생각을 해보면, 궁극적으로는 우주 속의 모든 것이 나무를 나무로 만들도록 돕고 있습니다.[2]

말할 것도 없이 이 글은 불교적인 생태 감성에 의거한 것이다. 사람도 사람살이를 함께하며 또 자연과 더불어 공생한다. 이 같은 평범한 이치를 자

---

1 송희복, 『생명문학과 존재의 심연』, 좋은날, 1998, 75~83면, 참고.
2 헬레나 노르베리-호지, 김종철·김태언 옮김, 『오래된 미래』, 녹색평론사, 2003, 79면.

각하면서 환경 윤리를 책임 있게 실천하는 사람이야말로 21세기형 새로운 인간상으로서의 '호모 심비우스(Homo symbious)' 즉 공생인共生人이 아닐까 한다. 요즈음 생태주의의 이론적 근거를 동양사상에서 찾는 경향이 현저하다. 동양사상 중에서도 불교, 이 중에서도 화엄 사상을 서구 생태학의 한계를 보완하는 대안으로 삼기도 한다. 시 논의에 있어서도 화엄의 전일성全一性, 상호의존성은 각별히도 서정시의 장르적 성격과도 잘 부합되고 있다.

불교적인 입장에서 환경 문제를 논할 때 '에코카르마(eco-karma)'라는 용어에 주의를 섬세하게 기울일 필요가 있다. 불교적인 의미의 환경 윤리랄까, 아니면 불교적인 관점에서 본 환경 인과론因果論이라고 할까? 어쨌든 이 용어는 환경에 영향을 끼치는 행위를 윤리적으로 설명하기 위해 제안된 것. 환경에 관한 한 원인과 결과는 늘 상응하게 마련이다.

내 마음이 오염되면
뭇 중생이 오염되고
내 마음이 청정하면
뭇 중생이 청정하다.

心雜染故
有情雜染
心淸淨故
有情淸淨

이 경구는 한 불경에서 따온 것이거니와, 환경의 인과론을 이보다 더 긴요하게 축약한 경우는 없을 듯하다. 환경의 오손이 당대의 과보로 끝나지 않고, 그 악영향은 후세에까지 미친다. 생태 환경을 위한 시를 논의할 때 함께 염두에 두어야 할 개념 중의 하나가 바로 에코카르마가 아닐까.

2. 뭇 생명의 어울림 : 한 꽃송이에서 꽃 한 송이로

시와 불교와 생태주의를 개념적으로 한꺼번에 엮을 수 있는 낱말이 있다면, 다름 아니라 '화엄華嚴'이 바로 그것일 터이다. 이것은 화엄경이라고 하는 불경의 이름으로 인해 일반 대중에게도 비교적 알려져 있지만 매우 함축적이고 심오한 뜻을 지니고 있다고 하겠다.

꽃의 아름다운 꾸밈, 세상을 온갖 꽃으로 장엄하게 한다는 것. 꽃의 장엄한 세상으로 비유되는 화엄, 그 이름 자체가 이처럼 시적인 발상에 의한 것이다. 꽃이 아름답거나 향기로우면 세상이 청정하다. 우주 만물은 서로 기대어 있고, 기댐의 균형이 깨어지면 세상도 분열되기 시작한다. 화엄은 그래서 해탈의 인과因果로 설명되기도 한다.

화엄을 시의 비평적 개념 틀로 수용한 사례가 이미 있었다. 화엄의 원리에 바탕을 둔 생태주의 감수성과 관련해 시와 불교의 접점을 논의한 사례가 있었던[3] 것은, 먼저 화엄을 시적인 소재주의로 이용한 시인들이 적지 않았다는 사실에 근거한다. 그 대표적인 시인의 한 사람으로 정현종을 떠올리지 않을 수 없다.

---

3 송희복의 「서정시의 화엄경적 생명원리」(1995), 이상숙의 「한국의 생태시와 불교적 세계관 – 화엄 사상과의 연관성을 중심으로」(2001), 이성희의 「은유와 화엄華嚴」(2003) 등이 구체적인 사례이다.

두루 그립다고
너는 말했다.
그러자 너는
꽃이 되었다.

그립다는 말
세상을 떠돌아
나도 같이 떠돌아
가는 데마다
꽃이 피었다.
닿는 것마다
꽃이 되었다.
그리운 마음
허공과 같으니
그 기운 막막히 퍼져
퍼지고 퍼져
마음도 허공도
한 꽃송이!

두루 그립다고
너는 말했다.

– 정현종 「그립다고 말했다」 전문

정현종의 화엄은 이처럼 '한 꽃송이'로 표현되고 있다. 인용시 「그립다고 말했다」는 그의 시집 『세상의 나무들』(1995)에 실려 있다. 하지만 그 '한 꽃송이'란 표현은 생동하는 생물의 자연스런 아름다움에 대한 섬세한 생명 감각과 우주적 상상력으로 광채 나는 상태를 노래한 시집 『한 꽃송이』(1992)의 제목으로 쓰이고 있다. 이것은 또는 그에게 '생명 만다라'로 언급되는 것이기도 하다.[4] 짧고 짧은 순간으로 피고 짐을 되풀이하는 영원한 우주 생명의 리듬과 같은 하나의 꽃송이를 통해, 시인은 생명 만다라의 웅숭깊은 이치를 발견하고 있다. 같은 이름의 제목으로 된 시를 보자.

어릴 때 참 많이도 본
나팔꽃
아침을 열고
이슬을 낳은 꽃
아침하늘의 메아리
이슬 맺힌 꽃
(……)
메아리 속에 생명 만다라
눈동자
에 맺히는 이슬

– 정현종 「생명 만다라」 부분

만다라는 꽃에 관한 상징과 마법의 그림이다. 본디 티베트인들은 자연의 형벌로부터 벗어나기 위해 추상의 아름다움, 영성靈性의 경건한 도안을 만들었다. 꽃을 최고의 상징으로 보아 왔던 불교에서는 완벽한 합일을 상

4 정현종 시 도처에 우주 진리의 상징물로서의 꽃이 생명의 궁극, 인간 세계의 조화, 혹은 만다라로 그려지고 있다.(장경렬, 『생태주의 시학』, 한국문화사, 2000, 214~215면, 참고.)

징하는 원형圓形의 불멸성을 창조했던 것이다. 생명과 조화의 완결성을 지향하는 우주론적 교감의 끝에 정현종의 생명 만다라가 놓인다. 나팔꽃, 이슬, 메아리, 눈동자 등 모두가 크고 작은 원형으로 장엄하게 꾸며지고 있다. 칼 융의 정신분석학에서 운위되는 소위 '자기원형상(selfarchetype)'과도 상관이 있는 듯하거니와, 내가 아는 수준에서 볼 때, 그 모든 것은 서로 기대면서 존재하고 있다. 모든 것이 생명의 질서를 유지하는 소우주라는 점에서, 대우주에 존재하고 있는 각각의 모든 것은 '생명의 황금고리'로 엮여 있다.

> 나 바람 나
> 길떠나
> 바람이요 나뭇잎이요 일렁이는 것을
> 가네, 설렁설렁
> 설렁설렁.

– 정현종 「설렁설렁」 부분

정현종이 꿈을 꾸는 삶의 가치가 잘 나타나 있는 시다. 시의 내용대로라면 시의 화자는 무애자재로 만행하는 객승과 같다고나 할까? 인용시는 시인의 정신적인 자유의 경지를 잘 드러내고 있다고나 할까? 한 비평가는 그를 두고 선적禪的 지향성을 착목함으로써 선승의 문학 태도를 모범적으로 보여 준 시인이라고 높이 평가한 바 있다.[5]

---

5 "오늘의 우리 문학이 겪고 있는 이까짓 외로움쯤 타지 않아도 좋겠고, 또 그렇게도 구차한 밥 걱정일랑, 의복 걱정일랑, 생활 걱정 같은 것도 저만큼 던져 버리고 어디쯤에서 훌훌히 정말 자유의 존재가 되어 이 세상 물처럼 바람처럼 휘돌다 또한 문득 황홀한 문학의 세계를 연출할 수 있게끔 되지 않을까도 싶다. 이 자리에서 정현종 시인의 시가 문득 우리 안전을 사로

정현종의 '한 꽃송이'는 서정시의 화엄경적 생명 원리를 집약한 것으로 보아도 될 것이다. 그것이 시의 주제어로 지면에 등장한 직후 몇몇 시인들도 엇비슷한 표현을 쓴 바 있다. '꽃 한 송이'가 바로 그것이다. '한 꽃송이'와 '꽃 한 송이'는 사뭇 유사한 표현이거니와, 다만 차이가 있다면 전자가 '꽃송이'라고 말해지고 있다는 점에서 우주의 상징성을, 후자는 '한 송이'를 가리키는 바 우주의 전일성全一性을 다소 강조하고 있다고 하겠다. 존재와 우주의 본원적인 실상을 '꽃 한 송이'로 표현한 시 몇몇을 살펴보자.

꽃잎 속에 감싸인 황금벌레가
몸 오그리고 예쁘게
잠들 듯이

동짓날 서산 위에
삐죽삐죽 솟은 설악산 위에

초승달

산이 한 송이 꽃이구나

지금 세상 전체가
아름다운 순간을 받드는

잡고 나서게 되는 이유도 말하자면 정현종 시가 본래 지닌 선禪적 지향성 같은 데 착목한 연유라고 할 수 있거니와, 그래도 우리 시단에서 가장 연륜 있게 향기 높은 선승의 문학 태도 같은 것을 시범해 보인 사람이 정현종 시인이 아닐까 싶다." (한기, 「선禪, 문학, 그리고 정현종의 시」, 『동서문학』, 2004. 봄, 245면.)

화엄의 손이구나

– 이성선 「꽃 한 송이」 전문

자연의 아름다움을 노래한 시가 예로부터 지금껏 무수히 많았지만, 이 시는 음풍영월적인 시풍과 근본적으로 다르다. 그도 그럴 것이, 이 시를 포함한 시집 『산시』가, 시인이 자기만족적인 영탄에 빠져들지 아니하고 독자로 하여금 끊임없이 환경적으로 각성된 존재임을 스스로 일깨우게 하기 때문이다. 시집 『산시』에는 단순한 아름다움의 극치를 보여 주고 있는 그림이 시와 함께 놓여 있다. 현대판 문인화의 이상을 지향한다고나 할까? 인용시는 한마디로 말해 '꽃다운 산'을 노래한 것이다. 이는 다름 아니라 '꽃다운 얼굴'이다. 꽃다운 얼굴이 상투화되어 식상한 비유라면, 꽃다운 산은 비유의 새로운 지평을 연 참신한 표현이다. 잘은 알 수 없으나, 시인은 꽃다운 설악산을 미인의 얼굴로 빗댄 것 같다. 물론 그렇다면 여기에서 초승달은 미인의 눈썹이 될 것 같다.

환경적으로 각성된 존재란 생태적인 것이 아름다운 것이라는 환경적 심미안을 가지는 것이며, 이것이 바로 시와 예술을 통해 드러나게 되는 것이라면, 시와 예술이 갖는 환경친화적인 교육의 측면은 매우 긴요하다고 생각된다. 산자수명한 낙토에 대한 그리움이 반영된 산수화, 자연 속에 시가 조화롭게 놓여 있는 문인화, 문명적으로 오염되지 않는 옛날 미인의 아름다운 자색姿色을 묘사한 미인도 등의 그림이 서정시와 함께 아름다운 자연환경, 순수무구한 생태 감성에 대한 자발적인 느낌을 갖게 하기에 더 없이 좋으리라.

간절하면

가 닿으리

너는

그 끝에 눈이 부시게 서 있으니

열렬한 것들은

다

꽃이 되리

꽃과 사랑을 기다리는

길고 지루한 날들

네가 내려준

은빛 사다리를 타고 올라가

너의 향기로운 환한 집에 내가 아무도 몰래 숨었으니

네 손에 쥐어진 꽃을 던지고

아, 열렬하게 돌아서서 너는 내게 안기었네

이 세상을 다 삼키고

이 세상

끝에

새로 핀

꽃

한송이

– 김용택 「꽃 한송이」 전문

우주에는 낱낱의 생명이 수많이 존재하고 있다. 이것은 환경과 서로 의존하고 지탱하면서 전체의 관계 맥락을 형성하는데, 불교에서는 이를 '인드라망'으로 비유하고 있다. 각각의 그물코마다 보석이 달려 있는 제석천궁의 무한대 그물. 각각의 보석은 서로의 빛을 받아 서로 비춘다. 빛과 생명을 주는 구조 속에서의 공존의 상징이 이 시에서는 '꽃 한 송이'로 언표된다. 개체 생명이 환경 속에서 형성된 미분화의 전체상을 과학자 장회익은 이른바 온생명(global-life)이라고 말한 바 있다.

너는 내게 안기었네!

존재하는 모든 '나'의 생명을 포함하는 온생명에는 무수한 일부분의 '보補생명'이 공존한다. 그러면 '나'의 보생명에는 '너'가 포함되고 '너'의 보생명에는 '나'가 포함된다.[6] 서로 의존하면서 연관성을 맺어 가는, 사람마다 표현을 달리하거니와, 이를테면 '생명의 그물'(F. 카프라), '생명의 황금고리'(정현종), '생명의 거미줄'(이혜원) 등으로 표현되는 바, 김용택의 시편 「꽃 한송이」에 의거하면 '은빛 사다리의 환한 집'이 될 것이다. 내가 소우주라면 집은 대우주이다. 내가 너와 함께 보생명과 온생명의 관계를 맺을 때, 이 시의 내용처럼 동체적同體的인 생명 질서의 화엄 원리는 광휘롭게 구현된다.

앞서 인용한 김용택의 시 「꽃 한송이」는 『녹색평론』 지 1999년 9-10월호에 발표되었는데, 이는 「해사한 얼굴」과 함께 발표되었다. 개망초꽃을 글감으로 삼은 이 시는 지면을 아끼기 위해 더 이상 언급하지 않겠지만 운문과 산문의 적절한 어울림 속에서 독특한 언술을 구사한 생태시의 수작으로 평가됨 직하다. 이로부터 4년 뒤 김용택은 「개망초 꽃을 보며」라는 제목의 산문을 발표한다. 이 산문은 시편 「해사한 얼굴」의 시작 노트 격에 해당하는 것으로, 불교적인 관점이 약간 개입되어 있음[7]을 주

6 양형진, 「인드라망-더불어 사는 존재」, 중앙일보, 2002. 5. 20, 참고.

7 "지난 봄 전 지구, 전 인류를 향해 3보 1배를 통해 생명의 존엄함을 강변했던 분들의 싸움이 그러했다. 인간이 존재하는, 존재해야 하는 이유와 인류 양심을 향한 그 분들의 절과 침묵은 작고 하찮고 힘없는 생명도 나와 같이 똑같은 생명을 갖고 있다는 것을 전 세계에 깨우쳐 주었으며, 지금도 지구 곳곳에서 들리는 생명의 신음소리를 향한 인간의 참회였다."(불교신문, 2003. 7. 4)

목할 때, 이른바 개망초꽃 한 송이 역시 불교적인 친연성을 지닌 것이라고 하겠다.

마당을 쓸었습니다
지구 한 모퉁이가 깨끗해졌습니다

꽃 한 송이 피었습니다
지구 한 모퉁이가 아름다워졌습니다

– 나태주 「시」 부분

시인 나태주는 시 쓰는 행위를 마당 쓰는 행위로 비유했다. 시는 마당에 핀 '꽃 한 송이'이다. 이때 꽃은 지선지미의 가치를 표상한 것. 사람이 사는 삶의 터전을 청정하게 하는 것. 시 쓰는 일이야말로 이기적인 말의 폭력과 인터넷에 무분별하게 범람하는 통신언어로 인한 언어 환경의 오염에 맞서는 일일 터이다. 마당을 쓰는 행위는 아름다운 세상을 만들기 위한, 꽃 한 송이를 피우기 위한 업인業因의 행위이다.

작은 꽃 속에
큰 하늘이 피어 있어
법(法)이라 한다
네 작은 담론 안에
우주가 요동하는 것
사랑이다

깊은

죽음

– 김지하 「화엄」 전문

김지하는 주지하듯이 시와 사상의 문제를 동시에 놓고 볼 때 결코 논외의 대상이 될 수 없는 시인이다. 함석헌이 사상가로서의 시인이라고 한다면, 그는 시인으로서의 사상가라고 말할 수 있을 것이다. 언젠가 그가 화엄의 시각에서 민중과 생명의 실상을 파악하는 것이 매우 중요하다고 밝힌 바[8] 있었거니와, 그에게 있어서의 화엄은 그의 생명 사상, 평화의 이념과 통한다. 인용시를 보자면, 작은 꽃 속의 큰 하늘은 결국 깊은 죽음으로 귀결한다. 이 죽음을 불교적인 표현으로 적멸寂滅이라고 한다. 이때 죽음이란, 온전한 소멸이라기보다 생과 멸의 경계가 사라져 번뇌를 벗어나는 것을 말한다. 꽃 하나가 우주 속에서 뭇 생명의 어울림으로 존재하고, 또한 꽃이 지면 죽음으로부터 목숨을 이어 또 다른 뭇 생명을 이룩해 간다. 따라서 이 죽음은 주체의 소멸인 무아無我의 경지를 가리킨다.

「화엄」이 2003년에 발표될 당시에 함께 발표된 시가 「혼례婚禮」인데, 여기에 "문득 홀로 피어 눈에 시린 / 아우라여, / 흰 한매寒梅 / 한 송이"라는 표현에서 보듯이, 그것은 「화엄」보다 한결 구체성을 얻어내고 있다. 한매 한 송이, 즉 꽃 한 송이는 평소 시인의 화두인 '흰 그늘로써 삶과 세계의 양면성 또는 모순성을 하나로 꿰뚫어 내고 있는 것'[9]으로 너끈히 파악된다. 시인이 한매 한 송이를 '혼례'로 본 것은 탄트리즘에서 남녀의 성적 결합을 가리키거나, 양극의 합일성을 뜻하는 생명 연속성의 원리를 뜻하는지도 모른다. 주지하듯이, 김지하는 국토 분단과 현대사의 질곡을 몸으로

---

8 김지하, 『생명』, 솔, 1992, 102면, 참고.

9 김재홍, 「새로운 정진과 개성의 다양성」, 『문학수첩』, 2003. 가을호, 431면.

경험한 시인이었다. 꽃이 지는 원형의 순일성純一性은 그의 평화 이념을 지향하고 있다는 점에서, 그의 생명 사상에 일종의 만다라 개념으로 부조된 것이라고 할 수 있겠다. 김지하의 한매가 세계의 분열성을 극복할 수 있는 상징의 꽃이라면, 이 역시 화엄의 꽃, 화엄 사상의 정화가 된다. 오늘날 화엄의 시학이 지향하는 바는 생태 복원의 감수성과 관련을 맺는 것으로 귀결된다. 「은유와 화엄華嚴」이라는 제목의 글을 쓴 이성희의 주장은 지극히 상식적이면서도 늘 새롭게 경각심을 불러일으킨다.

> 화엄은 시학을 새로운 지평으로 이끌고 간다. 시학이 새롭게 안내되는 곳은 생태계의 지평이다. 오늘날 생태학에 의해 밝혀지고 있는 생태계의 모습은 그야말로 화엄의 세계이다. 모든 것이 이어지고 상호 작용하는 중중무진(重重無盡) 무량연의 세계가 바로 생태계이다.[10]

김지하의 시는 오늘날의 시가 과연 쓸모가 있는가, 하는 물음으로부터 시작한다. 버려진 시를 다시 써먹을 수 있는가? 있다면 시의 소리일 것이다. 시의 소리는 우주의 소리요, 우주 생명의 리듬이다. 옥타비오 파스의 말처럼 밀물과 썰물, 부름과 응답 등과 같은 리듬인 것이다. 이 리듬에 귀를 기울이게 하는 것이야말로 오늘날의 서정시이다. 김지하가 제안한 또 하나의 사상적 키워드인 '율려'도 기실 우주의 한 리듬으로서의 마음속에 내재한 파동인 것. 리듬의 파괴란, 다름 아니라 생태의 파괴, 율려의 파괴, 생태학적 살판의 파괴인 것이다. 따라서 생태 감성의 복원은 시가 지닌 우주 리듬의 회복과 등가의 개념이 된다.

---

10 이성희, 「은유와 화엄」, 『현대시학』, 2003. 11, 176면.

3. 게리 스나이더, 그 현존하는 상징

이미 오래전부터 명상·불교·환경 윤리 등과 관련한 문제의식을 시와 접맥한 사람의 이름이 전해지고 있었다. 1930년에 미국의 샌프란시스코에서 태어나 지금도 시인으로서, 명상가로서, 환경운동가로서 폭넓게 활동하고 있는 게리 스나이더(Gary Snyder)가 바로 그 이름이다. 생태시인의 선두 주자이며 또 대표성을 띤 상징 기호이기도 한 그는 젊은 시절에 일본의 선불교를 수행했던 이채로운 경력을 갖고 있기도 하다. 그를 소개한 국내 자료가 적지 않다. 일간지에 발표된 글의 일부를 보자. 문학성의 취향이 엿보이는 대중적인 소개의 글이다.

> 스나이더의 우주와 지구에 대한 경이로운 사유는 아주 미세하게 아름다운 것들, 아주 연약한 존재들, 덧없고 흔적도 없이 사라지는 모든 생명에 대한 지독한 연민을 그 근원으로 한다. 그의 시와 산문의 중심에는 우주와 그 안의 한 곳인 지구, 그 지구에 깃들여 사는 모든 생명에 대한 특별한 명상이 있다. (……) 불교와 우주적 상상력을 결합하여 모든 생명을 노래한 스나이더의 문학은 혼의 미학을 이룬다.[11]

스나이더의 명상과 시가 지닌 뜻의 요체는 덧없이 소멸되는 생명에 대한 한없는 사랑의 마음에 있다고나 할 수 있을까. 그야말로 온 누리에 존재하는 것들이 서로 얽혀 있고 이 얽힘의 관계 속에서 상생의 질서와 공존의 이치를 깨달은 시인이 아닐까. 그에게 있어서 상생과 공존은 인간과 인간

11 이상화, 「자연에 살며 자연을 노래하는 자연인」, 동아일보, 2005. 4. 25.

의 관계에만 한정되지 않는다. 이것은 인간과 자연으로 외연하고, 또한 자연과 자연으로까지 확장한다. 이때 자연은 유정물뿐만 아니라 무정물에도 해당한다. 궁극적으로 땅에게는 땅의 역할을 돌려주어야 하고, 물에게는 물의 역할을 돌려주어야 한다. 땅과 물이라는 무정물에게도 공존의 당위성이 놓여 있다.

하물며 유정물인 미물에게서랴. 미물에게도 공동체 삶의 질서와 조화가 있고 공존의 지혜가 있는 법이다. 예를 들자면, 개미의 세상에는 하나의 약속이 있다. 절대로 진딧물을 먹지 않는다는 것. 개미들의 식단에는 진딧물의 배설물에 들어 있는 당분이 무려 85%나 차지하고 있다고 한다. 만약에 개미들이 고단백의 진딧물을 먹어 해치운다면 소탐대실의 어리석음을 범하는 것과 같다. 진딧물을 건드리지 않는다는 것은 장구한 세월에 걸쳐 유전적으로 계승되어 온 개미들의 약속인 것이다.

다큐멘터리 영화 「마이크로코스모스」를 보면 자연과 자연의 공생공존의 법칙을 고감도 기술의 카메라에 담고 있다. 이 영화는 불교와 전혀 관련이 없는 내용의 영화이지만, 여기저기에 이른바 불성관佛性觀이 깃들어 있다. 게리 스나이더의 시는 한술 더 뜬다. 자연 속에서 먹고 먹히는 관계 역시 공존의 지혜임을 드러낸다.

> 우주에서
> 뽑아내어 포도에 숨겨져 있는
> 살아있는 빛의 송이의 씨 안에서
> 생명을 끌어낸다.
>
> 서로 서로의 씨를 먹고
> 아, 서로를

먹는다.

연인인 빵의 입에 입 맞춘다. 입술에서 입술로.

– 게리 스나이더 「미각의 노래」 부분

이 시의 내용을 산문적으로 해설하면 이러하다. "빵과 포도주가 살과 피가 되어 우리의 영원한 생명의 불꽃을 살려낸다. 우리의 양식이 곧 우리의 애인이라는 주장이 기막힌 진리인 것은 양식이 곧 생명의 원천이기 때문이다."[12] 생태계의 먹이사슬마저 거대한 생명의 원리 속에 놓여 있는 것이라면, 암사마귀가 교미를 끝낸 후에 숫사마귀를 잡아먹는 사례도 자연의 기막힌 진리일 터이다. 프랑스에 가서 도리어 동양의 역易과 유식철학에 빠져 돌아온 바 있는 시인 이성복의 시 「봄밤」에, 먹고 먹힘의 숙명 앞에 죽음의 결별을 앞두고 암사마귀와 숫사마귀가 짝짓기 사랑의 행위에 몰두하고 있는 내용의 시가 있다.

바깥의 밤은 하염없는 등불 하나
애인으로 삼아서
우리는 밤 깊어가도록 사랑한다
우리 몸속에 하염없는 등불 하나씩 빛나서
무르팍으로 기어 거기 가기 위해
무르팍 사이로 너는 온 힘을 모은다
등불을 떠받치는 무쇠 지주에 차가운 이슬이

12 김영무, 「생태학적 감수성의 시인–게리 스나이더」, 강옥구 옮김, 게리 스나이더 『무성無性』, 한민사, 1999, 252면.

맺힐 때 나는 너의 머리를 쓰다듬어
저승으로 넘겨준다 이제 안심하고 꺼지거라
천도 복숭아 같은 밤의 등불이여

– 이성복 「봄밤」 전문

불교에서 말하는 삶과 죽음은 별개의 것이 아니다. 돌고 돌아서 하나의 원형 모습을 이루어 간다. 삶과 죽음의 경계는 무한으로 확대된다. 끝내 이것은 무한으로 해체된다. 삶이 무한이 되고 죽음도 무한이 되며, 결국에는 삶과 죽음의 구분이 사라져 가면서 일체가 하나의 무한을 이룩하게 되는 것이다. 숫사마귀의 삶은 암사마귀에 의한 죽음에 의해 완성되면서 새로운 삶의 차원으로 넘겨진다. 사생死生의 관념마저 서로 의존하게 되는 것이다. 상호연결성(interconnectedness)의 시학이라고 해도 좋을 것이다.

게리 스나이더는 구미에서의 불교 생태시의 가능성을 처음으로 보여준 시인이라는 데 대체로 이견이 있을 수 없다. 하지만 그보다 토마스 하디(1840~1928)라고 보는 관점도 있다. 2006년 동서비교문학회 추계학술대회에서 토마스 하디의 시가 화엄 불교의 상생관과 불교 생태학의 시학에 기반하고 있다는 주장이 제기된 바 있었다. 영문학자 백원기 교수가 이를 제기했다. 만약 그의 주장대로 토마스 하디의 시세계가 세계일화世界一花로 언표되는 불교 사상에 귀결한다고 한다면, 게리 스나이더가 태어나기 직전인 토마스 하디의 시대에까지 서양에 있어서의 불교 생태시의 원천이 거슬러 올라간다고도 볼 수 있겠다. 물론 어느 정도 직접적이냐가 문제이겠지만 말이다. 이에 관한 논의는 앞으로 더 폭넓게 있을 것으로 기대된다. 어쨌든 게리 스나이더의 시정신을 가장 집약적으로 제시하고 있는 시편에 해당하는 「없음(without)」을 보자.

안에 있는
본성의
침묵.

안에 있는 힘.
없음의
힘.

길은 어디로든 통하네,
그 자체로 한없이.

– 게리 스나이더 「없음」 부분

the silence
of nature
within.

the power within.
the power
without.

the path is whatever passes –no
end in itself.

– Gary snyder 「without」

이 시를 두고 게리 스나이더 자신도 "분별하지 않는 무無의 힘을 노래한 불교시"[13]라고 규정한 바 있다. 이 시는 시에 대한 게리 스나이더의 견해 가운데 가장 높은 위치에 놓여 있는 것이기도 하다. 즉 그것은 '자성自性이 무성無性이다'라는 관념적인 토픽에서 비롯된 것. 그러나 그는 시와 명상을 결코 일체화시키지 않는다.

그에겐 시는 시고, 명상은 명상이다. 시 그 자체가 선을 수행하는 방편이 되어선 안된다는 것이다. 따라서 그는 선승들의 선시에 대해 경의를 표하지만 시를 쓴다는 것이 탈속의 행위가 아니라 세속의 행위임을 강조한다. 명상이 일종의 내적인 성찰이라면, 시는 속에 감추어진 생각들을 바깥으로 드러내는 것. 시를 쓴다는 것은 세상을 위한 것이다. 시는 인간을 위하여 그 순간을 인간과 함께 나누는 행위일 따름이다. 그의 시는 습習이나 착着을 멀찍이 벗어난 눈부신 명상의 선시가 아니라 세속적인 언어로 이루어진 범부의 시임을 지향하고 있다. 그의 시는 선적禪的 고요의 세계와 같이 특별하고도 비범함 정신 훈련의 소산이 아니다. 평범한 인간들의 몫일 뿐이다. 그의 시가 일상의 습이나 착이 여전히 묻어나 있는 그대로, 불교적인 감수성을 바탕으로 한 생태시가 되는 까닭이 여기에 있는 것이다.

자성이 무성이란 도저한 관념의 세계!

이 토픽에 의하면 마음 자체의 본성 역시 존재하지 않는다. 영원한 것은 이 세상에 없다. 어디에도 '나'라는 존재(성) 역시 없다. 내가 없기 때문에 너도 있을 리가 없다. 이 내남 없는 경지야말로 그윽하고도 아득한 무성無性의 세계이리라. 모든 존재는 서로서로 연결되어 있다. 서로는 서로에게 기대어 존재한다. 생태계는 '생명의 그물'로 짜여 있고, 불교에서 말하는 법계法界는 이른바 '인드라의 망網'에 의해 장식되어 있다. 게리 스나이더에게

---

13 게리 스나이더, 같은 책, 183면.

있어서의 법계는 생태계로 돌려지고 있고, 그의 선적인 언어의 불가해성은 시적 언어의 미묘한 깊이로 변용되고 극화되어 있다.

4. 에코카르마와 무아행

생태학적 윤리 및 책임의 문제에도 높낮이가 있을지 모른다. 자기 중심의 환경 윤리에서 우주 중심의 환경 윤리에 이르기까지 말이다. 환경 윤리로서의 불교 사상, 즉 모두에 얘기한 바 있었던 '에코카르마'는 불살생계不殺生戒의 생명 존중관, 욕망을 적게 하고 만족함을 아는 무소유의 삶의식, 화엄경의 만물 평등사상 등과 관련되어 있다. 특히 화엄 사상이 모든 존재, 모든 개체가 세계와의 조화를 통해 하나의 완성체가 되어 간다는 관점에서 새로운 환경 윤리로 각광을 받고 있으며, 존재하는 모든 만물의 본질적 가치를 인정해 주고 있다는 점에서도 새로운 환경 윤리로서 매우 중요한 사상적 근거를 제공해 주고 있다.[14] 존재하는 모든 것은 서로서로 의존하는 관계를 맺는다. 소위 인드라망으로 비유되는 법계연기法界緣起의 세계에는 상호의존의 유기적인 관계와 인과론적인 환경 윤리가 전제되어 있다. 다음에 인용한 시는 이러한 사실을 잘 보여 주고 있다.

생명은 그래요
어디 기대지 않으면 살아갈 수 있나요?
공기에 기대고 서 있는 나무들 좀 보세요.

---

14 이병인, 「21세기의 불교와 환경 문제」, 한국교수불자 연합회 편저, 『21세기 한국불교 과제와 전망』, 불교춘추사, 2000, 249~254면, 참고.

우리는 기대는 데가 많은데
기대는 게 맑기도 하고 흐리기도 하니
우리 또한 맑기도 흐리기도 하지요.

비스듬히 다른 비스듬히를 받치고 있는 이여.

– 정현종 「비스듬히」 전문

모든 만물은 공존한다. 공기와 나무들마저 상의상존相依相存의 관계를 맺는다. 기대는 것이 맑으면 인간 역시 맑고, 기대는 것이 흐리면 세상 또한 흐리다. 청정과 오탁은 업인業因에 의해 만들어진다. 연기, 혹은 인드라망의 세계관은, 관용의 사상, 상호존중의 원리인 불교의 무아행無我行과 밀접한 관련을 맺는다. 나를 지운다는 것은 자연에 몰입되어 몰아경에 빠진다는 것. 이때 나는 나무가 되고 숲이 되고 산이 된다. 오늘날 세계의 분열상을 극복할 수 있는 데는 무아無我로 일컬어지는 생명력의 근원, 존재의 본원적인 실상으로 돌아갈 때만 가능할 수 있다.

산에서
산과 더불어 산다는 것은
산이 된다는 것이다.
나무가 나무를 지우면
숲이 되고,
숲이 숲을 지우면
산이 되고,
산에서
산과 벗하며 산다는 것은

나를 지우는 일이다.
나를 지운다는 것은 곧
너를 지운다는 것,
밤새
그리움을 살라 먹고 피는
초롱꽃처럼
이슬이 이슬을 지우면
안개가 되고,
안개가 안개를 지우면
푸른 하늘이 되듯
산에서
산과 더불어 산다는 것은
나를 지우는 일이다.

– 오세영 「나를 지우고」 전문

우주적 교감의 친화력과 무한 상상력을 보여 주고 있는 시다. 작자는 선미적禪味的인 삶의 풍모를 느끼게 하는 세간의 서정시인 오세영이다. 그는 시인이면서 시 연구자이기도 하다. 그가 출세간의 서정시인 한용운의 시에 관해 언급한 바 있는데, 「님의 침묵」에서 '님'을 '무아'로 보면서, "무아는 황홀한 경지를 뜻하는 것도, 무상의 경지에 드는 것도, 나를 없애는 것도 아닌 참다운 자아, 즉 자기의 확립을 의미한다."[15]라고 밝힌 바 있다. 요컨대, 나를 지운다는 것은 무아행의 실천이자 높은 수준의 에코카르마를 의미한다. 참다운 자아 정립이야말로 분열된 세계의 위기를 극복하는 단초

15 오세영, 『현대시와 불교』, 살림, 2006, 68면.

가 되기 때문이다.

얘기를 처음으로 돌려 보자.

아름다운 것을 아름답게 보는 환경적 심미안이야말로 환경오염으로 훼손된 세상을 치유할 수 있다. 아름다운 것도 왜곡된 시각으로 오손시키면 자아의 과잉 현상이 일어나게 마련이다. 서정주의 「국화 옆에서」에서의 국화가 일본 천황가를 상징하는 꽃이라고 알고 있는 청소년·대학생이 적지 않다는 문학교육의 현실을 감안할 때, 한 시인의 전력에 대해 문학 외적으로 과잉되게 적용하는 비판의 잣대는 자제되어야 한다. 하나의 목숨 탄생을 위해 모든 우주적 질서가 존재한다는 불교 연기론의 상호장엄相互莊嚴을 이해하지 않고서는 그 작품의 진가를 파악할 수도 느낄 수도 없다. 환경적 내지 생태학적 심미안을 오히려 억압하는 문학교육이 엄존하고 있다면, 누가 그 책임을 져야 할 것인가?

제2부
시와 사상에 관한 쟁점

해방기 시단의 청록파와 전위시인파 비교 연구

1. 문제의 제기, 혹은 문제점

좌우 대립이 극심하던 해방기[1]에 정치적으로나 문학적으로 전혀 색깔이 다른 공동시집이 간행된 바 있다. 하나는 1946년 6월에 을유문화사에서 발간한 3인 공동시집 『청록집』이며, 다른 하나는 같은 해 10월에 노농사에서 발간한 5인 공동시집 『전위시인집』이다. 전자의 시집은 박목월·조지훈·박두진이 3인 공동시집으로 상재한 것이며, 후자의 그것은 김광현·김상훈·이병철·박산운·유진오俞鎭五가 공동의 저자로 이름을 내건, 하지만 시집이라기보다는 특정 문인 단체의 정치적인 이해와 관련된 일종의 사

1 해방기는 일반적으로 1945년 8월 15일에서 1948년 8월 15일까지의 해방 3년사를 가리키거나, 1945년 8월 15일에서 1950년 6월 25일까지의 해방 5년사를 가리키거나 한다. 전자의 경우를 두고 미군정기니 해방공간이니 하는 용어를 사용하기도 했다.

화집 성격으로 공간한 인상을 주는 것이다.

『청록집』을 상재한 세 사람의 시인들은 해방기 이후에도 남한에서 한동안 지속적으로 활동하면서 시문학사 전개 과정에서 큰 영향을 끼쳤다. 때문에 그들을 가리켜 청록파 시인이란 이름이 자연스레 통용될 수 있었다. 반면에 『전위시인집』에 참여한 젊은 좌파 시인 다섯 사람은 비극적인 최후를 맞이하거나 월북하여 시인으로서 크게 활동을 재개하지 못하거나 했다. 해방기 이후의 유파적인 결속력이 전혀 잔존하지 못했기 때문에, 그들은 청록파의 상대 개념으로 대접을 받지 못했다.

그러나 『전위시인집』을 공간할 당시에는 유파의 정체성이나 결속력이 청록파보다 강했고 해방기 좌파 시단에 기여한 바가 적지 않았기 때문에 그 나름의 용어 규정에 인색해야 할 까닭이 없다고 보인다. 물론 대타적對他的인 개념에 지나지 않겠지만, 『전위시인집』에 참여한 그들 역시 청록파에 대한 '전위시인파'의 이름이 필요하다고 본다.

이 글에서는 해방기 시단의 가장 변별적인 차이를 드러내면서 유파를 형성한 청록파와 전위시인파의 대조적인 성격을 규명하는 데 주안점을 두고자 한다. 두 유파의 형성을 가시적으로 촉진한 공동시집이 갖는 동시대 상황과 맥락 속에서의 인적 구성, 동시대 시단에서의 위상 및 의미, 시사적詩史的인 의의 등을 살펴볼 것이며, 문학의 내재적 관점에서 두 유파가 지향하고 있는 삶의 대응 방식, 언어형식의 조건 등을 대조해 볼 것이다.

그런데 이 글에서 제시한 방법론의 모형이 유파 연구에 있다는 것은 연구상에 있어서 상당히 시대착오적임을 드러내는 것이기도 하다. 유파란 사조와 마찬가지로 사상의 입장에서 작품을 바라보는 것을 전제로 한다. 그만큼 작품에 내포된 형식의 요인을 간과한다는 것을 반증하고 있다. 과거의 문학 연구에서는 예컨대 백조파, 문장파, 좌/우파, 순수파, 생명파 등의 용어를 공공연히 써 왔지만 최근의 연구에서는 이러한 유의 용어를 거의 사용하지 않는다. 그도 그럴 것이, 최근의 연구자들이 문학 연구의 개별성과 다양성을 존중하기 때문이다. 이 글의 편偏내용적인 방법론이 다소 후락한 유파 연구를 떨쳐내지 못하고 있다는 사실은 이 글의 제한 조건이 된다는 것을 솔직히 말해 주는 것이기도 하다.

해방기 문학의 연구는 한때 유행의 물결을 탄 적이 있었다. 1987년 우리 사회의 민주화 이래 1990년대 중반까지 해방기 문학, 해금 문인, 북한문학 등에 관한 연구가 봇물처럼 터져 나왔다. 그러나 이러한 연구 소재에 대한 시각이 문학적이라기보다 정치적이라는 것에 대한 성찰의 깊이를 거의 보이지 않았던 것도 사실이다. 진보적인 입장에서, 좌파적인 입장에서 해방기 문학을 지금 다시 바라본다는 것은 그 무렵의 연구 성과로부터 진일보한 것이라고 볼 수 없다. 문학을 문학의 시각에서 바라보아야만이 해방기 문학을 다시 해석하고 평가하는 것이라고 생각된다. 이 글이 유파 연구가 갖는 편偏내용주의로부터의 한계를 벗어나려면 작품론이나 언어형식의 조건을 강화해야 한다고 보인다.

나는 유파 연구에 의장론意匠論[2]을 덧붙이려고 한다. 이러한 의도는 연구에 앞서 기획되고 설계된 하나의 대안이라고 할 수 있다. 그동안 학계에 전혀 보고되지 아니한, 청록파와 전위시인파 사이의 이 비교 연구는, 정치적인 관점과 문학적인 관점, 좌파적인 시각과 중립(객관)적인—보기에 따라서 우파적이라고 평가될 수도 있는—관점, 유파 연구의 한계와 의장론의 대안이라는 긴장 관계 속에서 전개될 수밖에 없다.

2 의장이란 본디 건축 용어로서 형태를 설계한 것, 색채와 형태 등을 결합하여 시각적인 미감을 불러일으킨 것을 뜻한다. 문학에서는 의도적으로 고안된 언어의 형식적 장치 정도로 보면 좋을 것이다. 따라서 의장론이란, 문학을 논의하는 데 있어서 언어형식의 관점이나 논리체계를 말하는 것이다.

2. 청록파와 전위시인파 – 동시대 상황과 유파의 형성

(1)『청록집』과『전위시인집』의 발간

박목월·조지훈·박두진의 공동시집『청록집』은 1946년 6월 '을유문화사'에서 간행됐다. 이 세 시인은 1930년대『문장』지誌의 추천제를 통해 시인으로 이미 등단했다. 이들이 등단한 지는 거의 10년이 되었을 무렵이었다. 일제 말 조선어 말살 정책에 따라 우리 문학의 암흑기에 잠정적으로 절필한 이들은 해방 직후에『상아탑』등의 매체를 통해 시심을 분출하였다. 이 세 사람의 인연과 우정을 맺어 결국『청록집』의 공간을 적극적으로 기획한 이는 수필가 조풍연이었다. 그는 일제 때『문장』지의 편집장을 역임했고 해방 후에는 을유문화사에 재직하고 있었다. 박목월과 조지훈과 박두진은 같은 문예지 출신이면서도 해방 전에 서로 만나 문학적인 유파의 형성을 도모한 일도, 심지어는 세 사람이 함께 만난 일도 없었다. 박목월의 회고문「나와 청록집靑鹿集 시절」에는 이렇게 적혀 있다.

> 아마 그것(청록집 발간–인용자)은 우리들의 첫 우정을 기념해 주려는 조풍연 씨의 배려에서 발안(發案)된 것이리라.
>
> 조씨는 두진에게 삼인 시집을 제안하였으나 두진과 나 그리고 또 한 사람은 누구로 선정하느냐가 문제였다. 박남수는 이북에 있고, 김종한도 작고하였으므로『문장』추천 시인으로서 우리 두 사람 이외에 한직, 지훈이 있을 뿐이다. 하지만 이한직은 우리들과는 시세계가 판이하게 이질적인 것이었다. 조지훈과 셋이 삼인 시집을 내기로 하였다.[3]

---

3 한국 대표시인 101인선집,『박목월』, 문학사상사, 2007, 283면.

『청록집』의 발간은 조풍연의 단순한 배려라기보다는 『문장』 편집장이었던 조풍연이 표면적으로 『문장』 지의 창조적인 계승을 도모한 것이라고 보아야 하겠고, 이면적으로는 해방기 문단의 복잡한 함의가 얽혀 있는 것이라고 해야 할 것이다. 『청록집』의 시인 세 사람은 『문장』 지에서 정지용으로부터 추천을 받았다. 세 사람의 시인에겐 정지용은 사장師匠과 같은 존재였다. 청록파 시인들은 그에게 시집의 서문을 예를 다해 요청했지만 그는 냉정하게 거절한다. 또 『청록집』을 모처에서 증정했을 때 해방 후 좌경화되어 버린 그가 곤혹스런 표정을 짓는다. 박목월은 그때 그가 지은 표정을 두고 "해방 후의 혼란을 단적으로 상징해 주는 얼굴이요, 표정"[4]이라고 말한 바 있다. 이것이야말로 당시 문단의 복잡한 함의가 아니겠는가?

『전위시인집』은 1946년에 '노농사'라는 출판사에서 발간된다. 이것은 『청록집』보다 몇 달 후에 공간되었다. 여기에 동참한 시인들은 대부분 신인이거나 신인에 진배없는 신출내기에 지나지 않았다. 그들의 이름은 김광현·김상훈·이병철·박산운·유진오이다. 이들에 대한 인물 추적은 언론인 출신으로 자유기고가로 활동하고 있는 정영진이 오래전에 저서의 형태로 낸 『통한의 실종 문인』(문이당, 1989)에 부분적으로 이루어 놓았던 바 있다. 이 책은 모두 7장으로 구성되어 있는데 전위시인파를 차지하고 있는 부분은 다음과 같다.

> 제2장/육탄시인肉彈詩人 유진오俞鎭五의 비극
> 제5장/시인 이병철李秉哲의 잃어버린 귀향도

4 같은 책, 286면.

정영진의 노력에 의해 유진오, 이병철, 김상훈의 생애는 어느 정도 복원되었다. 그러나 김광현과 박산운에 관해서는 이들의 전기적 사실이 아직까지도 미흡하게 남아 있다. 이들 중에서 유진오와 김상훈은 서울에 소재한 중동중학교 동기이며 급우였다고 한다. 전위시인파 시인들 중에서 가장 과격했던 유진오가 미군정에 의해 체포되었을 때 김광현은 「쇠고리 채워진 유진오」를 기고한다. 1943년에 문학평론가 이원조의 추천으로 『조광』 지를 통해 등단했던 이병철은 혜화전문학교를 졸업한 후 잠시 이화여중 교사로 재직하기도 했다. 전위시인파의 인적 구성을 볼 때 일제 말 학병 출신들이 있다는 것도 간과할 수 없는 전기적 사실이다.

(2) 해방기 시단에서의 위상 및 의미

『청록집』과 『전위시인집』을 각각 상재한 해방기의 좌우파 젊은 시인들은 자신들이 추구하는 정치적인 이념을 논의하거나 전파하는 데 시를 매우 적절히 활용하려고 했다.

박목월·조지훈·박두진은 우파 문단의 핵심 단체인 청년문학가협회에 창립 초부터 참여했다. 그들이 해방 후의 혼돈 상황 가운데서도 외곬으로 차원 높은 순수시 제작을 지향, 추구했음[5]을 구체화한 것이 『청록집』 발간의 의미가 아닐까 한다. 조지훈의 경우는 시 창작 외에도 그 당시에 시론詩論 형태의 산문적인 글쓰기를 적잖이 시도했듯이, 그는 청록파의 이론 분자의 역할을 담당하고 있었다. 조지훈의 해방기 시론은 일언이폐지하여 이른바 순수시론으로 요약된다고 할 수 있다. 그들이 탐구한 청록의 상징

5 김용직, 『해방기 한국 시문학사』, 민음사, 1989, 277면.

세계는 동양의 산수화에서나 볼 수 있는 순수의 이상 세계였다고 하겠다.

시인의 순서가 박목월을 첫머리로 내세운 것은 그가 단형短型의 순수성을 가장 집약적으로 보여 주었기 때문인 듯하며, 박두진이 마지막으로 배치된 것 역시 산문적인 호흡의 유장성에 따른 안정감을 고려하고 배려했기 때문이었을 것이다. 박목월과 박두진 사이에는 늘 조지훈의 중도적인 성향이 자리하고 있었다.[6]

청록파가 이상적인 순수 세계를 시적으로 탐구하는 것과 달리, 전위시인파의 전위적인 것의 의미는 순수하다는 것의 반反개념으로 보아도 무방하다.[7] 『전위시인집』의 체재는 다섯 명의 청년 시인들이 가나다순으로 배열된 채 한 사람당 다섯 편의 시를 발표하는 형식으로 이루어져 있다. 시집의 서·발문은 그들의 지도자 격이 되는 김기림과 오장환이 각각 썼다. 『청록집』의 서문을 정지용이 거부했다는 것과, 『전위시인집』의 서문을 김기림이 썼다는 것은 정치적 함의가 복잡하게 얽혀 있다는 사실을 잘 가리켜 주고 있다.

청록파가 청년문학가협회(청문협) 소속이라면 전위시인파는 조선문학가동맹(문맹) 서울시 지부의 맹원으로 소속되어 있었다. 1946년 당시에 우파 문단의 핵심 조직이 청문협이라면, 좌파 문단의 전위 조직은 문맹이었다. 청록파와 전위시인파의 대립은 다시 말해 청문협과 문맹의 대리전 양상을 띤 것이라고 하겠다.

---

6 이에 관해 박목월은 「나와 청록집 시절」에서 이렇게 증언한 바 있다. "두진의 차례가 맨 뒤로 돌아가게 된 것은 그의 작품 세계는 무게가 있고 또한 작품이 길어서 (……) 그 대신 내가 앞으로 나서게 된 것은 시가 짧고 가벼우며 그만큼 순수하다는 의미도 되었다."(『박목월』, 앞의 책, 283~284면.)

7 전위적인 것의 사전적인 의미는 사상이나 예술에서 혁신적이거나 급진적이라는 것이다.(국립국어연구원, 『표준국어 대사전』, 참조) 전위적인 것의 의미가 때로는 실험적이라는 것으로 쓰이지만 전위시인파의 경우는 해당되지 않는다.

1946년 해방기 논객의 대표 주자인 김동리와 김동석의 비평적인 견해가 순수·민족문학 논쟁으로 격화되어 가면서 종당에는 문학주의와 정치주의의 대립 양상으로 치닫는다. 『전위시인집』의 서문에서, 김기림이 전위시인파를 두고 "젊은 시인은 시인이기 이전에 먼저 이 회오리바람에도 필적할 정치의 세계의 한 갈래일 밖에 없었다."[8]라고 단언하는 것과 궤를 함께하고 있는 것이다.

1946년 『청록집』과 『전위시인집』의 발간이 문단의 반향을 매우 민감하게 이끌어냈음은 어김없고 틀림없는 사실이다. 김동리는 「삼가시三家詩와 자연의 발견」이라는 비평문에서 청록파를 두고 시문학파와 생명파를 계승한 발전적인 계보라고 높이 평가했고,[9] 반면에 김동석은 「인민의 시－『전위시인집』을 읽고」라는 북 리뷰를 통해 전위시인파가 인민의 분노·환희·애도·결의·감격 등을 노래했다고 격려하기도 했다.[10]

해방기 시단의 우파와 좌파를 대신한 청년시인들의 공동시집이 1946년에 이처럼 '뜨거운 감자'로 식탁에 올려진 것은 상당히 의미 있는 문학사적인 사건이라고 할 수 있다. 물론 청록파와 전위시인파의 결속력이 지닌 질감은 서로 달랐다. 전자가 『문장』 추천 동인으로서의 우정을 과시한 것이라면, 후자는 정치적으로 무장된 현실의 절박함을 전제로 한 것이었다. 전자의 결속감이 문학의 동인同人이라는 의미에 가깝게 해당한다면, 후자의 결속력은 정치적 연대의 동지同志 개념 그 자체라고 할 수 있다.

8 김광현 외, 『전위시인집』, 노농사, 1946, 3면.
9 김동리, 「삼가시三家詩와 자연의 발견」, 『예술조선』, 1948. 4, 6~8면, 참고.
10 김동석, 『예술과 생활』, 박문출판사, 1947, 224면, 참고.

(3) 남북한 분단 시문학사의 기원

해방 전의 『문장』 지가 추구한 세계는 다소 현실도피적인 고완古翫의 취향과 관련된 것이었다. 『문장』의 아취적 고전주의는 조지훈에 의해 재현된 감이 있었다. 조지훈의 대표작 가운데 하나인 「봉황수鳳凰愁」를 가리켜 복고주의라고 비판한 이는 청량산인淸凉山人이었다. 청량산인은 문학비평가 이원조의 필명이다. 조지훈과 이원조의 '봉황수' 논쟁에서 잘 알 수 있듯이 청록파가 좌파 논객의 표적이 된 것은 사실이다. 청록파의 시문학 영향력을 그만큼 인정했다는 것의 반증이라고 하겠다.

청록파는 『청록집』 발간 이후에도 지속적으로 활동을 했다. 박두진의 대표적인 시집으로 평가되는 『해』가 1949년에 상재된 것도 이러한 맥락에서 이해해야 할 것이다.

전위시인파도 마찬가지였다.

유진오와 김상훈은 개인 시집을 간행하고, 이병철은 문맹의 지령에 따라 「조가」, 「전위의 노래」, 「애국인민의 노래」 등의 작품을 창작하였다.[11] 그런데 청록파가 전후에도 한동안 남한의 대표 시인으로 큰 활약을 펼쳤지만, 전위시인파는 월북하여 북한의 시단 주류를 형성하는 데 실패했다. 김광현과 박산운은 평론가로 활동했던 것 같으며, 김상훈은 고전 번역 사업에 주로 매달렸다. 그나마 시인으로 활동한 이는 이병철뿐인 것으로 추정된다.

전위시인파 중에서 월북을 하지 못하고 체포되어 6·25 직후에 처형된 것으로 짐작되는 이는 유진오이다. 전위시인파 가운데서도 가장 정치적인 과격성을 띤 시인 유진오. 그는 행사 중에 낭독시를 구두로 발표하곤 했다.

---

11 정영진, 『통한의 실종문인』, 문이당, 1989, 226면, 참고.

그리고는 인민으로부터 열렬한 환호를 받곤 했다. 마침내 그는 자작시 「누구를 위한 벅차는 우리의 젊음이냐?」를 낭송함으로써 미군정 포고령 위반죄로 구금된다. 구금된 그를 위해 김광현이 「쇠고리 채워진 유진오」라는 글을 잡지 『민족주의』(1946. 11)에 기고하기도 했다는 얘기를 한 바 있거니와, 임화 역시 그를 격려하는 시편 「찬가」를 쓴다. 오장환은 유진오 사건에 관해 「시인의 박해」라는 산문을 쓰기도 했다.

유진오는 우리 시문학사에서 윤동주와 더불어 가장 비극적인 인물이다. 윤동주가 일본 제국주의의 희생양이 되었다면, 그는 해방기 좌우 대립의 희생양이었다. 유진오라는 이름 자체만으로 소위 '박해의 텍스트'가 되기에 충분하다. 전위시인파 중에서 가장 유명하고 영향력 있는 시인으로 남아 있는 것도 이 때문이라고 할 수 있다.

어쨌든 청록파와 전위시인파는 남북한 분단 시문학사의 기원이 된다. 이 유파의 형성과 대립은 68년이 지난 지금까지도 제도적으로 건재하고 있다고 해도 결코 지나친 말이 아니다. 시사詩史의 현재성은 여기에서 단초가 확인되고 있다.

3. 청록파와 전위시인파의 시세계 비교

(1) 현실로부터, 혹은 현실 속으로

청록파 시인의 공동시집인 『청록집』에는 39편의 시가 실려 있다. 이 중에서 일부분은 해방 전에 발표했거나 본인들이 수고본의 형태로 보관해 왔으며, 대부분의 작품은 해방 후에 씌어졌다. 일제 암흑기에 그들은 현실 도피의 공간에서 숨을 죽이며 붓을 꺾고 있었기 때문에 작품의 성향 역시 현실로부터 벗어날 수밖에 없었다. 그들이 해방 직후에 삶의 구체적인 현장으로 돌아와 우파 진영의 문단을 만들어 가는 데 일조하는 위치에 놓여 있었지만 적어도 시의 가치와 세계에 있어서는 현실의 중심부인 정치 현실과 다소 유리되어 있었던 것도 틀린 게 아니다.

머언 산 靑雲寺
낡은 기와집

산은 紫霞山
봄눈 녹으면

느릅나무
속ㅅ잎 피어가는 열두 구비를

靑노루
맑은 눈에

도는
구름

– 박목월 「청靑노루」 전문[12]

박목월의 시 「청노루」는 청록파 시인이 공통적으로 추구한 시적 동질성이랄까, 유대감의 표상과도 같은 것. 푸른 구름과 보랏빛 안개로 대비되는

12 박목월 외, 『청록집』, 을유문화사, 1946, 12~13면.

색채 감각은 고고함과 초연함, 그리고 탈속의 경지를 연상시키기에 충분하다. 박목월의 이와 같은 동화적인 순수 세계는 조지훈의 경우와 겹치는 측면이 있다. 그 시는, "바라뵈는 자하산紫霞山 / 열두 봉우리 // (……) / 사슴도 운다."[13]라는 조지훈의 시편 「피리를 불면」과 내용이나 이미지에 있어서 서로 비슷하다. 그럼에도 불구하고 조지훈의 시세계는 고풍의상이나 신라 천년의 꽃구름과 같은 회고적인 아름다움에 더 많이 깃들어 있다. 박목월의 동화적인 순수 세계와 조지훈 유의 회고미는 몽환적인 비현실의 세계를 드러내고 있다는 점에서 서로 연결되기도 한다. 김용직의 저서 『해방기 한국 시문학사』에는 청록파의 비현실적인 시세계가 다음과 같이 서술되어 있다.

> 우선 이 시집에 담긴 여러 작품들은 외래적이기보다는 토속적이며, 도시형이라기보다는 전원형이며, 인공보다는 자연 취향을 더 강하게 드러낸다. 예컨대 박목월의 「윤사월」, 「청노루」, 「나그네」의 무대가 되고 있는 것은 한결같이 깊은 산속, 사슴이 노니는 골짜기나, 강나루를 건너 밀밭이 펼쳐진 고장이다. 그런가 하면 조지훈이 제재로 삼은 것은 서구문명, 근대문화와는 거리를 가지는 절간이 아니면, 낙화의 붉은 빛깔이 창호지를 밝히는 산방(山房)이다. 다음 이들 시의 또다른 특성으로 손꼽아야 할 것이 사회, 역사, 현실에 대해서 직접적인 반응을 보이지 않은 점이다. 박목월이나 조지훈은 그 제재, 내용에서부터 이른바 우리 자신의 생활현장에 직결되는 것은 한 편도 수록하지 않았다. 다만 이 경우 박두진의 시에는 얼마간의 예외에 속하는 단면이 드러난다.[14]

13 같은 책, 51면.
14 김용직, 앞의 책, 279면.

김용직은 청록파 시인 가운데 박두진의 경우 어느 정도 현실성의 단면이 드러난다고 인정하고 있다. 하지만 박두진의 경우도 '현실로부터' 벗어나 있는 게 대체적이다. 『청록집』에 실려 있는 박두진의 시편 「푸른 숲에서」를 보자. 대인 활동을 절제하면서 자연 속의 고적감을 노래하는 은자의 삶이 잘 반영되어 있지 않은가.

가도 가도 싫지 않는
푸른 숲속 길

아모도 나를 알어 찾어주지 않어도
내사 이제 새삼 외로울 리 없어……

– 박두진 「푸른 숲에서」 부분[15]

청록파 시인이 현실로부터 벗어나려는 경향을 보이는 것을 시도하고 있다는 점은 인간의 자연화에 대한 동경의 또 다른 표현이라고도 말할 수 있겠다. 인간의 자연화는 다름이 아니라 낙원 의식을 충동하는 자의식을 반영한 것. 『청록집』의 제호題號로 이용되었던 '푸른 사슴'의 이미지는 그들이 지향하는 유토피아에의 표상이다. 즉, 그들은 제국주의 시대에 약육강식의 비인간화된 현장과, 해방기의 어지럽고 혼탁한 정치 현실의 세속사를 애써 외면하면서, 꽃구름 가득한 맑은 하늘, 청정한 적멸의 산방山房, 뭇 삶이 이상적으로 공존하는 터전으로서의 생태 자연 등을 꿈꾸면서 노래하

15 박목월 외, 앞의 책, 100면.

게 되었던 것이다.

이에 반해, 전위시인파 시인들은 '현실로부터' 벗어나는 것이 아니라 '현실 속으로' 파고 들어섰다. 이 '현실 속으로'를 마치 시적 행동의 강령으로 삼기라도 하듯이, 그들은 하나의 집중된 의식의 지향성을 보여 주었다. 해방기 좌파 시인들만이 역사적이고도 획일적으로 공유할 수 있었던 그 의식의 지향성은 청록파와 같은 우파 진영의 시인보다 훨씬 유대감과 결속력이 높았던 것이다. 당대의 현실 속으로 한껏 들어가서 초미의 정치적인 현안에 정면으로 맞서겠다는 결연한 문제의식과 투쟁 의지가 그들의 공동시집인 『전위시인집』에 시종일관 드러나고 있다. 그들은 도회지 현실과 농촌 현실을 가리지 않고 시의 배경으로 민감하게 수용하고 있다.

> 옛을 다시는 생각지 않으려던 것인데
> 쌀이 없다
> 쌀이 없다고
> 모-든 사람이 市廳 앞에 엉키어 소리칠 때
> 나는 옛보다 굶주리고
> 역시 쌀보다 돈 없는 내 自身을 먼저 찾았다

– 김광현 「기아선飢餓線에서」 부분[16]

김광현의 시편 「기아선에서」는 해방 직후의 궁핍한 시대상을 도회지적인 삶의 현장을 배경으로 묘파해 내고 있다. 시청 앞에 모여든 도시의 궁

16 김광현 외, 앞의 책, 8면.

민窮民들이 쌀이 없다고 소리치면서 쌀을 요구하는 모습은 오늘날 사람들로서는 실로 상상조차 힘들다. 시인 화자는 해방 직후의 상황이 일본 제국주의가 지배하던 시대보다 오히려 못하다고 강변한다. 그는 당장에 입에 풀칠할 쌀보다는 쌀을 살 수 있는 돈이 필요하다는 자신의 모습을 뼈저리게 확인하고 있는 중이다.

小作爭議가 끝나지 않아
散髮한 볏단이 밭고랑에 누워 있는 들길을
지쳐 쓰러진 이야기를 담고, 牛馬 바퀴가 게을리 굴러가고,
荒凉하다. 賤한 촌百姓이 사는 이 마을엔
어미가 子息을 헐벗겨 떨리고
삽살개 사람을 물어 흔들고
金錢과 바꾸어진 딸자식을 잊으려 애썼다.
日章旗가 太極旗로 변했어도
그것은 지친 그들에게 '萬歲' 소리로 높이 낼 負擔밖에
설익은 빵덩이 하나 던져주지 못했다.

– 김상훈 「전원애화田園哀話」 부분[17]

김상훈의 시편 「전원애화」는 『전위시인집』의 여섯 면을 차지할 만큼 분량이 나가는 일종의 장(편)시이다. 또 내용적인 측면에서는 동시대의 삶 현장을 증언하고 있다는 점에서 일종의 고발시이기도 하다. 「기아선에서」가 도시적이라면 「전원애화」는 농촌적이다. 시인에 의해 표제에서 '전원'이

17 같은 책, 16면.

라는 어휘를 선택하고 있지만 전혀 전원적이지 않다. 전원애화라는 표제가 말해 주고 있듯이, 이 시는 서사시 특성의 장편 형식으로 농촌 현실의 슬픈 이야기를 담고 있는 내용의 시인 것이다. 해방기 시인 김상훈은 객관적인 현실을 반영하는 시적 리얼리즘의 과제를 서사시의 형식으로 구현하는 데 있어 동시대에 가장 적극적인 시인이었다.

그 밖에도 전위시인파 시인 중에서 이병철, 박산운, 유진오도 너나 할 것 없이 현실의 심연 속으로 깊이 들어갔다. 전위시인파 시인들 모두는 『전위시인집』 간행 이후에도 각자 개별적으로 시작 활동을 했지만 시사적인 정치 사건과 결부된 시를 창작한 것이 적지 않다. 전위시인파 시인들에게 있어서의 현실이란, 다름 아니라 해방기의 어지럽고 혼탁한 정치 현실, 그 이상도 그 이하도 아닌 셈이다.

(2) 서정과 열정의 거리

청록파는 주지하듯이 자연을 발견한 시인들이다. 그 자연은 뚜렷하게 현실도피적인 공간이 아니다. 최동호의 지적대로라면, 자연을 새롭게 바라보는 인간적 서정의 표현에 초점을 둔, 그럼으로써 인간의 삶을 통해 재해석된 자연인 것이다.[18]

청록파 시인들의 공통적인 미학 기반은 서정성이라고 할 수 있다.

청록파 시인들이 지향한 자연에의 시적인 감응력은 전통 산수화에서 볼 수 있는 투명한 색채 감각의 리리시즘 세계로 경사되어 있다. 청록파 시인들의 자연에 대한 그리움의 정서는 서양적인 의미의 역동적인 그리움이 아니라, 정한·청빈·무소유·달관 등이 적절히 투영된 동양적인 그리움의

18 최동호, 「청록파 조지훈의 시적 계보와 역정」, 『국제언어문학』 제14호, 국제언어문학회, 2006. 12, 233면. 참고.

정서이다. 그들의 서정시 경향을 두고 '심오한 단순성의 시학'이라고 말할 수 있겠는데 그 성과는 다음과 같이 설명되기도 한다.

> 이때의 단순성은 모더니즘시의 기교주의나 경향파시의 이념성이 제거된 관조와 몰입의 태도에서 기인한다. 그들은 자연의 단순하고 유기적인 율동을 닮은 자연스러운 리듬을 개발하였으며 순우리말의 아름다움을 재발견한다. 그들의 시에서 전통적인 문화와 언어의 미학은 거의 체화되어 드러난다. 자아와 세계가 교융하는 서정시 본연의 동일성의 시학과 전통의 미학적 수립에 있어 그들은 괄목할 성과를 보여준다.[19]

전위시인파의 시세계에도 서정성이 깃들어 있다고 보는 사람도 있다. 특히 『전위시인집』의 서문을 쓴 김기림은 이병철의 시편 「대열隊列」에 나타난 표현 "조곰씩 서로 닮은 / 비슷 비슷한 얼굴들 // 모두다 해바래기처럼 싱싱한 포기 포기"[20]를 가리켜 "생활의 감정에서만 올 수 있는 리리시즘"[21]이라고 고무적으로 평가하고 있다. 또 그는 전위시인파를 두고 "우리 시 신세대의 한 부대"라는 표현을 사용해 가면서, 그들이 앞으로 개념의 사막에 떨어진 메마름을 삼가고, 적당한 리리시즘의 온도가 필요하다는 것을 깨달을 수 있다면 시적인 천분(능력)을 충분히 발휘할 수 있을 거라고 전망하기도 했다.[22]

전위시인파의 서정성을 인정한다면 이 가운데 가장 선동적인 시인이라고 할 수 있는 유진오의 경우, 시의 선동성과 서정성(예술성)은 결코 별개의

19 이혜원, 「근원의 지향과 모국어의 복원」, 『현대시학』, 2006. 6, 252면.
20 김광현 외, 앞의 책, 33면.
21 같은 책, 5면.
22 같은 책, 6면, 참고.

것이 아닐 수도 있다. 이러한 문맥에서, 전위시인파가 구舊카프계에 비해 단순 구호나 개념 나열로부터 한껏 벗어나 예술적 성취의 자리를 잡아 갔다는 긍정적인 평판도 있을 수 있다.[23]

그러나 서정과 열정은 다소 분리되어야 할 개념으로 보인다. 서정은 절제된 감정을 뜻하며, 열정은 절제되지 않은 감정을 가리킨다. 서정이 평균 이상으로 슬픔과 상실의 감성을 자극한다면, 열정은 적잖이 방어의 감정을 다룬다. 여기에는 미움, 분노, 혐오 등의 정서가 자리하고 있다. 또 서정에 비해 열정은 방만하고 거칠다. 전위시인파의 서정성이란, 엄밀히 말해 절제되지 못한 언어, 거칠게 다루어진 언어를 수반한 이념의 열정에 지나지 않는다.

반면에 청록파 시인의 서정성은 절제된 감정, 모국어에 대한 사랑과 헌신으로 드러나는 것. 청록파 시인 중에서도 가장 서정성이 짙은 시인은 박목월이다. 그의 서정시는 자아와 세계가 가장 근접된 동일화의 특성을 보이며, 고양되고 충만한 현재의 감동을 노래하는 짧은 형식을 지향하며, 열정보다는 부드러움과 조화로움의 비상한 감응력을 제시하기도 한다.[24]

江나루 건너서
밀밭 길을

구름에 달 가듯이
가는 나그네

23 오현주, 「8·15직후 문학운동과 시문학의 전개양상」, 오현주 엮음, 『해방기의 시문학』, 열사람, 1988, 349면, 참고.

24 이건청, 「치밀한 서정과 절대 순수의 언어」, 『국제언어문학』 제14호, 국제언어문학회, 2006. 12, 226~227면, 참고.

길은 외줄기
南道 三白里

술 익는 마을마다
타는 저녁놀

구름에 달 가듯이
가는 나그네

– 박목월 「나그네」 전문[25]

박목월의 「나그네」는 청록파의 시세계를 대표하는 가장 전형적인 시다. 언어 절제의 극치를 이루었고 동양적인 정적인 세계관을 산수화 여백의 기법으로 제시한 서정시란 점에서 그렇다. 이 시의 길은 행운유수行雲流水라는 말이 있듯이 자연 그대로다. 길은 흘러가는 물과 같고, 노을은 타오르는 불과 같다. 이 수평과 수직의 교차점에 술이 있다. 술은 물과 불을 결합한 바슐라르 유의 복합적인 물질 상상력이다. T. S. 엘리어트의 표현대로라면 '에테르로 마취된 저녁노을'과 잘 비교되는 국면이다.

박두진의 시도 서정적이다. 그의 시는 건강하고 평화로운 자연에 대한 강렬한 염원이 약동하는 주술적 리듬에 실려 장쾌하게 표출되곤 한다. 특히 「어서 너는 오너라」와 같은 시는 순우리말로 쓰여 사람과 자연이 대화합하는 무도를 이루어 간다.[26] 이처럼 청록파와 전위시인파의 서정성을 받아들이는 변별적인 차이는 확연히 달라지고 있는 것이다.

---

25 박목월 외, 앞의 책, 16~17면.
26 이혜원, 앞의 책, 251면, 참고.

(3) 시는 듣는 것인가, 엿듣는 것인가

시와 웅변의 발화 형식은 말하기라는 점에서 비슷하다. 물론 시가 속삭임의 밀어라면, 웅변은 외침의 양식이다. 그러나 큰 테두리에서는 비슷하지만 청자의 입장을 가정한다면 그 두 가지의 것은 전혀 서로 다른 형식을 지니고 있다. 그 차이를 두고 존 스튜어트 밀이 말한 바 있다. 웅변이 듣는 것이라면, 시는 엿듣는 것이라고. 서정시는 서정적 자아의 내밀한 고백을 엿듣는 것이요, 웅변적인 성격의 선동시는 '나'의 사사로운 얘깃거리보다는 '우리' 현실의 공공연한 당면 과제를 힘주어 말하는 시인의 주의주장을 그대로 듣는 것이다. 청록파와 전위시인파의 시세계를 논할 때 대조적인 발화 형식을 염두에 두지 않을 수 없다. 그렇다면 엿듣기와 듣기의 문제도 함께 고려되지 않으면 안 된다.

묻혀서 사는 이의
고운 마음을

아는 이 있을까
저허하노니

꽃이 지는 아침은
울고 싶어라

– 조지훈 「낙화」 부분[27]

27 박목월 외, 앞의 책, 48면.

이 시를 볼 때, 은자인 화자는 시인 자신일 개연성이 높다. 즉 시적 화자가 극적인 퍼소나(persona)라기보다는 자전적인 경험을 바탕으로 한 서정적 자아라는 것이다. 시인 조지훈은 꽃 지는 아침녘에 울고 싶다는 상실의 감정을 누군가 알아차릴까 두려워한다. 내 자신의 속마음을 남에게 들키지 않으려고 속삭임의 밀어를 슬면 기록으로 남기는 것이 서정시라면, 그것은 현저히 내면적 고백의 양식인 것이다.

이에 비해 정치적인 선동시는 시인의 할 말, 해야 할 말을 다하는 것. 오히려 이보다 더 부풀리기도 한다. 그러다 보니 때로 시가 무절제한 선동의 언어가 되기도 하고, 때로는 공소한 시장의 우상이 되기도 한다.

전위시인파의 공동시집 『전위시인집』에 실려 있는 시 중에서 개인의 사회 참여가 강하게 요구되는 시대에 걸맞게 행사시, 기념시, 추모시 유의 공중적 성격의 시들이 적지 않다. 이 때문에 전위시인파를 가리켜 '선동시를 많이 썼던 시인 집단'[28]이라는 견해도 생겨났다. 어쨌든 전위시인파 시인들은 화자의 언어가 청중으로 향해 열려 있는 낭독시나 이에 준하는 성격의 시를 선호한 것은 틀림없는 사실이라고 하겠다.

김상훈은 전평全評이 세계노동자연맹에 가입한 것을 축하하기 위한 대회의 행사시인 「기旗폭」을, 이병철은 고故 전해련全海鍊 동지의 영전에 바친다는 추도시 「울면서 따라가면서」를, 박산운은 한 익명의 소년의 죽음을 추모하며 장례 의식을 위해 쓴 시 「소년의 사死」를 『전위시인집』에 각각 발표했다. 유진오는 수해를 구제하기 위한 문예강연회 낭독시 「장마」와, 국치를 기억하기 위한 문예강연회 낭독시 「38이남」과, 국제청년데이를 기념하기 위한 행사시 「누구를 위한 벅차는 우리의 젊음이냐?」를 발표한다.

---

28 오현주 엮음, 앞의 책, 344면.

鎔鑛爐처럼 끓어 이글거리는 더위에
어깨 맞 부비며 그래도 씩씩한 얼굴들
二十萬名의 視線이 쏠리는 곳에
보라! 높이 세워진 한 幅의 깃발이 있다

밀가루와 감자로만 살아가도
구리ㅅ쇠빛 시들줄 모르는 해바라기처럼
타는 渴望이 正直하게 한 깃발을 노리는 곳에
湖水처럼 밀려와 담기는 벅찬 民主主義가 있다.

– 김상훈 「기旗폭」 부분[29]

보다시피, 이 시는 시인 자신의 공소한 주의주장만 있을 뿐 언어의 수분이 스며들지 않고 매우 거칠어 황폐하기까지 하다. 정제된 언어가 아니라 배설의 언어다. 인용 부분과 이어지는 연에서도 적기가赤旗歌, 노선路線, 신호기信號旗, 노동勞動 등의 정제되지 않은 한자어가 잇따라 등장하고 있다. 이 시에서 깃발과 호수가 각각 상징과 비유의 언어로 사용되고 있으나 다소 어설프게 사용되어 있음을 목도할 수 있다.

어지러운 몸짓으로
베일을 씌우느냐?
가리워도 가리워도
타는 눈망울은 베일을 뚫는다.

29 김광현 외, 앞의 책, 24면.

쓸개를 뒤집어놓고 생각하여도
허울좋은 南朝鮮은
흐물거리는 人肉市長이다.

蕩兒와 賣笑婦는 연방 눈짓을 하며
어리다고 어리다고 얼르면서
목졸라 매어 어디로 끄으느냐.

– 유진오 「38이남」 부분[30]

이 시의 화자는 내밀하거나 은밀한 속마음을 고백하는 삶의 주체가 아니다. 그는 열려 있는 청중을 향해 선전선동을 일삼는 낭독자이다. 다짐과 맹세의 어조는 처절하다. 해방기 38선 이남의 상황은 지옥에 다름이 없다고 주장하는 낭독자의 변설 행간에는 북조선이 인민을 살리는 낙원임을 강조하고 있다. 시인 오장환은 『전위시인집』의 발문을 썼다. 여기에서 그는 전위시인파 시인들을 가리켜 "노래로만 부르는 게 아니라 몸으로 부딪치고 있"[31]는 신인들이라고 추켜세웠다. 특히 유진오는 행동주의의 극한을 걸었던 동시대의 젊은 시인. 그는 전위시인파 시인 중에서도 '전위 중의 전위'가 아닐까 한다.

요컨대, 유진오를 포함한 전위시인파는 한 시대의 당파적인 시운동의 지표가 된 문학 유파였다. 여기에 소속된 시인들은 사실상 사회주의 조국의 건설을 위한 시적 캠페인(깜빠니아)에 동원된 문학청년들이었다.

---

30 같은 책, 63~64면.
31 같은 책, 발문, 2면.

4. 『청록집』과 『전위시인집』의 발간 그 이후

(1) 김상훈의 활발한 후속 활동

해방이 되고 1년 수개월이 지난 다음에 발간된 『청록집』과 『전위시인집』 이후에 청록파, 전위시인파 시인 여덟 명은 각자 다르게 문학 활동을 하기에 이르렀지만 그 가운데 가장 활발하게 후속 활동을 전개한 시인은 전위시인파의 한 사람인 김상훈이다.

그는 해방기에 두 권의 시집을 상재했다. 즉, 『대열』(1947)과 『가족』(1948)이 그것이다. 이 두 시집에 없는 개별적인 시 작품들도 더러 눈에 띈다. 『전위시인집』 이후 첫 번째로 발표한 시는 「아버지의 문門 앞에서」라는 시이다. "가쁜 숨결로 두드린 아버지의 문 앞에 / 무서운 글자 있어 공산주의자는 들지 말라"(『문학』, 2호, 1946. 11)로 시작되는 이 시는 해방기 시의 문제작이라고 할 수 있다. 봉건주의자 아버지와 진보주의자 아들의 세대론적인 갈등을 좌우 이데올로기의 관점에서 묘파한 것이어서 더욱 문제적이다. 시집 『대열』에 게재된 시편들은 의장론적인 시각에서 볼 때 그 당시로선 매우 독특한 시집이다. 대체로 보아 형식적으로는 장(편)시이고, 내용적으로는 담시譚詩이다. 다시 말해 이 시집은 담시 양식화의 시적 결과물로 보인다. 김상훈은 시의 내용 못지않게 형식적인 의도와 설계에도 마음을 썼던 것으로 생각된다.

김상훈의 담시를 두고 "자신과 이웃의 단편적인 삶의 모습과 현실의 모순을 노래한 것"[32]이라는 매우 적절하고 간요한 성격 규명이 있었다. 그의 담시는 일제시대의 구카프계 시인들의 단편서사시를 계승한 것이다. 임화

---

32 김석영, 「김상훈 시의 서사지향성 연구」, 한정호 엮음, 『김상훈 시 연구』, 세종출판사, 2003, 286면.

의 초기 대표작인 「네거리의 순이」와 「우리 오빠와 화로」 등이 전범으로 논의되는 양식이다. 해방이 되고 난 이후에 김상훈의 시집 『대열』에 게재된 시편들과 함께, 박세영의 「순아」, 권환의 「고향」, 조벽암의 「가사家史」 등이 단편서사시를 계승한 것이지만, 정작 임화는 이 양식을 스스로 비판했다. 그 이유는 프롤레타리아의 '진실한 생활상'을 파악하지 못하고 단지 소시민적 흥분에 의한 낭만적 개념을 형성한 것에 불과하다는 것.[33]

어쨌든 이 사실을 김상훈도 인지하고 있었는지 모른다. 그도 그럴 것이 그의 시적 의장도 새롭게 설계되는 징표가 나타나고 있기 때문이다. 그의 또 다른 시집 『가족』의 표제시 「가족」은 서사시로의 전환 가능성을 보여주고 있기 때문이다. 서사시 「가족」은 「아버지의 문 앞에서」에서 보여 준 세대론적인 갈등 양상을 심화하고 있다. 이 시의 시대적인 배경은 해방 전후이다. 지주 황 참봉가와 소작인 박 서방가의 대립 구도로 설정되어 있으나, 황 참봉의 아들들은 진보주의 계열에 선다.(황 참봉은 작품 속에 난세의 속물로 묘사된다. 친일파였던 그가 해방이 되자 발 빠르게 정당을 만들어 애국자 행세를 한다.) 또한 부자간에 애정의 갈등도 얽혀 있다. 큰아들 위우의 연인 복례—박 서방의 딸로 작품의 중심인물이 된다—는 아버지의 소실이 되고, 아버지의 또 다른 소실은 작은아들 위득을 짝사랑하다가 좌절되자 자살을 한다. 황 참봉가는 이른바 불륜과 치정의 가족사라고 할 수 있다.

그러나 시인은 위우로 하여금 복례 남매 등과 정치적인 동지로서 연대하게 함으로써 변혁 의지를 드러낸 진취적인 가족관을 마침내 정립하기에 이른다. 그러나 『가족』에 실려 있는 여타의 작품들은 담시의 수준에 머물러 있는 게 한계라면 한계다. 그렇다면 담시의 양식화보다 한 단계 미

---

33 신범순, 「김상훈 시의 서사시적 목소리와 변혁 주체의 시적 형상화 문제」, 한정호 엮음, 같은 책, 68~69면, 참고.

학적으로 격상된 서사시의 성격은 어디에서 찾을 수 있을까? 세계관의 객관적인 현실상을 묘사함으로써 한 시대의 총체성을 지향하는 데 있지는 않을까?

(2) 박두진의 「해」와 유진오의 「조국과 함께」

전위시인파 시인 중에서 김상훈과 유진오가 시집을 공간하면서 적극적으로 활동한 것에 비하면, 청록파 시인들의 활동은 전위시인파에 비해 상대적으로 미약했다. 청록파 시인 중에서 박두진만이 해방기에 시집을 상재한다. 그런데, 그의 시집 『해』(1949)의 표제작인 「해」는 통합론적인 비전을 제시하고 있다. 반면에 전위시인파 시인 가운데 가장 정치색이 짙은 유진오 최후의 시 「조국과 함께」는 강고한 분단 의식을 드러낸다. 청록파와 전위시인파의 변별적인 차이는 이런 데서도 명백하게 드러나고 있다. 「해」는 김동석이 주재한 『상아탑』(1946)에 발표되었다가 시집 『해』(청만사, 1949)에 게재되었고, 유진오의 「조국과 함께」는 『학풍』 2권2호(1949. 1)에 발표되었다.

> 해야, 고운 해야, 늬가 오면, 늬가사 오면, 나는 나는 청산이 좋아라. 훨훨훨 깃을 치는 청산이 좋아라. 청산이 있으면 홀로래도 좋아라.
>
> 사슴을 따라, 사슴을 따라, 양지로 양지로 사슴을 따라, 사슴을 만나면, 사슴과 놀고,
>
> 칡범을 따라 칡범을 따라, 칡범과 만나면 칡범과 놀고…….
>
> 해야, 고운 해야, 해야 솟아라. 꿈이 아니래도 너를 만나면, 꽃도 새도 짐승도 한자리 앉아, 워어이 워어이 모두 불러 한자리 앉아, 애띠고 고운 날을 누려 보

리라.

– 박두진 「해」 부분

하늘이 있는 곳마다
하늘보다 커다란 원한이
노을보다 붉게 타고

(……)

견딜 수 없어
자꾸만
악착스리 다가서면
분함이여
총알보다 아픈
나의 정열이여

다시 또
톱날 같은 땅위에
송두리째 하늘을 이고
소리 아닌 소리 천둥처럼 울리며
각각으로
숨결과 함께 넓어져 가는
조국과 함께
나는 여기 눈보라 속에 있다

– 유진오 「조국과 함께」 부분

박두진의 시편 「해」는 남북과 좌우로 갈라진 역사의 물줄기를 통합론적인 안목으로 전망하고 있다. 해는 이 시에서 새로운 역사의 시작이 갖는 순결성을 뜻한다. 국토의 상징인 청산은 평화 공존의 아득한 터전이다. 시인의 통합론적인 비전은 분단의 갈등을 극복하면서 통일의 열망을 담은 것이라고 해야겠다.

이에 비하면, 유진오의 「조국과 함께」에서는 「해」의 낙관적 이상주의를 전혀 살펴볼 수 없고 눈보라 속에서 조국을 바라보는 시인의 날카롭고 비관적인 시국관時局觀만이 있을 뿐이다. 이 시에서 알 수 있듯이, 시인의 열정은 분노와 결합된다. 따라서 열정은 방어의 감정으로 흐르기 십상이다.

이 시인에게 조국이란 사상의 선택에 의해 결정되는 것. 그는 「나는야 거기 이름 없는 풀잎이 되어」라는 시에서 "오오 새나라야 새나라야 우리나라야 / (……) / 조심스레 모시리라 정성스레 받들리라"라고 감격에 겨워했듯이 대한민국을 철저히 부정하는 배제론적 조국관을 갖고 있다. 강고한 분단 의식은 전위시인파 시 작품 도처에서 찾을 수 있다.

박두진의 「해」가 지닌 특징적인 의장은 반복적인 가락으로 된 수다스러움이라고 할 수 있다. 이것은 박목월과 조지훈과의 차별성이기도 하다. 해방기 박두진 시에 나타난 특징적인 의장은 판소리 사설이나 사설시조의 가락을 느끼게 하는 문체와 형태, 예술적인 격이 있는 걸쭉한 말솜씨에 있다는 흥미로운 가설도 있다.[34]

유진오 시의 의장에 관해서는 선전선동을 위한 효과적인 낭독성의 시적 장치에 있다. 그의 시 대부분은 선동적인 울림이 매우 크다. 오성호도 이미 이 사실을 인정한 바 있다. 유진오는 1946년 9월 동대문운동장에서

34 김용직, 앞의 책, 300면, 참고.

유명한 선동시 「누구를 위한 벽차는 우리의 젊음이냐?」를 10만 청중 앞에서 낭독하여 환호와 갈채를 받았다. 이를 두고 오성호는 이렇게 밝혔다.

> 적에 대한 강렬한 증오심과 동지에 대한 한없는 연대의식 등은 그러한 당위적인 관념과 혁명적 열정이 좀더 강렬하게 전달되도록 해주는 시적 장치라고 할 수 있다. 그 결과 이 시는 다수의 청중들 앞에서 낭독되었을 때 실제 내용 이상의 강력한 선전선동 효과를 갖게 된다.[35]

앞서 밝힌 바 있듯이 열정은 강렬한 증오심이고 한없는 연대의식이다. 유진오는 스스로 영웅시하지 않고는 배기지 못하는 과잉행동주의자다. 그의 시는 사회주의 문학이론의 기본 요소인 인민성, 계급성, 당파성이 골고루 드러나 있다. 그리고 북한 문학의 이론인 비타협성, 적대성의 원칙이 그대로 드러나 있다. 분단 시문학사의 기원이 가장 분명하게 드러난 문인 그룹이 전위시인파이며, 그 중에서도 유진오가 대표적이다.

(3) 조지훈의 순수시론과 시편 「밈둘레꽃」

청록파 시인을 대표하는 이론가는 조지훈이었다. 그는 해방기에 시의 창작보다는 이론적 담론의 구성에 더 많은 시간을 할애한 감이 있다. 그는 1946년 4월 4일 우파 문단을 결집한 청문협 창립대회에서 「해방 시단의 과제」라는 제목의 연설을 하게 된다. 이 연설에서 시를 예속시키는 사상이 아니고 순화純化된 사상이면 다 순수시가 될 수 있으며, 시인들은 민족시의 수립을 위해 심각한 반성과 새로운 결의를 가져야 한다고 주장하

35 오성호, 「해방직후의 전위시인들」, 민족문학사연구소 엮음, 『민족문학사 강좌 (하)』, 창작과비평사, 1995, 214면.

였다.[36] 그리고 이듬해 초 「민족시의 밤 개회사」에서도 다음과 같은 주장을 편다.

> 우리는 해방후 두 번째 여러분 앞에 시의 밤을 가지게 되었습니다. 뭇 정당이 그 정파의식으로 우국의 정열을 노호하던 이 자리에서 오늘 우리들은 아무 사(邪)된 이욕과 권력에 아첨함이 없는 민족의 정열을 노래하는 것입니다. (……) 정치의 탁류 속에 부동하여 섣부른 과장으로 가식된 오늘의 시를 듣던 여러분에게 배우와 같이 박수를 탐하는 무리가 아닌 (……) 민족적 현실이 예술적 승화를 이루었는가 안 이루었는가를 생각해주시기 바랍니다.[37]

이 주장에서 유진오를 비롯한 좌파 시인들을 가리켜 "정치의 탁류 속에 부동하여 섣부른 과장으로 (……) 배우와 같이 박수를 탐하는 무리"로 비판하고 있다. 그는 「순수시의 지향－민족시를 위하여」라는 비평문에서 "진실한 시는 언제나 순수시로써 그 정통을 유지하는 것"[38]이라고 말하기에 이른다. 그의 순수시론은 상당한 논리 체계를 가지고 있었다. 이 정도 수준의 논리 체계는 다른 우파 시인들이 당시 가지고 있지 못했다. 해방기에 그와—소설가와 평론가의 업을 겸하고 있었던—김동리 외에는 우파 진영의 논객은 찾아볼 수 없을 만큼 이론에서는 허약했다.

조지훈의 해방기 시는 고전주의 의장을 중시한 측면이 강했다.

그의 시에는 몰개성주의, 장식적인 의고체(archaim) 표현 전략, 고사故事의 인용, 조화와 균형의 아름다움, 아취와 선미禪味 등이 적극적으로 반영

36 조지훈, 『시와 인생』, 박영사, 1959, 68~71면, 참고.
37 조지훈, 『조지훈전집 (3)』, 일지사, 1974, 218면.
38 조지훈, 「순수시를 위하여－민족시를 위하여」, 『백민』, 1947. 3, 167면.

되어 있다.[39] 그의 고전주의적 의장의 순수시는 『신천지』 1950년 5월호에 발표된 시편 「밈둘레꽃」에 이르러 인상 깊게 드러난다.

> 까닭 없이 마음 외로울 때는
> 노오란 밈둘레꽃 한 송이도
> 애처럽게 그리워지는데
>
> 아 얼마나한 위로이랴
> 소리쳐 부를 수도 없는 이 아득한 거리에
> 그대 조용히 나를 찾아오느니
>
> 사랑한다는 말 이 한 마디는
> 내 이 세상에 온전히 떠난 뒤에 남을 것
>
> 잊어버린다. 못 잊어 차라리 병이 되어도
> 아 얼마나한 위로이랴
> 그대 맑은 눈을 들어 나를 보느니
>
> – 조지훈 「밈둘레꽃」 전문

낱낱의 꽃잎들이 하나의 총체를 이루는 밈둘레꽃(민들레꽃)은 순수 서정의 표상이다. 여기에 우주의 질서와 조화가 존재한다. 이 시는 "혼탁한 해방기에 명징한 수원이 발견되는 서정시"[40]이다. 이처럼 조지훈의 순수시론

---

39 송희복, 『해방기 문학비평 연구』, 문학과지성사, 1993, 144~147면, 참고.
40 송희복, 『한국 서정시의 이해』, 예하, 1993, 151면.

은 한 편의 아름다운 서정시로 완결되어 해방기의 대미를 장식한다.

5. 맺음말 : 의장론意匠論의 겹프리즘

해방기 문학을 비평하는 일은 쉬운 일이 아니다. 어지럽고 혼탁한 시대에 있어서 좌우익의 대립과 갈등은 분단사의 기원이 된다는 점에서 우리의 민감한 트라우마를 건드리는 일이다. 이 점은 오늘날에 있어서도 사안에 따라 엄청난 논란을 증폭시킬 수도 있으며 정치 현실의 우의적인 성감대를 자극하기도 하는 일이라는 점에서 현재성의 강도가 높은 것이다. 청록파와 전위시인파의 문제를 두고 정치적인 가치평가가 이루어져야 하느냐, 문학적인 가치평가가 이루어져야 하느냐 하는 점이 문제의 핵심이다.

그동안 해방기 문학을 분석하고 판단하는 데 문학평론가들과 이 방면의 연구자들은 정치적인 잣대를 들이대거나 편각偏角된 프리즘을 통해 하나의 사물만을 살펴보는 데 치중하지 않았는지 진지하게 성찰해야 할 것이다.

해방기 문학을 바라보는 나의 입장에서는 일본근대문학사에서 문학평론가의 상징적인 존재라고 할 수 있는 고바야시 히데오의 초기 비평문인 「각양각색의 의장意匠」[41]을 이 대목에서 인용해 볼까 한다. 적절한가 하는 여부를 따지는 것과는 상관없이 말이다.

> 마르크스주의 문학-아마도 오늘날의 비평계에서 가장 활약하고 있는 이 의

41 고바야시 히데오의 「각양각색의 의장意匠」은 그의 등단 작품이다. 그는 1929년 『개조』 9월호의 문학평론 현상 공모전에 이것을 투고하여 2등으로 당선됨으로써 문학평론가로 데뷔했다.

장(意匠)의 구조는, 그것이 정책론적 의장이기 때문에 그 밖의 여러 가지 예술론적 의장에 비해 가장 단순명료하게 보이지만, 모든 인간 정신의 의장은 인간적인 각인이 찍혀 있기 때문에 다양한 논의를 불러일으킬 수 있다. (……) 나는 '프롤레타리아를 위하여 예술을 하라'라는 말을 좋아하지 않으며, 또 '예술을 위하여 예술을 하라'라는 말도 좋아하지 않는다. 이런 말들은 수사로서 여러 가지 음영(陰影)을 내포하고 있지만 끝내는 아무 말도 해주지 않기 때문이다.[42]

해방기 시단의 청년 유파인 청록파와 전위시인파는 우리 분단 시문학사의 기원과 같이 존재하였다. 그만큼 영향력이 컸다는 얘기가 된다. 청록파는 후대의 문학사에 영향을 크게 주었고, 전위시인파는 동시대의 대중에게 큰 영향을 끼쳤다. 청록파와 전위시인파를 바라보는 데 있어서, 우리에게는 정치적인 이해관계와 상관없이 문학적인 의장론의 관점에서 겹프리즘을 통해 균형 있는 시각을 유지하는 것이 무엇보다도 중요하다고 하겠다.

청록파의 의장은 다양성이라고 하겠다. 모국어에 대한 애정과 헌신을 바탕으로 언어 표현의 절제, 고풍스런 회고적 에스프리, 아취雅趣, 긴축적인 구조의 의장을 실현하였다. 한편 전위시인파의 경우처럼, 비록 언어는 구호처럼 거칠고 황폐해도 문자주의의 의장을 넘어 청중과의 직접적인 공감대를 통하여 시각의 이미지보다 청감을 중시하면서 청중(대중)과 함께 열린 연희적인 공간에서 시를 향유할 수 있는 여지를 마련했다는 것은 결코 간과되어선 안 될 부분이라고 생각한다.

---

42 고바야시 히데오 지음, 유은경 옮김, 『고바야시 히데오 평론집』, 소화, 2003, 17면.

꽃 한 송이가 피어 있다고 생각하는 것의 기쁨

– 서정주의 시와 사상

1. 들어서는 말

미당 서정주가 시인으로 이룩한 문학적인 위업은 누구나 대체로 인정하는 바이지만, 그의 정치적인 처세나 대對사회적인 이미지에 있어선 문제성이 있는 인물이라고 지적하는 사람들이 결코 적지 않다. 시인에게 있어서 시와 사상은 불가분의 관계를 맺고 있다. 그런데 어느 시인의 시가 평판이 좋지만, 만약 시인에게 사상적으로 문제가 있다면 이것은 분명히 문제적이다. 시인 서정주의 시세계에 비추어진 사상을 되살펴보고 그의 시 언저리에 그의 사상이 지닌 문제의식이 놓인다면 이것이 왜 문제적인가 하는 물음을 던져 보고자 하는 것이 이 글에 부과된 비평적인 동기와 단초라고 할 수 있을 것이다.

서정주의 초기시가 영향을 받은 생각 틀이 있다면 그것은 서구로부터 전해 온 것임이 부인될 수 없는 사실이다. 그가 1943년 무렵에 조선 백자에 관심을 갖게 되면서 정신세계에 어떤 변화가 시작됐다. 이때 쓴 시편 「꽃」은 시인이 원고 상태로 지니고 있다가 해방 후 1946년에 발표하기에 이른다. 이 시는 조선 백자에 깃든 정신적인 면, 요즈음의 표현대로라면 아우라 같은 것에 심취된 것을 내용으로 삼고 있다. 시인은 이를 두고 선인들의 무형화된 넋의 세계에 접촉한 일종의 문이라고 여기기도 했다.[1] 그 시는 전통에의 자각을 위한 입문의 제식과도 같은 것. 요컨대 서정주의 시적 편력을 살펴본다면 「꽃」은 자신의 생각 틀이 서구적인 것에서부터 전통적인 것으로 바뀌어 가는 전환점에 놓인 시라고 할 수 있다.

서정주가 전통에 대한 관심을 본격적으로 갖게 된 것은 전쟁의 충격이 그의 영혼을 파괴했던 1951년 무렵부터였다. 그리고 전쟁이 끝난 후 전쟁이 남기고 간 자리에서 자아의 새로운 성찰과 전통적인 질서로의 회귀에 대한 꿈을 비로소 꾸게 되었던 것 같다.[2]

전통에 대한 관심사를 증폭해 가고 신라정신을 본격적으로 탐색해 가는 1955년경에, 서정주는 김소월론을 쓰면서 김소월이 고향의 부르는 소리에 이끌리면서 과거 정령의 세계로 퇴각했다고 밝히는데, 이 대목에서 자신의 전통 회귀를 강하게 시사한 바 있다. 이때 당시의 한 비평가는 서정주의 시적, 문학적인 변화를 두고 다음과 같이 언급한 바 있다.

> ……그가 초기에 『화사집』을 엮을 무렵에 받은 보들레르나 도스토예프스키의 영향이라는 것이 그렇게 쉽사리 '몰각된 무아(無我)의 세계'로 물러나는 것이었다고 하면 서정주씨가 받은 영향이란 것을 의심하기 전에 우리는 우리의 전통의 결핍을 또 한 번 통감하지 않을 수 없으며 그러한 전통이 없는 곳에 미

1 서정주, 『미당자서전 (2)』, 민음사, 1994, 135면, 참고.

2 김정신, 『서정주의 시정신』, 국학자료원, 2002, 134면, 참고.

치는 어떠한 영향도 무가치한 것에 지나지 않는 것이 아닌가 하는 것을 새로이 느끼게 되는 것이다.[3]

전후 한국문학의 쟁점으로 부각되었던 모더니티 지향성과 전통 지향성의 분화는 그다지 서로 적대적인 것이라고 볼 수는 없었다. 해방기의 범汎문단적인 좌우 갈등과 1960년대의 참여문학과 순수문학의 대립 사이 끼어 있었던 그것은 앞과 뒤의 쟁점에 비해서는 온건했다. 서정주는 전통지향성에 손을 들어 주었다. 그가 이렇게 할 수밖에 없었던 것은 일제 말, 해방기, 한국전쟁으로 이어진 난세의 정치적인 처세와도 깊은 연관성을 맺고 있기 때문이었다.

그는 일제 말에 친일 작품을 썼으며, 해방기의 좌우 대립 과정에서 우파 진영에 서야 했으며, 전쟁 기간 중에는 극심한 신경병적인 증세에 시달려야 했다. 그는 이 같은 과정을 겪으면서 전쟁이 자신의 영혼을 옥죄고 사상의 대립이 시의 순수성을 훼손한다는 사실을 자각하기에 이른다. 그는 전쟁 및 사상의 대립이 서구로부터 온 근대성의 결과인 것으로 보았을 것이다. 그에게는 일본 제국주의도 서구적인 근대화의 결과에, 또한 마르크스주의도 근대성의 물질적인 현상에 지나지 않았던 것이다.

서정주의 생각 틀을 이룬 정신주의 세계는 제도적으로나 문학에 있어서 이 땅에 흘러들어 온 근대성에 대한 반명제의 논리로 기능할 수밖에 없었을 것이다. 그의 시세계에 드리운 생각 틀의 부분들, 이를테면 불교와 신라정신과 풍류도는 서로가 서로에게 상승작용을 일으키면서 반근대성의 대안적인 생각의 틀로 자리를 잡기에 이르렀던 것이다.

3 김양수, 「서정주의 영향 (下)」, 『현대문학』, 1955. 11, 150면.

2. 불교적 상상력의 기저

서정주 시에 투영된 불교적인 것의 의미는 새삼스러운 것이 되지 않는다. 이때 내가 말하고 있는 불교적인 것의 의미란, 소재주의적인 것에서부터 주제 의식, 세계 이해의 방식, 시인 스스로의 표현인 정신태精神態라는 것 등에 이르기까지 두루 포회하는 개념을 두고 말하고 있다. 이미 오래전부터 서정주의 시세계와 불교의 텍스트 상호관련성에 관해 언급되어 온 바 있었다. 최근에는 각 대학에서 공인한 박사학위 논문들에 의해 이 문제에 관해 비평적인 인상을 넘어서 학구적으로 심화해 가는 양상을 보이고 있다.

서정주와 불교의 인연은 1933년 겨울, 열아홉 살의 청년인 그가 당시에 고승이었던 석전 박한영을 처음으로 만나게 됨으로써 비롯했던 것 같다. 그는 훗날 자서전에서 박한영 스님을 회고한 적이 있다. 스님의 목소리에 대한 기억은 다름 아니라 "지금도 내 뼈다귀 속에 스며들어 나를 바로 앉게 하고 영원의 맥박 속에 내가 어쩔 수 없이 끼여 있는 걸 다시 자각하게 한다"[4]는 것. 기억의 방식도 시인답게 매우 시적으로 기술되어 있어서 눈길을 끌게 한다.

서정주의 시세계를 이룩한 불교적인 소재주의는 해방 후부터 시작되었음을 시인 자신이 술회한 바 있다. 즉, 그는 해방 이후에 불교적인 인연의 문제, 불교적 상상력, 불교의 체관諦觀, 연기의 문제 등에 생각이 미치기 시작했다고 말했다.[5] 그의 불교적인 소재주의에 관해서라면 기본적으로 시편 「국화 옆에서」를 생각하지 않을 수 없다. 이 작품은 그의 세 번째 시집인

---

4 서정주, 앞의 책, 27면.

5 대담 취재, 「미당과의 대화」, 『문학사상』, 1972. 12, 254면, 참고.

『서정주 시선』(1955)에 실려 있다. 이 작품의 본디 텍스트는 이 시집에 실리기 9년 전에 처음 발표되었다. 이것을 원原텍스트의 상태로 인용하고자 한다. 우리가 알고 있는 것과는 약간의 차이가 있기 때문이다.

한송이의 菊花꽃을 피우기위하여
봄부터 솟작작은
그렇게 울었나보다.

한송이의 菊花꽃을 피우기위하야
天動은, 먹구름속에서
또 그렇게 울었나보다.

그립고 아쉬움에 가슴 조이든
머언 먼 젊음의 뒤안길에서
인제는 도라와 거울앞에 선
내 누님같이 생긴 꽃이여

노오란 네 꽃술이 필라고
간밤엔 무서리가 저리 나리고
나에게는 잠이 오지 않었나보다.

–「菊花 옆에서」 전문[6]

6 경향신문, 1947. 11. 9.

이 시가 두 번째 시집인 『귀촉도』(1948)에 실리지 않고 어째서 한참 지난 후에 세 번째 시집에 이르러 실리게 되었는지에 관해서는 잘 알 수 없다. 시인이 애초에 이것을 범작으로 여겼는지 모른다. 그렇다면 스스로 평가절하했던 셈이 된다. 어쨌든 이 시편은 서정주의 시 가운데 한때 가장 포퓰러한 작품으로 애송되었고, 사실상 그의 대표시 몇 손가락 안에 들 정도로 높게 평가되고 있는 것이 사실이다. 이 시에 관해 많은 사람들이 해설한 바 있었고 또 해설의 내용도 거의 대동소이했다.

그런데 시인 자신의 얘기로는 좀 다른 면이 있었다. 시인 자신은 이 시에 관해 스스로, 인체 윤회의 상념, 음성 윤회의 상념, 애인 갱생의 환각을 묘파한 것[7]이라고 설명한 바 있었다. 참 흥미로운 자가 해설이 아닐 수 없다.

수 년 전에 시인 황인숙이 이 시를 해설한 짧은 글을 지상에 발표한 적이 있다. 해설하는 방식이 독특하여 여기에 인용하려 한다.

> 내 윗세대에는 국화꽃을 좋아하는 어른이 많았다. 꽃송이가 어른 주먹만큼 큼지막한 국화꽃 말이다. 특히 남자 어른이 그랬던 듯하다. 내 아버지도 가을이면 국화꽃 화분을 몇 개씩 사들여 뜰 가장자리에 둘러놓곤 했다. 정서 생활에는 눈 돌릴 새 없이 살아온 아버지들의 문득 소슬해진 마음을 어루만져 주었던 국화꽃. 무서리 내린 세상에 추락하고 서기(瑞氣) 어린 자태로 생명의 위엄을 뿜는 그 건강한 아름다움. 온 세상이 협조해 만들어낸 생명 하나! 생을 얻을 뻔하다가 못 얻은 반(半)생명은 또 얼마나 많을까. 우리는 굉장히 낮은 확률을 뚫고 태어난 존재들이다.[8]

7 서정주, 『육자배기 가락에 타는 진달래』, 예전사, 1985, 42면.

8 중앙일보, 2008. 10. 7.

시인 황인숙은 자신의 아버지와 부녀父女의 인연을 맺었다. 그 아버지가 인因이라면, 그는 연緣이다. 인과 연이 서로 순응하기 때문에 인연상응因緣相應이라는 말이 있다. 또 불교에 연기법이 있다. 축자적인 의미대로, 연기란 인연이라는 것이 조건에 따라 생기生起하는 것을 가리킨다. 한 송이의 국화꽃은 그저 피어나는 게 아니라 소쩍새의 울음, 먹구름 속의 천둥, 간밤의 무서리 등이라는 자연의 조건 속에서 생기한다. 모든 것은 상호의존성을 가진다. 모든 것은 원인과 결과의 관계 속에서 존재한다. 요컨대 오늘날의 철학 용어를 빌려 얘기하자면, 연기는 일종의 존재론이라고 할 수 있다.

불교의 연기법에서 말하는 인과의 논리는 윤회의 원리로 이어져 간다. 즉 윤회의 원리는 인과론에 철저히 근거하고 있다. 예컨대 소설가 김성동이 "강과 바다가 썩어버리면 그 물로 자라는 농작물과 수산물이 썩게 되고 그것을 먹는 사람들의 몸뚱이 또한 썩게 마련이다."[9]라고 말한 것도 연기(법)이면서 동시에 윤회(설)인 데서 비추어진 것이다.

서정주의 시세계에 투영된 불교적인 것의 의미란 것도 기실 연기와 윤회의 생각 틀과 무관하지 않다. 서정주 시의 불교적인 세계 인식은 인연설과 윤회 사상을 축으로 한다는 홍신선의 발언도 이미 있었듯이 말이다.[10] 서정주의 시 가운데 이 같은 생각의 틀에서 비롯된 낱낱의 작품들이 적잖이 남아 있다. 그의 시 중에서도 「부활」, 「춘향유문」, 「인연설화조」, 「내가 돌이 되면」, 「연꽃 만나고 가는 바람 같이」 등과 같은 주옥의 명편들은 불교적인 것의 세계 이해 및 정신태와 무관하지 않다고 여겨진다.

---

9 김성동, 『김성동 생명에세이』, 풀빛, 1992, 69면.

10 홍신선, 「서정주시의 불교적 상상력 연구」, 『동악어문론집』 제36집, 동악어문학회, 2000, 440면, 참고.

내가
돌이 되면

돌은
연꽃이 되고

연꽃은
호수가 되고

—「내가 돌이 되면」 부분[11]

시집 『동천』에 실려 있는 이 시는 자연 속에 농축되고 함축된 사물의 유기적이고도 내밀한 관계성을 노래한 것이다. 이 시는 불교적인 상상력의 틀을 이용하여 새로운 이미지를 미학적으로 형상화한 것의 결과이다. 이 시는 법주사의 사자 형상의 석상인 석련지石蓮池를 보고 지은 시다. 나는 1983, 4년경에 서정주로부터 강의를 들은 바 있었는데 초현실주의를 얘기하면서 자작시 「내가 돌이 되면」을 예로 들며 참고로 삼기도 하였다. 이때의 강의 내용은 이미 오래전에 대담한 다음의 내용과 큰 차이가 없을 것이라고 생각한다.

예컨대 법주사에 가면 사자가 머리 위에 연꽃을, 연꽃 위에 호수가 있는데–그것을 석련지(石蓮池)라고 함–이것을 나는 시로 노래 불렀어요.

사자 머리 위에 연꽃을 이고 있는 연꽃의 이미지.

그런데 나의 그러한 표현이 로지크(논리–인용자)에 맞지 않는다는 거예요. 불

11 서정주, 『미당서정주시전집』, 민음사, 1984, 184면.(이하 '시전집'으로 약칭함.)

교의 미묘한 이미지와 미학을 모른 데서 오는 넌센스야.

석련지의 이미지 같은 것을 보면 금방 이해할 수 있을 텐데. 실상 이런 이미지는 초현실주의 이미지에도 없는 것들이지만 새 이미지의 질서가 성립된다는 사실을 확인할 수 있어요.[12]

이 대담문에 시편 「내가 돌이 되면」에 관한 언급이 전혀 없지만, 시인이 불교 선시풍의 시와 서구의 초현실주의 시의 미학적인 접목의 가능성을 말하고 있어, 인용문은 그의 시적인 상상력과 혜안의 깊이를 충분히 짐작하게 한다. 서정주 시의 불교적 상상력은 이처럼 사물의 순환론적인 관계성인 연기 및 윤회의 문제에서 비롯된 것이라고 말할 수 있겠다.

비교적 근래의 박사학위 논문이라고 할 수 있는 한 연구자는 서정주의 시세계를 두고 윤회론적 시학, 윤회론적 사유, 윤회론적 상상력이라는 용어를 제안하여 두루 사용하고 있었다.[13]

서정주의 시 「인연설화조」는 연기(법)와 윤회(설)의 두 수레바퀴를 동시에 이끌어 간 가장 전형적인 작품이 아닌가 한다. 시인 문태준도 자신의 학위 논문에서 시편 「인연설화조」를 그러한 맥락에서 이해하면서 비평적인 견해를 밝힌 적이 있었다. 그는 이 작품을 가리켜 윤회전생을 극도로 축약해서 보여 준 문제적인 작품으로 이해했다. 시적 화자인 '나'가 모란꽃-재-물고기-배-물새-새고기-영아嬰兒-처녀로 돌고 도는 순환을 보여 주고, 시적 화자가 연모하는 것으로 추정할 수 있는 대상은 처녀-흙-물살-구름-소나기-모란꽃으로 이어지는 순환을 보여 준 그 시가 원환적圓環的인 변신의 순환 원리에 근거해 씌어졌음[14]을, 그는 파악하고 있다.

---

12 대담 취재, 앞의 글, 258면.

13 김옥성, 「한국 현대시의 불교적 시학 연구」, 서울대 대학원, 2005, 196~211면, 참고.

그런데 시편 「인연설화조」는 비교적 잘 알려지고 비평적으로 적잖이 언급된 바 있기 때문에 더 이상 논의하지 않기로 하고, 이 글에서는 그동안 비평적인 입증의 데이터로 활용되지 않았던 「소연가小戀歌」를 인용함으로써 서정주 시인의 불교적인 것에 관한 논의의 폭을 넓히려고 한다.

머리에 石南꽃을 꽂고
내가 죽으면
머리에 石南꽃을 꽂고
너도 죽어서……
너 죽는 바람에
내가 깨어나면
내 깨는 바람에
너도 깨어나서……
한 서른 해만 더 살아 볼꺼나.
죽어서도 살아나서
머리에 石南꽃을 꽂고
한 서른 해만 더 살아 볼꺼나.

–「소연가」 전문[15]

삶과 죽음과 거듭된 삶으로 순환하는 것도 일종의 윤회라고 할 수 있다. 이 시에서 사랑하는 남녀는 이른바 인연상응의 철저한 관계로 맺음하고 있다. 서정주는 시편 「소연가」를 통해 그 지엄한 생명의 존재 양식, 그 촘촘

14 문태준, 「서정주 시의 불교적 상상력 연구」, 동국대 대학원, 2011, 104~105면, 참고.
15 시전집, 260면.

한 순환 원리가 연기(법)와 윤회(설)라는 불교적인 사유의 틀에 있음을 규명한 것이라고 보인다.

꽃은 본래부터 순환적인 생명의 상징물이었다.

그리고 꽃은 영혼의 세계를 상징한다.[16]

이 시의 제재로 등장하고 있는 석남꽃은 오르페우스의 리라에 해당하는 것, "죽은 혼도 살려내어 다시 살고자 하는 바람"[17]이 담긴 꽃이다. 또 이 시에 제재로 등장하고 있는 석남꽃은 주술적인 의미의 꽃이다. 죽음에서 부활로 인도할 수 있는 그 왕성한 생명의 주력呪力이 내포된 그런 꽃이다. 즉 여기에서의 석남꽃은 시적이고 신화적인 은유의 동력을 얻고 있음의 극적인 상관물이 된다. 나는 이 시 「소연가」가 주술적인 힘을 지향하는 무가巫歌의 현대적인 변용 텍스트라고 볼 수 있지 않을까 생각한다.

전통 무가 가운데 주술적인 꽃이 나오는 것으로 대표적인 것은 바리공주, 이공二公본풀이, 세경世經본풀이 등이 있다. 이 작품들에서 공유하는 모티프는 소위 '환생꽃'이다. 죽은 사람도 되살리는 초자연적인 힘을 지닌 환생꽃 말이다. 예컨대 훔쳐온 천상의 환생꽃으로 자청비가 문도령을 살려낸 얘깃거리가 있지 않은가.[18] 자청비의 얘기가 예사롭지 않듯이, 시편 「소연가」에서 남녀 간의 사랑의 얘기도 결코 예사롭지 않은 얘깃거리이다.

불교의 12연기법은 과문한 탓에 잘 모르겠으나 순환의 영속성을 의미하는 것이 아닐까 한다. 서양의 12궁도의 상징이나 어떤 대상을 12로 나누는 것은 모두 순환의 상징적인 의미와 관련되는 것[19]처럼, 시편 「소연가」가 불교의 12연기법과 무관하지 않다면 삶과 죽음의 순환 질서에 의거한 윤

16 이승훈 편저, 『문학상징사전』, 고려원, 1995, 81면.
17 김정신, 앞의 책, 170면.
18 이상희, 『꽃으로 보는 한국문화 (1)』, 넥서스, 1998, 354~357면, 참고.
19 이승훈, 앞의 책, 327면, 참고.

회론적 상상력의 시학으로 읽히게 되는 것은 극히 당연하다고 할 것이다. 꽃이 지는 것을 두고 자연의 영원성에 비추어 인간의 유한성에 비탄에 빠지는 것은 서정시의 전통적인 관례요, 문법이었다. 서정주의 「소연가」가 결코 예사로운 시가 아니라는 이유가 여기에 있다.

석남꽃을 제재로 한 미국의 시가 있었다. 다음에 길게 인용한 것은 랄프 월도 에머슨의 시 「석남화石南花(The Rhodora)」이다. 이 시의 우리말 역본은 영문학자 이상옥이 번역한 것이다. 서정주는 석남꽃이라고 했고, 이상옥은 석남화로 옮겼다. 하지만 표준국어대사전이 가리키고 있는 정확한 표기는 석남石南이다. 석남은 오뉴월에 꽃을 피우는 철쭉 비슷한 것이다. 주로 저온의 고산 지대나 습지에 꽃을 피우는 습성을 가지고 있다고 전한다.

오월, 바닷 바람이
외로운 마음에 스밀 때
숲 속을 거닐다 나는 보았네
갓 피어난 석남화(石南花) 송이.
아늑한 습지에서
잎새 없이 핀 꽃,
빈 들과 느릿느릿한 개울물
꽃을 보고 좋아하네.
연못에 떨어진
자주빛 꽃잎 맞아
시커멓게 고인 물은
마냥 즐거웁네.
홍관조(紅冠鳥) 날아 와
물 속에 날개 식히며

꽃을 보고 사랑을 구하노라면
화사한 그 날개 빛을 잃누나.
석남화여,
이 세상에 현자(賢者) 있어
그대가 이 땅, 이 하늘을
매혹시키는 이유를 묻거든,
말하라, 내 사랑아
눈이 보기 위해 만들어졌다면
아름다움이야
제 나름의 이유 있어 존재한다고.
오, 장미와 다투는 아름다움이여,
어찌하여 그대 피어 있는지
내 알 바 아니요,
물어보지 않으리.
하지만 순박한 무지(無知)에서 생각하노니
나를 그대에게 데리고 간 힘,
바로 그 힘이 있어,
그대를 거기에 꽃피웠으리라.

In May, When sea –winds pierced out solitudes,
I found the fresh Rhodora in the woods,
Spreading its leafless blooms in a damp nooks
To please to desert and the sluggish brook.
The purple petals, fallen in the pool,
Made the black water with their beauty gay;

Here might the red-bird come his plumes to cool

And court the flower that cheapens his array.

Rhodora! if the sages ask thee why

This charm is wasted on the earth and sky,

Tell them, dear, that if eyes were made for seeing,

Then Beauty is its own excuse for being:

Why thou were there, O rival of the rose!

I never thought to ask, I never knew:

But, in my simple ignorance, suppose

The self-same Power that brought me there brought you.

우리나라에 승려시인 한용운이 있었듯이, 에머슨은 19세기 미국의 목사시인이었다. 1834년에 발표된 것으로 알려진 인용시 「석남화」는 인간과 자연이 맺고 있는 유기적인 관계에 대한 비전을 노래한 것이다.[20]

이 세상의 모든 사물에는 내재적인 신성이 깃들어 있다. 이 때문에 모든 사물은 크기나 명칭에 상관없이 하나같이 소우주를 이룬다. 에머슨의 자연에 대한 심미관이 잘 반영되어 있다는 철학적인 명상의 에세이 「자연」에 이 같은 사상이 드러난다. 신이 아름다움을 창조한다기보다는, 아름다움이 작은 우주를 창조한다. 그럼에도 불구하고 우주를 지배하는 신의 존재를 떠나서 아름다움을 생각할 수 없고, 또 신의 존재야말로 가장 아름다운 것이다. 신의 섭리에 대한, 이와 같은 철학적 명상을 위한 하나의 방편으로서 정당화되는 것이 시편 「석남화」인 것이다.[21]

---

20 이상옥, 「신이 깃든 아름다운 소우주」, 『문학사상』, 1976. 3, 58면, 참고.

21 같은 책, 60~61면, 참고.

같은 꽃을 제재로 삼은 서정주와 에머슨. 불교적인 연기 법칙과 기독교적인 신성의 창조적 의미를 비밀스럽게 시적으로 실현한 두 편의 시편을 두고 동서양의 비교시학적인 관점에서 흥미롭게 대비해 볼 수 있다는 사실을, 나는 말하고 싶다.

3. 신라정신의 쟁점과 그 의미망

꽃이 피고 지는 것을 통해 자연의 영원성과 인간의 유한성을 동시에 체현하는 것이 시인의 운명인지도 모른다. 이 모순의 상황 속에서 시인은 인간을 자연화하고자 하는 충동에 빠지고는 한다. 서정주에게 있어서 이 낙원 의식의 충동성이야말로 그가 창의적으로 제안했던 신라정신인지도 모른다.

신라정신은 1960년을 전후로 우리 문단에서 비상한 관심과 첨예한 찬반 논의를 불러일으켰던 아이템의 하나였다. 신라정신으로 이름된 용어는 정확히 언제부터 비롯했는지 잘 알 수 없지만, 대체로 보아 서정주가 1950년대 중반에 처음으로 사용했던 것 같다. 그의 신라에의 관심은 교수 자격심사위원회에 제출한 일종의 소논문인 『신라연구』(1960)와 자신의 네 번째 시집인 『신라초新羅抄』(1960)에 이르러 한껏 고양되기에 이른다. 그의 소논문과 시집에 실려 있는 내용물은 1950년대에 씌어진 것들이다. 그가 창안하고 제안한 신라정신이란 이름의 개념 틀은 1950년대라는 시대의 소산물이라고 말할 수 있다. 이 신라정신이 1950년대 후반에서부터 1960년대 중반에 이르기까지 비평적인 쟁점으로 문단에 초미의 관심사로 나타나게 되었던 것이다. 요컨대 서정주의 신라정신이 하나의 실마리로 여겨지는 것은 6·25가 발발되기 직전에 발표한 시편 「선덕여왕찬善德女王讚」이 되었을 가능성이 높다. 시는 그의 시집에 끝내 실리지 않았다. 이 시의 본문이 시작되는 부분은 다음과 같다.

> 뭇 벌과 나비들이 어우러져 날라드는
> 新羅山野의 자욱한 꽃 밭위에
> 언제나 이를 구비보고 게시던 크낙한
> 꽃 한송이가 피어있다고 생각하는 것은
> 얼마나 큰 기쁨인가.
>
> 그 지닌 향기는 너무도 높아, 어느 벌 나비도 다을 수 없는 곳에
> 으젓한 꽃 한송이가 호올로 피어있었다고 생각하는 것은
> 얼마나 큰 기쁨인가.
>
> –「선덕여왕찬」 부분[22]

인용시 「선덕여왕찬」은 신라를 소재로 한 서정주의 최초의 시다. 시의 내용을 보면 알 수 있듯이 신라의 여왕 선덕여왕을 예찬하는 정치적인 의도가 담긴 시다. 해방기 5년간 주지하듯이 서정주는 우파 진영의 문인으로 활동했다. 그는 정치적으로 반공주의자였고 반공을 반근대성의 정치적인 표상으로 삼았었다. 요컨대 인간의 자연화를 지향하는 낙원 의식의 충동성을 시인 서정주는 신라에서 찾았던 것이다.

좌우 대립으로 분열된 해방 조선이 향후 통일되어야 할 당위성은 신라의 삼국통일로 대입되는 역사적 현재성에 있는 것이기 때문에, 서정주는

22 『문예』, 1950. 6, 106~107면.

정치적인 난세를 살아가고 있는 시인으로서 선덕여왕을 찬미해마지 않았던 것. 이러한 생각은 6·25를 거쳐 더욱 확고해진다. 삼국 통일의 기틀을 마련한 선덕여왕의 치세를 두고—마치 루카치가 옛 그리스를 '선험적 고향'이라고 했던 것처럼—그는 경험 이전의 고향으로 보았던 것이다.

6·25는 서정주에게 각박한 현실이었다. 자신의 실천 의지력으로는 이것으로부터 자신을 구원하지 못했다. 1951년 여름에 음독자살을 시도했던 그가 갱생의 길을 우리의 역사책을 통해 모색하게 된다. 그는 그 사건 이후에 민족 정신의 본향本鄕으로 생각되는 신라사의 책들을 정독해 읽기 시작했다고 회고한 바 있다.[23]

그의 신라형 소재주의 문학은 『신라초』에 이르러 절정에 달한다.

시집 『신라초』는 1960년에 상재됐던 서정주의 네 번째 시집이다. 여기에 실려 있는 38편의 시는 1950년대 전후戰後의 시대상황 속에서 쓰인 것들이다. 이 38편의 시 중에서 신라를 직접적으로 제재화한 것은 8편뿐이다. 이 가운데서도 「선덕여왕의 말씀」과 「꽃밭의 독백」과 「사소娑蘇 두 번째의 편지 단편」과 「노인 헌화가」는 비평가들의 끊임없는 관심사로 논의되어 왔고, 반면에 「신라의 상품」과 「구름다리」와 「백결가」와 「해」는 철저하게도 비평으로부터 외면되어 왔다. 다음의 인용시는 「구름다리」이다.

> 實聖임금의 十二년 八월
> 구름이 山에 이는 걸 보니,
> 房에 香내음 밀리어 오는
> 사람이 사는 다락 같더라.

---

23 서정주, 『문학을 공부하는 젊은 친구들에게』, 민음사, 1993, 118~119면, 참고.

어느날 언덕길을 喪輿로 나가신 이가
그래도 안 잊히어 마을로 돌아다니며
낯모를 사람들의 마음속을 헤매다가,
날씨 좋은 날 휘영청하여
일찍이 마련했던 이 別邸에 들러 계셔

그보다는 적게 적게 땅을 기던 것들의 넋백도 몇 이끌고,
맑은 山 위 이내(嵐)ㅅ길을
이 別邸에 들러 계셔

現生하던 나날의 맑은 呼吸, 呼吸으로 다짐하고
마지막 茶毘의 불 뿜어 아름다이 落成했던
이 別邸에
이 別邸에
이 別邸에
들러 계셔

鷄林 사람들은 이것을 잔치하고
이 구름 밑 수풀을 성하게 하고
그 別邸 오르내리기에 힘이 덜 들게
돌로 빚어 다리를 그 아래에 놨더라.

－「구름다리」 전문[24]

24 서정주, 『신라초』, 정음사, 1961, 17~19면.

실성왕이 구름이 다락 같고 향기 그윽하여 오래 쉬지 않아서 선령仙靈의 내림으로 보고 낭산狼山을 복지福地로 삼고 사람들로 하여금 나무 찍음을 금하게 했다는 『삼국사기』의 기사를 시의 모티프로 삼은 것이다. 이 시에 관한 해석은 배영아의 논문 「영생주의와 '영통'의 시학」에서 유일하게 나타나고 있는 것이 아닌가 짐작되고 있다. 그에 의하면, 시편 「구름다리」는 거룩하고 신성한 정신 세계의 환희를 그린 작품이다. 제재로 이용된 구름다리의 상징성은 하늘과 땅, 이승과 저승을 연결하는 매개체로서 기능을 한다. 이 시는 신라정신에 나타난 서정주의 영혼의 태도가 독특한 상징체계를 형성하고 있음을 볼 수 있게 한다.[25]

다리는 신화적인 관점에서 볼 때 새로운 세계와의 연결, 신천지의 입구로서의 상징성을 가리키고 있다.[26] 다리보다 구름다리가 상징성이 더 강하다. 왠지 모를 초현실적인 것과 아우라 같은 게 느껴진다. 그렇기에 신화적인 성격이 분명해 보이는 것이다. 한 사전에 보면 이런 표현이 나와 있다.

> 다리는 원래 분리된 두 세계를 연결하거나 분리하는 매개물로서 신과 인간의 경계를 의미하기도 한다. (……) 우리 문학에 많은 영향을 준 도교에서는, 다리가 하늘과 땅의 결합체이자, 지각되는 것과 지각을 넘어서는 것과의 연결을 의미하고 있다.[27]

이 인용문을 참고로 삼는다면, 서정주의 시편 「구름다리」는 현저히 도교적이다. 그의 불교적인 상상력의 기저와 다른 차원의 사상적인 특성을

25 김학동 외, 『서정주 연구』, 새문사, 2005, 90~92면, 참고.

26 한국문화상징사전편찬위원회, 『한국문화상징사전』, 동아출판사, 1992, 184면, 참고.

27 같은 책, 186면.

보여 주는 것이기도 하다. 요컨대 서정주의 시적인 상관물인 구름다리는 시인 이승훈의 한 관점에 따르자면 변화나 변화에의 욕망을 상징하는 것[28] 이기도 하다.

그런데 서정주는 이 시를 쓰기 이전에 이미 『신라연구』 원고에서 「구름」이란 제목으로 산문을 쓴 바 있었다. 그런데 시인은 이 원고를 시의 원고로 써먹었던 것 같다. 문학비평가 고석규의 월평이 이 사실을 뒷받침하고 있다. 그가 시의 원고로 슬쩍 이용했던 「구름」 일부를 보자.

> 여기 한떼의 구름이 산 위에서 일어난다 하자.
>
> 이것을 가끔 바라보는 일은 아조 바쁜 사람 아니면 요새도 더러 한다.
>
> 화가 운객(韻客)이나 어린 소년소녀들이나 사람끼릿일에 실패한 남녀들은 시방도 상당히 많이 바라보고 산다.
>
> 그러나 이것을 모시는 일은 요새 사람들은 벌써부터 않고 있지만 신라사람들은 그것을 하였다.
>
> (…중략…)
>
> 신령(神靈)인 구름-모든 자연력(自然力)이 그랬던 것처럼, 신라인에게는 사는 힘의 커다란 원동력이었던 이 영성(靈性)의 구름은 오늘도 따분한 우리들의 배후에 마치 아득히 잊어버린 어느 찬란했던 아침의 일과 같이 휘영창히 걸려서 반편된 우리에게 한정없는 향수를 자아내게 하고 있다.[29]

서정주의 신라에의 관심사는 시대를 초월한 것의 결과이다. 인용한 「구

28 이승훈 편저, 앞의 책, 108면.

29 서정주의 『신라연구』는 국립중앙도서관에 비단행본으로 분류, 비치되어 있다. 이것은 필경사에 의해 씌어진 필사본 자료로서 교수자격 심사위원회가 1960년 9월 19일에 기증한 것이다. 면수面數는 생략되어 있다.

름」을 한 편의 시로 본 고석규는 '동시성同時性의 표상'이란 표현을 사용하고 있다. 그는 "신라인들의 사유하는 신앙적인 기풍氣風을 어떻게 하면 우리들의 현황現況에 녹여볼 수 있을 것인가"[30] 하는 서정주 시 정신의 과제를 「구름」에서 찾을 수 있다고 본다. 이는 그의 말대로 서정주의 독특한 전통의식이 이념화된 형태이다. 이것이야말로 소위 '신라정신'이라고 이름되는 개념인 것이다.

시대를 초월한 동시성의 표상이 서정주의 시집 『신라초』에 이르면, 신화화된 시간 의식과 서정시의 무시간성은 서로 극적으로 만나게 된다. 『신라연구』의 「노인헌화가」는 시의 형태만 바꾸어 거의 그대로 시집에 실리게 되었지만, 『신라연구』의 「구름」은 온전히 환골탈태하여 『신라초』의 「구름다리」로 재창작되기에 이른다. 좀 어려운 말을 사용하자면, 「구름다리」는 시간적인 동선이 부재한 응결된 신화화 내지 자연화의 시학이다. 『신라초』에 실려 있는 여덟 편의 신라 소재주의 작품들이 대체로 이와 같은 성격을 지니고 있다.

『신라초』에 실려 있는 시 가운데 신라정신과 가장 관련된 것이 있다면, 나는 주저하지 않고 「노인헌화가」를 꼽을 것이다. 이 시는 향가의 내용을 그 나름대로 현대적으로 해석한, 신화의 상태가 재맥락화된 시적 상상력의 정수이다. 이 시는 내용에 있어서 두 편의 시로 나뉠 수도 있다. 그 두 번째 부분의 시를 인용해 보겠다.

> 騎馬의 남편과 同行者 틈에
> 여인네도 말을 타고 있었다.

30 고석규, 「동시성과 리듬」, 『문학예술』, 1957. 11, 152면.

「아이그마니나 꽃도 좋아라
그것 나 조끔만 가져 봤으면」

꽃에게론 듯 사람에게론 듯
또 공중에게론 듯

말 위에 가우뚱 여인네의 하는 말을
남편은 숙맥인 양 듣기만하고,
同行者들은 또 그냥 귓전으로 흘러 보내고,
오히려 남의 집 할아비가 지나다가 귀動鈴하고
도맡아서 건네는 수작이었다.

「붉은 바위ㅅ가에
잡은 손의 암소 놓고,
나ㄹ 아니 브끄리시면
꽃을 꺾어 드리리다」

꽃은 벼랑 위에 있거늘,
그 높이마저 그만 잊어버렸던 것일까?
물론
여간한 높낮이도
다아 잊어버렸었다.
한없이
맑은
空氣가

요샛말로 하면-그 空氣가
그들의 입과 귀와 눈을 적시면서
한없이 親한 것이 되어가는 것을
알고 또 느낄 수 있을 따름이었다.

-「노인헌화가」 부분[31]

이 인용시는 서정주의 「노인헌화가」 후반부 내용의 부분이다. 한 부분이라고 해도 보통의 시보다 내용이 훨씬 길다. 이 시에 대한 독창적인 해설이 시인이면서 또 미학자인 김지하에 의해 이루어진 바 있었다. 먼저 그는 암소를 두고 붉은 암소라고 했다. 붉은 바위가의 암소와 붉은 암소는 전혀 다른 개념인데도 불구하고, 그는 서로 같은 개념으로 보았다. 단순한 착오인지, 자의적인 해석인지 잘 모르겠다.

> 붉은 암소는 문학적 상징체계로 육욕(肉慾)을 상징합니다. 다 늙은 노인이 왕성한 육욕인 시뻘건 암소를 끌고 온다는 것은 모순입니다. 이 사람은 상놈에다 농부에다 늙다리입니다. 암소가 아닌 극히 정결한 수로부인은 미인이고 귀족이고 유부녀입니다. 도대체 짝이 맞지가 않습니다. (……) 이를 나쁘게 보면 색정의 세계 또는 처지나 분수를 이미 아주 뛰어넘는 로맨스의 세계입니다. 이것을 육체적인 세계로 끌고 가면 색정이 되는 것입니다.[32]

김지하의 이 독창적인 해석은 공감이 간다. 로맨스의 세계라고 한 것은 매우 적확한 표현이다. 신화보다는 세속화된 서사물이기 때문이다. 중세

---

31 서정주, 『신라초』, 앞의 책, 26~28면.
32 김지하, 『탈춤의 민족미학』, 실천문학사, 2004, 285면.

유럽의 로맨스 중에는 잘 생긴 젊은 기사가 지체가 높고 아름다운 남의 부인에게 백마에서 내려 꽃을 바치는 얘기는 있을 법한 얘깃거리다. 그런데 낯선 늙은이가 암소를 질질 끌고 와서 꽃을 바쳐도 되느냐고 묻는 것은 격에 맞지 않는 로맨스이다.

나의 사견이 허용된다면, 『삼국유사』 속의 이 노인은 농경신이 아닐까 한다. 이 농경신의 파트너는 신성혼神聖婚(holy-gamy)의 관계에 있는 암소일 것이다.(이 관계의 설정은 시집 『질마재 신화』의 「소 x한 놈」에서 재현되고 있다.) 농경신의 육욕이 리비도의 형태로 나아가 영적인 초월의 세계인 수로부인의 아우라의 경계에 범접하고 있는 것이다.

김지하는 리비도의 세계와 두뇌 중심의 영성적인 초월성의 아우라의 세계가 하나로 안겨 들어가는 것을 두고 풍류라고 했다.[33] 서정주의 풍류에 관한 논의는 다음 장에서 논하기로 되어 있어 여기에서는 더 이상 얘기하지 않기로 한다.

어쨌든 서정주가 창의적으로 제안한 저 신라정신은 시간조차 정지되어 신화화된 이데아의 공간인 신라를 선험적인 고향으로 삼았던 시정신의 표상이었다. 이를 가리켜 본인 스스로는 '영원주의'라고 말한 바 있었고, 고석규는 '동시성의 표상'이라고 했다. 신라정신은 동시대 문단의 비평적인 첨예한 쟁점이 되기도 했다. 1963년에 발표한 두 편의 비평문에서 다음의 글을 따왔다.

> ……필자가 문제로 삼고 싶은 것은 과연 신라정신에는 영원성만 있고 현실성은 없느냐 하는 것이다. 물론 신라정신이 고유의 민간신앙인 샤머니즘의 터

33 같은 책, 286면, 참고.

전 위에 유불도 삼교(三教)가 위일융합(爲一融合)되어 보편적인 하나의 세계를 형성했던 것이니까, 거기에는 영원성도 있고 현실성도 있다는 것은 명백한 사실이다.[34]

나는 언제나 성급한 버릇을 갖고 있다. 직입(直入)한다. 순수·고유한 신라정신이란 없다. 다만 항간에서 떠돌고 있는 신라정신이란, 내가 보기엔, 역사의 예술화의 더도 덜도 아니었다. 그렇다면 신라정신엔 영원만 보고 현실성을 보지 않았다고 따지는 것부터가 어리석은 것으로 되고 만다.[35]

앞의 글은 문덕수의 「신라정신에 있어서의 영원성과 현실성」(현대문학, 1963. 4.)에서 따왔다. 신라정신에 현실주의 측면이 있음을 밝히고 있는 글이다. 서정주 시세계에서 현실은 다름 아니라 영원주의 이데아를 표현하기 위한 한 계기로 파악하고 있다. 이에 비하면 뒤의 글인 김윤식의 「역사의 예술화」(현대문학, 1963. 10.)는 '신라정신이란 괴물을 폭로한다'라는 도발적인 서브 타이틀이 말해 주듯이, 서정주의 신라정신과, 이를 지원하고 있는 문덕수의 입론을 비판하고 있다. 근대성을 서구추종주의의 결과로 보면서 한국적인 것, 동양적인 것을 맹목적으로 추종하는 것은 김윤식에게 '피장파장의 식민지 근성'에 지나지 않는다. 반反근대성의 시학이 신라정신으로 이름된 민족주의로 포장되는 것은 그에게 '짙게 화장한 창녀의 상판'이란 극언으로 비유되는 것이기도 하다.[36]

신라정신은 모더니티와 전통, 참여와 순수, 현실주의와 영원주의 등으로

---

34 문덕수, 「신라정신에 있어서의 영원성과 현실성」, 『현대문학』, 1963. 4, 372면.
35 김윤식, 「역사의 예술화」, 『현대문학』, 1963. 10, 187면.
36 같은 책, 192면, 참고.

날과 씨로 짜여 긴장 관계를 맺고 있던 동시대에 창작과 비평의 이슈로 비교적 균형 감각을 유지하고 있었다. 그러나 한 세대를 훌쩍 뛰어넘은 오늘날에 있어서는 가치 평가의 형평성은 기울어진 감이 있다.

그런데 근래의 젊은 연구자들은 신라정신을 현실주의의 관점에서 역사의식과 근대에 대한 안목의 결여를 지적하곤 한다. 신라정신이 가장 어두운 그늘을 드리운 것은 하나의 시대착오가 또 다른 시대착오를 부르는 악순환의 연쇄였다는 것[37]과, 또 그것이 식민지 기억과 이데올로기 대립 등의 역사의 문제의식을 소거시킴으로써 1950년 신생 국가의 문화 생산에 개입했다는 것[38] 등의 신세대적인 비판이 잇달아 계승되고 있다. 이러한 유의 비판이 도대체 누구를 위한, 혹은 무엇을 위한 비판인지를 생각하게 한다. 이러한 유의 과격한 시대 인식이 받아들여질 수밖에 없는 서글픈 현실이 많은 사람들을 또다시 서글프게 한다.

4. 풍류적 사관史觀의 영사시詠史詩

서정주의 시세계를 이룩한 또 하나의 생각들이 있다면, 지금까지 이야기한 불교와 신라정신 외에 풍류(도)가 있다. 청년 서정주는 시를 쓰기 시작하기 전부터 불교에 관심을 보였다. 아무래도 그에겐 불교가 심층의 기저를 이룬 사상이라고 하겠다. 여기에 신라정신과 풍류도가 두 겹, 세 겹으로 둘러싸고 있다. 그의 시세계에는 불교를 심층으로 하여 여기에 신라정신과 풍

37 최현식, 「신라적 영원성의 의미」, 『현대문학의 연구』 제19호, 한국문학연구학회, 2002, 279면, 참고.

38 박연희, 「서정주 시론 연구」, 『한국문학이론과 비평』 제37집, 한국문학이론과 비평학회, 2007, 127면, 참고.

류(도)가 혼재되어 있는 경우가 많지만 시인도 시사한 바 있듯이 신라정신의 시적 구현이 시집 『동천冬天』에 이르러 완성 단계에 들어선[39] 이래, 풍류의 사상, 풍류의 형이상학이 점차 새롭게 두드러져 보이는 추세가 없지 않았다. 우선 시인의 생각에 의한 풍류의 개념을 살펴보자.

> 우리가 흔히 멋진 것의 뜻으로 쓰는 말에 풍류(風流)라는 말이 있지만, 이것은 두말할 것도 없이 글자 그대로 물론 바람의 흐름을 꼬투리로 해서 쓰여지는 말이다.
>
> 신라 때의 제일 큰 시인 최치원이 신라의 화랑도의 정신 성격을 말하면서 '우리나라에는 깊고 미묘한 살길이 있어 왔는데 그걸 풍류하고 한다.'고 한 데서 써 먹은 그 풍류란 말도 물론 저 우리 생활의 틈틈이 문득 끼여드는 미묘한 친구-
>
> 저, 바람의 흐름을 두고 한 말이다.[40]

서정주는 풍류를 가리켜 '바람의 흐름'이란 축자역逐字譯을 흥미롭게 사용하고 있다. 풍류는 가장 한국적인 생각의 틀인 셈이고, 우리 일상의 생활에 밀접한 관련을 맺고 있는 습벽이기도 하다. 그런데 여기에는 뭔가 다른 게 있다. 바람의 흐름 속에서, 바람의 흐름과 함께 그 바람에는 하루살이 같은 생존의 협애한 공간을 넘어선 문화적인 역동의 힘이 들어 있다. 이 힘은 이른바 '접화군생'의 모둠살이가 가능한 현묘한 살길(道)이다. 바로 풍류도라고 말해지는 것이다. 서정주에게 있어서의 풍류 개념을 가장 쉽고, 적확하고, 학구적으로 설명한 이는 문학비평가 윤재웅이 아닌가 한다.

---

39 대담 취재, 앞의 글, 257면.

40 서정주, 『육자배기 가락에 타는 진달래』, 앞의 책, 42면.

유불선 삼교를 포괄하는 현묘한 가르침은 '바람의 흐름'을 연상케 하는 역동적인 지속성과 일상의 감각을 초월하는 신성성을 공유함으로써 민족의 주체적 이데올로기 혹은 에토스의 면모로 등장한다. (……) 미당에게 있어서 풍류의 형이상학은 단군의 문제이자, 김유신의 문제이고, 질마재 마을의 '소자(小者) 이생원네 마누라님'의 문제이면서 (……) 또한 창조와 갱생의 역동적 의지를 실현해 나가려는 미당의 웅장한 비전의 문제인 것이다.[41]

윤재웅이 말한 풍류의 형이상학은 풍류도이다. 서정주는 시집 『동천』(1968)을 상재한 이후에 새로운 형이상形而上의 경지를 탐구하고 있음을 넌지시 밝히면서 자신 스스로를 가리켜 "나는 선악과 시비의 최전最前과 최후에 한 송이의 피어 있는 꽃을 놓고 그걸 모든 선악과 시비의 가치 이상의 최상의 생生의 가치의 상징으로 의식하여 살고 있는 한 거사居士"[42]임을 자처한 바 있다.

서정주가 50대 이후에 풍류도를 시적 원리로 삼은 것으로 보이지만 사실은 그 자신의 시적 본질이기도 하다. 그의 시세계에 풍류도의 생각 틀이 농축되어 있거나 함축하고 있었다면, 그건 한 시대를 풍미한 동양학자 범부 김정설의 사상적인 영향에서 기인한다는 것이 정설이다. 범부 김정설은 소설가 김동리의 백형伯兄으로, 최근에 시인 김지하가 재조명해야 한다고 역설하고 있는 사상가이다. 서정주의 신라정신이라는 것도 소위 범부 사상의 변용이라고 할 수 있다.[43] 그에게 사상의 은사恩師가 있다면 한 사람

41 윤재웅, 「바람과 풍류」, 『한국문학연구』 제17집, 동국대학교 한국문학연구소, 1995, 146면.

42 서정주, 「시집 '동천' 이후의 내 시편들」, 『문학사상』, 1972. 12. 248면.

43 후세의 기록에 의하면, 범부 김정설이 해방 후에 국민윤리에 관한 특강을 행할 때 '화랑의 정신이 신라의 정신인 것'이라고 말한 바 있었다.(범부연구회, 『범부 김정설 연구논문 자료집』, 도서출판 선인, 2010, 154면, 참고.)

은 박한영이요, 다른 한 사람은 김정설이다.[44] 김정설의 음양론에 비추어 김동리와 서정주의 문학 세계를 비교한 손진은의 탁견이 있어 인용하려 한다.

> 서정주의 시는 범부의 음양론 중 '음'의 세계에 천착한다. 이는 "소설이 육체를 가지고 '태양(개념-양)'의 방향으로 나아간다면, 시는 육체를 거세하여 '무주(巫呪, 음영-음)'의 측면으로 나아간다. ……시의 가장 중요한 기능은 '우주의 혼'을 읊는 일이다. 따라서 소설이 보다 더 '사회참여'에 적용된다면 시는 본질적으로 '우주 참여'에 맞다."는 김동리의 논리와도 궤적을 같이한다. 서정주는 범부 사상의 중심에 놓인 화랑을 자신의 필생의 시적 원리로 정립한다. 흔히 '영통' 혹은 '영원주의'로 통칭되는 서정주의 시세계는 스스로 화랑(무당)이 되어 죽은 자의 세계와 산 자의 세계를 매개하는 방식으로 현현된다. 서정주는 이 세계에 들어감으로써 영원인으로서의 삶, 즉 '우주 참여'에 동참할 수 있게 되는 것이다.[45]

시는 우주 참여다? 시를 '우주 감각'이라고 한 말라르메를 생각나게 하는 대목이다. 범부 사상의 요체인 음양론 중에서 서정주의 시가 음에서, 김동리의 소설이 양에서 영향을 받았다는 것은 흥미롭고도 독창적인 가설일 수 있다.

어쨌든 서정주는 초로에 이르러 선악과 시비를 넘어서는 꽃의 상징을 의식하면서 살아가는 거사임을 자각하는 데 이르렀다. 이 생각 틀 역시 김

44 서정주는 1966년 김정설이 서거할 때 자신을 '고애후학시생孤哀後學侍生'이라고 칭하면서 조문을 낭독하기도 했다.

45 손진은, 「김범부와 서정주」, 『신생』, 2012. 봄, 229면.

정설의 음양론 한 부분과 비슷하다. 범부 사상 중에는 즉관卽觀과 상징이 자리하고 있다. 이를테면 선과 악, 옳고 그름이 분리되기 이전에 즉관의 현상이 자리하고 있으며, 이 즉관이 상象을 얻을 때 하나의 상징이 된다는 것이다.[46] 서정주가 말한 그 꽃의 상징성은 선악·시비의 경계를 초월한 즉관의 현상에서 비롯된 것이다.

서정주의 시세계에 김정설의 사상이 자리하고 있는 것은 엄연한 사실이다. 시의 사상적인 수용에 있어서 정도의 문제는 사람들의 관점에 따라 다르게 나타났다. 서정주 시의 풍류도 수용을 놓고 볼 때, 어떤 이는 감화의 수준을 말하고, 또 어떤 이는 변별의 수준을 말한다.

> 서정주의 신라론은 범부 김정설의 화랑으로부터 크게 감화된 것인데 김동리의 맏형이었던 그는 해방 이후 국민을 훈육하고 규율하는 원리, 곧 국민 도덕의 전통적 근거로 화랑도와 풍류도를 유포시켰다.[47]

> 미당이 발견한 신라정신의 한 핵심은 풍류도에 있다. 범부 김정설이 풍류도와 샤머니즘과의 강한 유대를 확정적으로 부각시킨 것에 비해 미당은 풍류도를 무속의 잔재가 아니라 '혼의 실존을 의식하는 역사의식'으로 바라봄으로써 영통을 부각시켰고, 이 지점에서 미당의 사상은 김정설의 그것과 변별한다.[48]

서정주의 시세계에 드리운 생각의 틀이 불교적 사상의 기저에 역易과 노장老莊 등의 유현한 동방적인 사색을 받아들이고 토착적인 샤머니즘을 접

46 김범부, 『풍류정신』, 정음사, 1986, 134면, 참고.
47 박연희, 앞의 글, 124면
48 문태준, 앞의 글, 105면.

목한 것이라고 할 수 있다면, 그 틀은 아무래도 풍류도라고 이름되는 사유 체계라고 할 수 있을 것이다. 서정주의 시세계와 김정설의 풍류도 사이에 다른 것이 있다면, 김정설이 역사를 국민 도덕의 전통적인 근거로 삼으려 했고, 서정주는 역사를 시적인 예술로 빚어내려고 했다. 서정주의 역사의식이 일제 말의 친일 행위에서 보듯이 진정성을 확보할 수 있는 것은 아니지만, 전쟁의 공포와 내면의 황폐화와 정신적인 시련을 극복하기 위해 그는 고대의 역사 문헌을 열심히 탐독한 바 있었던 것이다.

서정주의 풍류도가 가장 적실하게 반영된 사례는 시집 『학이 울고 간 날들의 시』(1982)이다. 이 시집은 일종의 역사시집이다. 서정주가 1951년 이후 역사를 기록하는 자의 자각, 즉 '사승자史乘者의 자각'[49]을 갖게 되었고, 30년이 지난 후에 또 이것이 시적으로 형상화되고 문학적인 상상력을 가미한 것의 결과로 나타난 것이 바로 시집 『학이 울고 간 날들의 시』이다. 이것은 단군 고사故事에서부터 스승 박한영 스님에 이르기까지 인물 중심의 시적 만인보萬人譜를 이룩하고 있다. 하나의 예로서 논개를 시의 소재로 삼은 경우를 보자.

> 어린 계집아이 너무나 심심해서
> 한바탕 게걸스런 장난이듯이
> 철천의 웬숫놈 게다니 로꾸스케 장군 하고도
> 진주 남강 촉석루에 한 상도 잘 차리고,
> 그런 놈 하고 같이 노래하며 뛰놀기도 잘 하고,
> 그것을 하다 보니 더 심심해져설랑

49 서정주, 『문학을 공부하는 젊은 친구들에게』, 앞의 책, 119면.

바위에서 끌안고 딩굴다가 퐁당!
남강 깊은 물에
강제정사(强制情死)도 해버렸나니,
범 냄새와 곰 냄새
보리 이삭의 햇볕 냄새도 도도한
논개의 이 풍류의 곡선의 역학(力學)-
아무리 어려운 일도, 죽음까지도
모든 걸 까불며 놀 듯이 잘 하는,
이빨 좋은 계집아이 배 먹듯 하는
논개의 이 풍류의 맵시 있는 역학-
게눈 감추듯한
동이(東夷)의 궁대인족(弓大人族)의
물찬 제비 같은 이 호수운 역학이여!

-「논개의 풍류역학」 전문[50]

민족의 한恨과 그 극복의 모습을 상징하는 새를 표상한 학鶴을 내세워 5천 년 역사를 시의 언어로 함축한 시집 『학이 울고 간 날들의 시』는 풍류의 역사관을 근거로 한 일종의 영사시詠史詩이다. 이 영사시의 하나로 「논개의 풍류역학」을 인용했다. 논개야말로 민족의 한과 그 극복의 표상으로 충분한 것일 수밖에 없다.

주지하듯이, 논개는 역사 인물 가운데 거룩한 성녀聖女의 이미지를 갖고 있는 인물이다. 논개가 적장을 끌어안고 순국한 행위를 두고 '강제 정사'라고, 또 이를 두고 전라도 방언으로 '호숩다(재미있다)'라고 했으니, 시인의 불

50 시전집, 686면.

경한 언어 표현일 수밖에 없다. 그러나 서정주의 반어법은 빛을 발한다. 풍류 곡선의 역학에 이르러 시인의 상상적인 혜안을 유감없이 발휘하고 있다. 이때 역학은 미학의 딴 이름이지만, 이보다 더 옹골차고 힘이 있다.

서정주에게 있어서의 시적인 영통靈通의 눈에는 역사를 꿰뚫어 보는 독특한 통찰력이 숨어 있다. 우리는 이를 두고 풍류사관이라고 해도 좋을 것이다. 시집 『학이 울고 간……』에는 '풍류'라는 낱말이 제목 속에 포함된 것만 해도 네 편이나 된다. 이 시집은 범부 김정설이 책의 제목으로 사용하려다 만 소위 '풍류외사風流外史'[51]의 시적인 현현이라고 평가해도 좋을 것이다. 여기에서 외사라고 한 것은 문헌과 논증과 실증에 벗어나 역사의 가치 판단을 극대화했음을 뜻한다.

5. 남는 말

서정주의 시집 『학이 울고 간……』에서 보여 준 풍류적 사관의 시적 비전은 유교 합리주의의 사관과는 뚜렷한 차별성을 보인다. 본인 스스로 남긴 말에 기대면 등급 없는 영원(성)을 역사의 시간으로 삼았다는 데 있다.[52] 유교 합리주의에 의해 오염되기 이전의 문화 및 사상의 원형을 두고 풍류도라고 표현할 수 있다면, 이것은 신인神人의 합일이 가능했던 고전고대에 대한 인간의 집단적 그리움인지 모른다. 유교 합리주의와 근대성의 선형적인 진보 개념은 역사를 순환적인 성격으로 파악하지 않는다.

서정주의 생각 틀을 이루는 부분인 신라정신과 풍류도를 동일한 개념

---

51 김범부, 앞의 책, 3면.

52 서정주, 『서정주문학전집 (2)』, 일지사, 1972, 303면, 참고.

으로 간주하는 사람들이 많다. 특히 젊은 학인들 사이에 이 같은 공감대가 확산되어 있다. 한마디로 말해, 이 두 가지 모두 '만들어진 전통'[53] 때문이라는 데 그 까닭이 있다는 것. 그렇다면 서정주의 사상적인 원형질은 만들어진 소위 전통이 아닌 불교에서 찾아야 할 것인가? 어쨌든 그에게 있어서 불교는 사상의 기저, 기층을 이루고 있는 것이 사실이다. 그는 젊었을 때 "중이 안 되더라도 머리는 깎아야 한다."는 박한영 스님의 말에 따라 거사로서의 입산 체험을 하게 되고, 이 체험으로 인해 중앙불교전문학교와의 학연을 맺게 된다. 이처럼 그에게 있어서 불교는 삶과 생각의 근원적인 바탕으로서 이미 형성되어 있었던 것이다. 그리고 마침내 그에게 있어서의 불교가 '탈근대성을 위한 대안적 성격'[54]으로 기능했던 것도 엄연한 사실이다.

이 고요 속에
눈물만 가지고 앉았던 이는
이 고요 다 보지 못하였네.

이 고요 속에
이슥한 삼경의 시름
지니고 누었던 이도
이 고요 다 보지는 못하였네.

---

53 서정주를 비판하는 젊은 학인들이나, 최근에 신라 문화에 대해 문제를 삼고 있는 소위 '신라의 발견' 팀은 비판의 근거를 에릭 홉스봄의 '만들어진 전통(The Invention of Tradition)'에 주목한 듯하다. 이 용어는 전통이 대부분 정치적인 목적을 위해 만들어진다는 것이다. 최근에 발견이니 발명이니 하는 용어가 난무하고 있는 것도 이 때문이 아닌가 한다.

54 홍신선, 앞의 글, 459면.

눈물,

이슥한 삼경의 시름,

그것들은

고요의 그늘에 깔리는

한낱 혼곤한 꿈일 뿐.

이 꿈에서 아조 깨어난 이가

비로소

만길 물 깊이의

벼락의

향기의

꽃새벽의

옹달샘 속 금동아줄을

타고 올라 오면서

임 마중 가는 만세 만세를

침묵으로 부르네.

–「고요」 전문[55]

서정주의 시 가운데서 이 작품은 불교적인 생각 틀의 가장 정점에 도달한 경우가 아닌가 한다. 시편 「고요」와 관련하여, "선미禪味를 안고 수행에 든 수행자의 깨우침의 과정이 잘 그려져 있다."[56]는 견해도 있었다. 즉 이 시가 서정주가 한시를 쓴 전통 시승詩僧들이 남긴 선시禪詩의 경지에 가장

55 시전집, 182면.

56 김진설, 「미당 서정주 중기시 연구」, 군산대 교육대학원, 2007, 66면.

근접한 것이라고 보고 있다는 셈이 된다. 그래서 나는 이것을 득도得道 체험에 의빙한 허구적인 오도悟道의 시편, 그 극치로 본다.

서정주가 창의적으로 제안한 개념이었던 신라정신은 지금 너나 할 것 없이 경쟁적으로 폄훼하고 있는 대상이 되고 있다. 대체로 보아, 신라정신을 비판하는 사람들은 이를 한 시대를 대표하는 파시즘의 표상으로 간주하곤 한다. 그러나 서정주 개인에게는 그것이 당시에 매우 절실하고도 절박한 것이었다.

요컨대 그것은 목숨을 건 탈출구였다.

서정주는 한때 광기·환청·실어증 등의 정신 병리 현상에 사로잡힌 나머지 전주에서 치사량의 학질약을 먹고 자살을 시도했다. 자신의 사로잡힌 영혼을 자유롭게 방면하기 위한 자기 격투의 과정을 겪으면서 신라정신이란 이름의 탈출구로 향해 영혼의 모험과 실존의 결단을 스스로 감행했던 것이다. 그 이름의 탈출구는 한 개인의 삶을 이해하거나 공감하지 않고서는 함부로 얘기할 수 없는 부분이 아닌가 한다.

결론적으로 말해, 서정주는 현실, 현실주의의 벽에 부딪쳐 절망한 것을 두고 찰나라고 간주하고 싶어 했으며, 이를 뛰어넘을 수 있는 이데아의 가상공간을 가리켜 영원으로 생각하고 싶어 했던 것이다. 해방 전의 청년기에 그로테스크한 미학의 현실주의자였던 그의 모습은 1951년 무렵에 우리 전통의 중핵인 신라와 접하게 됨으로써 점차 사라져 갔으며, 마침내 그는 영원의 가상공간을 꿈꾸는 초자연, 초현실의 이상주의자로 어쩔 수 없이 변신하게 되었던 것이다.

한국 시의 아나키즘 영향과 무정부 낙원관

1. 문제를 제기하기 위한 한마디

아나키즘은 통치의 부재를 뜻하는 옛 희랍어 '안 아르코스(an archos)'에서 유래한 용어이다. 우리나라에서는 온전히 적확한 역어가 비록 아니라고 해도 대체로 '무정부주의'로 무난하게 통하고 있다. 인간은 자유로운 존재이기 때문에 인간의 자유를 억압하는 모든 권위—정치, 경제, 사회제도, 종교, 도덕, 민족, 이데올로기 등—를 부정해야 한다는 것. 다름이 아니라 아나키즘의 사상적인 요체는 여기에서부터 비롯된다.

무정부주의는 마르크스주의와 함께 사회주의 사상의 일종이라고 할 수 있다. 무정부주의는 마르크스주의와 더불어 전제 지배의 타도와 반反파시즘을 위해 공동으로 투쟁을 하곤 했지만, 마르크스주의의 패권주의, 마르크스주의와의 상이한 이상 사회를 보는 관점, 이를 실현하는 방법의 차이 등으로 인해 서로 등을 돌렸다. 무정부주의는 마르크스주의와의 격렬한 노선 투쟁 과정에서 패퇴, 소외됨으로써 한때 무정부주의를 가리키는 아나키즘이 사어화되었지만 제2차 세계대전 이후에 대중 민주주의가 정착되고 개인 자유에 대한 관심이 고조되면서 아나키스트들이 일찍이 주창했던 철저한 개인의 자유가 재검토되기도 했던 것이다.[1]

아나키즘에 대한 개념이 다양하게 변주되고 있지만, 내가 공감하는 가장 요약적인 문장 하나를 들라면, '절대 공동체를 지향하는 자유의 철학'[2]이라고 말하고 싶다. 여기에서 말하는 절대 공동체란, 아나키스트가 꿈꾸었던 이상 사회를 가리킨다. 아나키즘이 그만큼 낙원 의식과 깊은 관계를 맺고 있다는 증좌다.

이 글은 우리 시문학사에 끼친 사상적인 영향의 하나로 아나키즘을 우선 주목하고자 한다. 이것은 집약적이고도 선명한 운동의 차원에서 전개된 것이 아니라, 분산적이지만 영향을 주고받은 차원에서 다소간 희미하게 드러나고 있다. 이 글은 그러한 양태 가운데 아나키스트들이 꿈꾸었던 이상 사회에 대한 동경의 관점이, 이를테면 무정부, 혼돈 등의 뜻을 머금고 있는 아나키(anarchy) 낙원의 관점이 시인의 시 작품 속에 어떻게 투영되어 있는가를 고찰하고자 하는 데 의미와 의의를 두고 있다.

2. 아나키즘 시의 선구자였던 권구현과 김화산

일제 강점기 아래의 한국 아나키즘은 이념적인 면에서 볼 때 민족해방

---

1 (주)학원출판공사사전편집국, 『학원세계대백과사전 (11)』, 학원출판공사, 1996, 220~221면, 참고.

2 김주성, 「아나키즘과 절대 공동체」, 한국정치사상학회, 『이상국가론』, 연세대학교 출판부, 2004, 271면.

운동의 일환으로서 수용되었다. 민족주의나 사회주의처럼 일제日帝에 대한 저항의 목적 의식을 갖고 있었다. 하지만 그것의 개별적인 과제는 독자적일 수밖에 없었다. 여기에는 제국주의의 식민 지배를 정당화하고 합리화하는, 약육강식 논리의 사회진화론을 극복해야 할 시대사적인 과제가 부여되었던 것이다. 일제강점기 한국인 아나키즘은 민족주의와 사회주의와는 다른 독자적인 사상체계를 갖춘 민족해방운동 이념으로서 기능하였다. 한국인 아나키스트들은 민족주의가 추구하던 부르주아민주주의와 자본주의 체제를 비판하였으며, 민족주의자들을 봉건 지배계급을 대신하고자 하는 권력욕과 지배욕의 화신이라고 비판하였다. 그리고 민족주의의 극단적 형태인 파시즘을 비판하면서 파시스트들이 내세우는 애국주의 운동의 본질을 폭로하는 한편, 한국인 민족주의자 속에서 파시스트가 대두하는 것을 경계하였다.

한국인 아나키스트들은 사회주의 또한 비판하였다. 사회주의자들은 민중 해방을 표방하지만, 그것은 자신들의 정권을 장악하는 데 민중들을 이용하기 위해서라는 것이다. 그리고 변증법적 유물론과 유물사관 등 사회주의의 기본 논리들을 부정하고, 프롤레타리아 독재 또한 강권으로 규정하고 배격하였다.[3]

한국 아나키즘의 연원은 1921년에 결성된 '흑도회'이다. 흑도회 창립 멤버로는 역사적인 인물로 잘 알려진 김약수·박열·황석우·조봉암 등이 있었다. 시인 황석우가 이 결성에 주도적으로 참여했다는 것이 눈길을 끌게 하는 대목이다. 흑도회는 오래 가지 못하고 해산된다. 이듬해 아나키즘 조직은 흑우회와 북성회로 분화되기에 이르렀다.

그 후 아나키즘은 국내외적으로 제국주의라는 강제적 권력을 배제하

---

3 이호룡, 『한국의 아나키즘』, 지식산업사, 2001, 356~357면, 참고.

는 사상으로 입지를 마련하면서 하나의 정치 세력으로 확대되는 과정을 겪는다. 그러나 극심한 정치적 탄압으로 그것이 지하화되는 한계를 벗어나지 못한다. 또한 아나키스트들과 사회주의자들 간의 격렬한 논쟁, 현실의 절망감에서 대두하기 시작한 테러리즘 등의 요인으로 인해 그것은 뿌리를 내리지 못하게 된다.

강제적 권력이 외세에 의해 이 땅으로부터 추방된 해방이 있게 되어도 아나키즘의 혁명적 이상은 헛것에 지나지 않았다. 해방기에 좌우의 대립이 극단화될수록 제3의 사상으로서의 아나키즘의 입지는 약화되어 갔다. 해방 직후에 자신의 입지를 확보하고 또 자주적인 민족국가 건설 운동에 참여하기 위해 아나키즘이 임시정부 세력과 연합을 이룩하였지만, 정부의 존재를 인정하는 모순과 약점으로 인해, 전환기에 사상적인 독자성을 확보하는 것에는 사실상 실패한다. 게다가 아나키즘의 관념성은 민중들로부터 외면될 수밖에 없었다.

> 한국에서의 아나키즘은 사회진화론 극복이라는 사상사적 과제를 해결하는 과정에서 수용되어 제3의 사상으로서 일제강점기 동안 민족해방운동을 지도하였으며, 해방 이후 새로운 사회를 건설할 방법론과 전망을 제시하였다. 하지만 아나키즘은 좌우익의 극한 대립 속에서 존립 근거를 확보하지 못함으로써, 제3의 사상으로서의 지위를 유지하지 못하고 우리의 기억 속에서 사라지고 말았다.[4]

아나키즘은 사회주의를 배척할 뿐 아니라 자본주의 역시 거부한다. 그렇기 때문에 이것은 사회주의에 의해 버림받고 자본주의에 의해 탄압된다.

---

4 같은 책, 362~363면.

분단국가에서의 아나키즘이 존재할 수 없는 것은 이러한 사실에 기인한다. 보는 관점에 따라 과격한 혁명 사상이 될 수도 있고 나약한 소시민 이데올로기가 될 수도 있는 아나키즘이 남과 북에서 모두 더 이상 발붙일 수 없었고, 동서독 진영에서도 그것이 배척됨으로써 연구조차 거의 이루어지지 않았다고 한다.

그럼에도 불구하고 사회진화론, 강제적 권력의 메커니즘을 배제하려 했던 자유인들의 시세계가 우리 시문학사의 주류主流에서부터 크게 벗어났지만 하나의 작디작은 흐름이나마 지녀온 것은 사실이다.

우리나라 근대문학사에 있어서의 아나키즘 시운동은 1920년대 중반에 군소 현상의 하나로 드러났다. 이것의 시작과 더불어 카프의 강력한 비판 대상이 되었다. 민족주의자들과 예술지상주의자들도 호감을 보이지 않았다. 아나키즘은 사상적으로나 문학적으로 고립무원의 혼돈 상태에서 시작된 것이 사실이다.

권구현權九玄과 김화산金華山이 초창기 아나키즘 시운동의 주도권을 장악했다는 사실은 잘 알려져 있다. 권구현(1898~1944)은 초기에 카프에 가담하여 부르주아 예술을 비판했으나 아나키즘의 입장에 서서 카프와 논쟁을 벌였다. 1927년에 단독 사화집 『흑방黑房의 선물』을 상재했다. 아나키스트 시인으로서의 그의 활동은 여기에 집약해 있다. 1933년에는 소설 「인육시장점묘人肉市場點描」를 발표하고 선전鮮展 12회에 입선하는 등 왕성한 활동을 보여 주었다.

그에 관해 익히 알려진 일화는 그가 1927년에 평양에서 열린 흑우회 창립 대회에 참가해 현판 글씨를 휘호했다는[5] 것과, 그가 이광수와 교분이

5 한국무정부주의운동사편찬위원회, 『한국아나키즘운동사』, 형설출판사, 1978, 257면, 참고.

있어서 이광수가 그에게 준 시조「전원에 가시는 이」가 있다는 사실이다.

그대는 크로포트킨을 좋아 하시나있고
나는 톨스토이를 좋아 하옵네
그대나 내나 오늘의 사람은 아니로세[6]

– 이광수「전원에 가시는 이」부분

권구현은 아나키스트 크로포트킨을 흠모했고, 이광수는 민중을 계몽, 교화하려는 문학관에 경도한 톨스토이의 인도주의 사상에 매료되었다.(톨스토이 역시 근대 문명을 부정하고 자연으로 돌아가야 한다는 독자적인 아나키즘 사상을 완성하기도 했다.) 이 두 사람의 교분은 한국 아나키즘의 모태가 이회영·신채호 등과 같이 보수적인 성향의 민족주의자들에게 있었다는 사실과 전혀 무관치 않으리라고 보인다. 권구현이 보수적인 시 형식인 시조를 통해 급진적인 사상을 담으려 했다는 것은 균형 감각이나 시의성時宜性에 있어서 적절치가 않았다. 무엇보다도 문제가 되는 것은 창작 기법의 미숙성과 작품 수준의 저급함이라고 할 수 있다. 이보다 조금 나은 것이 있다면『흑방의 선물』다음 단계에 발표된 것이 아닐까?

한울이 뭃어지느냐 땅이 꺼지느냐
오오 宇宙는 새날을 낳는다 새날을
들어보라 가슴을 울리는 이 큰소리를
새날의 産苦를 외치는 最後는 닥아왔다

6 김용직,『한국근대시사 (下)』, 학연사, 2002, 432~433면, 참고.

旗빨을 날리라 횃불을 잡으라

勇敢스리 새날을 마자스라 새날을

– 권구현 「새날」 부분[7]

권구현의 시 중에서 무정부(아나키) 낙원관이 보이는 것은 「전원으로」라는 제목의 시이다. 시의 내용이 단순하지만 의미는 있다. "도시를 버리고 / 전원으로 가자 / 건전한 알몸이 되어 / 자연의 혜원惠源을 찾아 / 가자 / 가자" 여기에서 자연의 혜원이 주목된다. 김경복은 이를 가리켜 인류의 원초적인 꿈이었다 할 수 있는 황금시대에서의 총체성처럼 인류의 미래에 회복되어야 할 유토피아의 한 전형으로 제시하고 있다.[8] 어쨌든 그의 무정부 낙원은 전원이다. 오늘날 자치적으로 운영되는 '빌리지 코뮤니티'가 무정부 대안 사회의 모델인 것과 유사하다.

김화산(1905~?)은 본명이 방준경方俊卿인 엘리트 출신이다. 경성제일고보와 경성법학전문학교를 졸업한 후 지방법원 서기로 일하다가 판사 시험에 합격하였으나 판사로 일하지 않고 변호사로 활동했다고 한다. 그는 한때 사상적으로는 사회주의자였고 예술적으로는 다다이스트였다. 그리고 권구현처럼 발 빠르게 아나키스트로 변신한다. 그만큼 사상적인 면에서 잡거성雜居性을 지니고 있었다. 이 점은 창작에도 영향을 끼친 듯하다. 1927년에 발표된 「악마도」는 장르 구분이 모호하다. 시·소설·일기 등이 혼합된 장르랄까? 부제가 '다다이스트의 일기'인 이 작품은 그가 다다이즘에 한때 경도되었음을 말해 준다.

7 같은 책, 428면, 재인.

8 김경복, 「생태 아나키즘 문학의 흐름」, 『오늘의 문예비평』, 1998. 겨울, 67면, 참고.

絶望, 絶望, 絶望, DA ·DA ·따

意識의 沸騰, 存在의 戰慄!
나의 體溫은 體溫計의 限界를 突破하여 二天八白度의 高熱로 疾走한다.

카페 푸란쓰로 가자. 테이블은 不等邊六角形·椅子는 淫婦의 乳房. 室內에 자욱한 戀愛의 粉末

서울 市街 白晝 大道.
戀愛에 失敗한 精神病者=DADA 金華山!
나는 테이블을 뚜드리며 放聲大歌한다.

– 김화산 「악마도」[9]

김화산은 일찍이 파괴와 부정의 정신을 긍정하는 것이 다다이즘의 본질이라고 말했거니와, 1920년대 전반기에 임화·박팔양 등과 같은 지적인 청년 문사들이 이 전위적인 사조를 한 번쯤 거쳐 지나갔다. 다다이즘은 극단적인 유아론의 형식으로 최대한의 허무주의적 충동을 표현한 사조이다. '다다'가 어린이의 의성어로 정의되듯이 인용시 역시 일종의 '넌센스 시'의 일종으로서 치졸한 시정신으로부터 벗어나지 못하고 있다.

다다이즘이 아방가르드 예술의 하위 개념이듯이, 데카당스 역시 마찬가지다. 다다이즘과 데카당스의 동종 관계에 관해서라면, "온갖 형태의 결정론과 허무주의보다 더 감상적인 것은 없고, 따라서 결국에는 최고의 아방가르드 운동들의 한가운데로 퇴폐적인 복귀를 했을 뿐인 다다이스트의

9 김용직, 앞의 책, 435면, 재인.

무정부주의적인 운명론보다 더 감상적인 것은 없다. 이런 점들에 있어서 퇴폐주의를 '부정의 문화'로 정의했던 폰 쉬도우(Von Sydow)의 진단은 특히나 적절한 것 같다."[10]라고 말한 레나토 포지올리의 견해를 대신할 수 있을 것 같다.

3. 그리운 강남, 남조선 사상, 소국과민小國寡民의 이상

석송 김형원은 일제 강점기에 아나키즘에 영향을 받은 시인으로서 결코 간과될 수 없는 인물이다. 그에 대한 평가는 대체로 경향파 시인 정도로 인식되고 있다. 그는 넓은 의미의 현실주의 시인이다. 그를 아나키즘에 영향을 받은 시인이라고 여기고 있는 경우는 거의 없다.[11] 그러나 『개벽』(1921. 6) 지에 발표한 김형원의 시편 「무산자의 절규」는 짐작컨대 우리나라 최초의 아나키즘 시라고 말해도 좋을 듯하다.

나는 無産者이다!
아모 것도 갓지 못한

그러나 나는
黃金도, 土地도, 住宅도,
地位도, 名譽도, 安逸도,

---

10 레나토 포지올리, 박상진 옮김, 『아방가르드 예술론』, 문예출판사, 1996, 121면.

11 문학사적인 평가에서 석송 김형원을 가리켜, 절대의 반항을 민주주의의 핵심으로 본 아나키스트적인 면모, 휘트먼 영향 속에서의 아나키즘적 민주주의라는 이상적 지향점을 밝힌 경우도 있다.(장부일 외, 『한국근현대문학사』, 한국방송통신대학교출판부, 2012, 104~105면, 참고.)

共産主義도,

社會主義도,

民主主義도,

아! 나는 願치 않는다!

사랑도, 家族도,

社會도, 國家도,

現在의 아모 것도,

아! 나는 咀呪한다![12]

– 김형원 「무산자의 절규」 부분

이 시의 내용만을 두고 볼 때, 논리의 정합성으로는 이 시는 아나키즘 시 그 자체라고 말할 수 있다. 기존에 존재하는 모든 가치와 권위는 부정된다. 세바스티앙 포르가 『아나키스트 사전』에 "권위를 부정하고 그에 맞서 싸우는 사람이라면, 누구나 아나키스트이다."[13]라고 기술하고 있듯이 아나키즘은 절대 부정의 철학이다. 인용시가 지닌 것도 그러하다.

우리가 잘 알고 있는 팝송 「상상해 봐(Imagine)」는 존 레논이 부른 대중가요의 명곡인데, 사람들은 이것을 감미로운 사랑의 팝송으로만 알고 있지 아나키즘의 내용을 담고 있는 노래라고 생각하지 않는다.

상상해 봐, 어떤 국가가 없다고

그건 어렵지 않아

12 『개벽』, 1921. 6.

13 장 프레포지에 지음, 이소희 외 옮김, 『아나키즘의 역사』, 이룸, 2003, 91면.

누구도 그 때문에 죽이거나 죽지 않고
또 어떤 종교도 없다고
상상해 봐, 모든 사람들이 평화롭게 산다고

(……)

상상해 봐, 어떤 사유(私有)도 없다고
넌 상상할 수 있을 거야
탐욕도 굶주림도 없다고
모두가 형제라고

이 노래의 내용을 음미해 보면, 김형원의 시 「무산자의 절규」와 사상적으로 크게 달라 보이지 않는다. 다만 존 레논의 그 노래가 우리에게 매우 익숙하고 감미롭게 다가설 따름이다. 요컨대 아나키즘은 국가도 사유재산도 종교도 없이 인간이 참으로 자유롭게 사는 사회를 추구한다.[14] 그런데 김형원의 아나키즘 시의 대표적인 작품으로 「그리운 강남」(1938)을 얘기하지 않을 수 없다. 일종의 노래시라고 할 수 있는 이것은 시보다는 노래에 방점이 찍혀 있다. 이 노래가 일제 시대에 일종의 국민적인 가요의 성격을 띠면서 두루 불렸기 때문이다.

정이월 다 가고 삼월이라네
강남 갔던 제비가 돌아오며는
이 땅에도 또 다시

---

14 박홍규, 『아나키즘 이야기』, 이학사, 2004, 15면, 참고.

봄－－－이 온다네

(후렴)아리랑 아리랑 아라리요
아리랑 강남을 어서 가세

하늘이 푸르면 나가 일하고
별 아래 모이면 노래 부르니
이 나라 이름이
강－－－－남 이라네

(후렴)아리랑 아리랑 아라리요
아리랑 강남을 어서 가세

– 김형원 「그리운 강남」 부분

김형원의 「그리운 강남」은 문학의 입장에서 볼 때 민요시이며 음악의 양식으로 볼 때에는 신민요이다. 그는 이것을 두고 훗날 "나의 애愛, 나의 사상, 나의 그리움"이라고 표현하면서 큰 애착을 보였다. 이 시는 안기영이 작곡하여 해방 후 하나의 국민가요가 되었다. 일제 강점기하의 민중들은 이 노래를 향유하면서 광복에의 염원을 달래고는 했다. 이 노래는 지금도 노년층이 기억하고 있을 만큼 대중적이었다. 최근에는 이 노래가 리메이크되어 장사익이 혼신으로 열창한 것을 음미할 수 있다.[15]

---

15 안기영 작곡의 「그리운 강남」은 일제시대에 세 명의 가수들이 따로 노래했다. 그 중의 한 사람이 평양 권번 출신의 가수 왕수복이다. 그녀는 소설가 이효석의 연인으로 임종을 지켜보았고 해방 후 시인 노천명과 약혼한 경제학자 김광진과 결혼했다. 그 후 월북하여 정치적으로 대우를 받으며 천수를 누리다가 2003년에 타계해 애국열사릉에 묻혔다.

그런데 이 노래는 낙원 의식, 즉 유토피아 지향성을 잘 함축하고 있다. 강남은 식민지 백성에게 있어서 낙토樂土이다. 이 낙토에의 절절한 그리움은 생활감정이 수반된 신명의 상태에 필경 도달하게 된다.

노래시의 5연에 "저마다 일하여 제 살이하고 / 이웃과 이웃이 서로 믿으니 / 빼앗고 다툼이 / 애적에 없다네"라는 표현이 있다. 물론 상호부조의 이상과 사회진화론 비판을 지향하는 아나키즘의 사상이 여실히 드러나고 있다.[16]

시의 6연, 즉 인용된 것처럼 노래로는 2절인 내용을 보자. "하늘이 푸르면 나가 일하고 / 별 아래 모이면 노래 부르니 / 이 나라 이름이 / 강－－－－남 이라네." 여기에 공동체 삶의 이상, 민중의 대동적大同的인 연대의식이 잘 묘파되어 있다. 말하자면, 그 시대 사람들은 아나키즘 시인지도 전혀 모르고 이 노래를 불렀던 것이다. 시와 노래가 하나가 되는 공명과 반향의 절대 경지라고 할까? 아나키즘 시 운동사에서 진경에 도달한 단 한 편의 작품이라고 할 수 있다.

이 노래에서의 '강남'은 다름이 아니라 '남조선 사상'의 변형이 아닌가 한다. 이른바 소국과민小國寡民 이상의 한국적인 양상이라고 할 수 있는 남조선 사상은 선도仙道, 정감록, 풍수역학, 미륵하생론 등과 결부되며 남쪽 조선 어딘가에서 새로운 역성혁명이 일어나 민중의 나라를 건설하게 된다는 것. 조선 후기의 남조선설은 여러 야담류에 실려 있는데 그 중의 『계압만록』에 실려 있는 것은 역성혁명의 구체적인 변혁 공간으로 의미가 부각되어 있다.

---

16 아나키즘 사상가 크로포트킨은 역사 속에서 생존경쟁과 상호부조라는 두 원리의 대립 항쟁을 발견하고 다윈주의를 반대하고 상호부조를 옹호한다. 국가의 권력 기구가 제거되면 상호부조의 원리가 작용하여 인간의 자유는 회복된다고 한다.(平井俊彦, 德永恂 편, 고영대 역, 『사회사상사』, 사계절, 1985, 128~129면, 참고.)

> 남조선이란 곳은 남해의 제주 밖에 있는 곳으로, 땅이 대단히 넓고 토지가 기름져서 가히 살 만한 곳이다. 어느 때부터 점유되었는지는 모르나 영일 정씨의 후예들이 그 곳에 들어가 사람을 모으고 대사를 경영하여 왔다. 이러한 일이 뒷날 계룡산으로 도읍을 옮기게 될 것의 전조라고 하는데, 이런 일이 있은 지가 벌써 백여 년이 되었다.[17]

이광수도 새로 쓴 「허생전」에서 박지원의 허생을 남조선 사상의 구현자, 즉 경국제민의 메시아로 재해석했다. 조선 후기의 설화가 근대 소설가의 소설 속으로까지 반영된 것이다. 허생이 공도空島를 이상향으로 설정한 것도 이광수의 시각에 의하면 톨스토이의 무정부주의적인 마을공동체이다. 그는 허생을 통해 남조선이라는 한국적인 아나키 유토피아를 설정하려고 했던 것이다.

> 어기여차 어기혀라
> 어기여차 닻 감아라
> 수로 만리 남조선에
> 사시장춘 꽃 핀다네

뱃사공들의 노가櫓歌는 이광수 시대에도 두루 불렸으리라고 생각된다. 강남은 소국과민의 이상을 실현할 수 있는 낙토인 남조선, 즉 그 무정부적인 대동 사회인 것이다. 내 땅 네 땅의 경계를 없애면서 마을 사람 전체가 공동의 소유자가 되는 것은 이미 오래전부터 제안된 개념들이었다. 정약용의 여전제閭田制, 푸르동의 상호 자립의 연합주의, 크로포트킨의 상호부조

---

17 서인석, 「민중 설화에 나타난 유토피아 의식」, 『문예미학』 제7호, 2000. 11, 119면, 재인.

론 등이 이것에 포함되는 것은 두말할 나위가 없다.

강남으로 가자
거기는 내 어버이 밭 갈고 길쌈하시는 곳
봄이 오면 뒷산에 올라
두견꽃 따서 입에 물고
어깨동무하고 뛰놀던 곳

거기는 우리 형이나 돌아오면
논밭 주어 농사를 배우게 하겠다는 곳
여름이면 뜰 앞에 석류꽃 피어 흐드러지고
앞들 밭이랑에서
참외 냄새 그윽이 풍겨오는 곳

거기는 내 누이가 농부의 아낙이 되어
어렵지 않게 살아가는 곳
가을이면 풍성한 오곡백과를 거두어
누이와 웃으며 돌아오던
아 그 호젓한 들길을 어찌 잊으리?

– 「강남으로 가자」 부분[18]

이 인용시는 해방 직후인 1947년에 발표된 정진업의 「강남으로 가자」

18 박태일 엮음, 『정진업전집』, 세종출판사, 2006, 14면.

전 6연 중에서도 앞 부분에 해당하는 세 연이다. 김형원의 「그리운 강남」과 호응이 될 만한 시다. 이 시에서의 강남은 가족 공동체의 낙원 공간으로 설정되어 있다. 우선 강남은 세 가지 정도의 의미가 부여된다. 첫째는 시인 정진업의 고향 예찬일 경우다. 해방이 되고 나라의 주권도 찾았으니 고향에서 이제 가족들과 더불어 행복하게 살 수 있다는 희망의 발로. 정진업의 고향은 풍요의 상징인 김해이다. 김해는 19세기까지 강남으로 지칭되기도 했다. 낙동강의 남쪽이란 뜻이 담긴 김해, 즉 강남에 대한 언표는 19세기 중엽의 김해 기생 시인인 강담운의 한시에도 나오는 말이다. 둘째는 원시 공동체 사회주의 공동체에서 발생하는 낙원 의식과 관련된 것. 새나라 건설과 관련해 논밭의 평등한 주인이 되어 노동의 즐거움과 풍요로움을 맛본다는 내용이다.[19] 마지막으로 세 번째는 「그리운 강남」처럼 남조선 사상의 변형으로서 아나키즘 낙원관의 소산으로 보는 방식이다. 물론 나의 생각은 여기에 해당한다. 환경문명사의 입장에서 볼 때 '따뜻한 남쪽 나라'는 풍요롭고 온화한 낙토로 간주하는 경향이 있었다.[20] 정진업이 훗날 허버트 리드의 『시와 아나키즘』을 번역할 만큼 아나키즘에 관심을 두었다는 것도 세 번째의 관점에 힘을 실어 주는 게 아닌가 한다.

신동엽의 서사시 「금강」은 노동의 신성성과 차별 없는 무계급 사회의 건설이라는 아나키즘의 경세관과 밀접하게 관련을 맺는다. 신동엽은 동학혁명을 통해 역사적으로 현재화顯在化될 수 있는 아나키즘 사상이 민중의

---

19 김경복, 『시의 운명과 혼의 형식』, 천년의시작, 2010, 347면.

20 영화의 내용에서 한 예를 든다. 뉴 아메리카 영화 「미드나잇 카우보이」(1969)는 존 슐레진저에 의해 연출된 소위 버디(buddy) 영화이다. 뉴욕에서 매혈과 좀도둑으로 연명하는 조와 리코의 얘기다. 더스틴 호프만이 분한 리코는 장애자로서 추위와 굶주림에 고통받을 때마다 '따뜻한 남쪽 나라' 플로리다를 유토피아로 생각한다. 리코는 햇살 부서지는 플로리다 해변에서 다리를 절지 않고 뛰어다니는 자기 모습을 환상으로 떠올린다. 결국 병이 든 그가 플로리다행 버스에 오른다. 그리고는 버스 안에서 숨을 거둔다.

자발성과 역사의 동력을 이끌어내면서 1960년대의 시대사적인 의미와 가치를 부여할 수 있다고 확신하게 되었던 것이다. 시인의 자유로운 상상력이 아니고선 접근하기 힘든 정치적 낭만의 이상주의라고 할까? 아나키즘 시운동은 이처럼 그윽하게 내면화되면서 하나의 작은 흐름을 획득하고 있었다고나 할까?

> 반도는
> 평화한 두레와 평등한 분배의
> 무정부 마을
> 능력에 따라 일하고
> 필요에 따라 분배,
> 그 위의 청춘들의 축제가 자라났다.
> 우리에게도 생활의 시대는 있었다.[21]
>
> – 신동엽 「금강」 부분

신동엽의 「금강」 제6장이다. 그가 꿈꾸는 진정한 이상 사회의 모델은 무정부 마을이다. 그것은 다분히 마르크스주의의 원시 공동체 가설을 그대로 도습한 것이다.[22] 이것이 제16장에 이르면 더 상세화되고 구체화된다.

> 백성들만의 지상낙원,
> 손에 흙 묻혀 일하는 사람들만의
> 꽃밭.

21 신동엽, 『금강』, 창작과비평사, 1989, 27~28면.

22 유종호, 『서정적 진실을 찾아서』, 민음사, 2001, 120~121면, 참고.

정권 없는,
통치자 없는,
정부 없는

농민들만의 세상, 이상사회,
우리들 손으로 이룩할
책임,
우리가 업어야 합니다.[23]

– 신동엽 「금강」 부분

이 서사시에는 역사적인 인물 전봉준과 허구적인 인물 신하늬가 주인공으로 등장하고 있다. 신하늬는 시인의 자기상을 투사한 결과이다. 문학평론가 유종호는 아나키즘의 색채를 띠는 신하늬의 혁명적 낭만주의가 전봉준을 넘어서는 선지자의 형안으로 묘사되고 있다고 보고 있다.[24] 그러나 유종호는 소외 없고 착취 없는 원시 공동체에서 시작하는 거대담론에 대해서 회의적인 소견을 밝히면서 다음과 같이 신동엽의 시적 아나키즘이 갖는 현실적인 한계를 지적하고 있다.

> 그는 뒤돌아보는 예언자로 임했지만 많은 동시대인들과 같이 역사의 행방을 알아차리지 못하였다. 외세를 물리치고 농본주의적 전원국가를 건설하려던다는 동남아시아 약소국의 혁명적 실험이 참담하고 황당한 인간 도살극으로 끝나는 것을 다행히도 그는 보지 못했다.[25]

---

23 신동엽, 앞의 책, 118~119면.
24 유종호, 앞의 책, 125면, 참고.

신동엽의 서사시 「금강」이 지닌 낙원관을 매우 예리하게 지적하고 있다. 사회주의자들이 말하는 낙원관과 아나키스트들이 말하는 낙원관은 원시 공산제共産制 공동체라는 원형으로 소급된다. 그러나 두 사상이 낙원관의 차이로 인해 분열된 양상을 보였다는 사실은 문학 쪽에선 그다지 중요하지 않다. 이에 대한 객관적인 해답은 사회과학자들의 학문적인 몫이 아닌가 싶다.

앞에서 얘기했듯이, 아나키즘의 사상적인 영향을 입은 시인들은 대체로 동양적인 무정부 이상 사회인 소국과민小國寡民을 지향하고 있다. 그런데 여기에서 짚고 넘어가야 할 사실이 있다. 노자老子의 국가관인 '소국과민'의 축자적인 의미는 '나라의 크기를 작게 하고 백성의 수를 적게 하라'로 해석된다. 그러나 이것의 또 다른 의미는 '(큰 나라를 다스릴지라도) 나라를 작다고 생각하고 백성을 적다고 생각한다'는 것. 그렇다면 영토가 작고 백성이 적은 나라가 반드시 이상 사회가 아니라는 것. 노자의 국가관을 두고 어떤 이는 무정부적이라고 하기도 하고, 어떤 이는 그렇지 않다고 말하는 이유다.[26]

4. 시적 아나키의 낙원 : 유치환과 이윤택의 경우

청마 유치환이 초기에 아나키즘의 영향을 받았다는 주장들이 뒤늦게 나와 활발하게 논의되어 오고 있는 것은 주목할 만한 일이다. 유치진·치환·치상 세 형제가 1920년대에 일본에서 공부할 때 로망 롤랑, 크로포트

25 같은 책, 129면.

26 오상무, 「'노자'의 이상사회 재고」, 한국정치사상학회, 앞의 책, 88~99면, 참고.

킨, 오스기 사카에大杉榮 등의 사상에 영향을 받았다는 데서 얘깃거리가 비롯된다.[27] 아나키즘의 실천적 행동은 막내인 치상의 몫이었다고 한다. 이 말은 세 형제가 모두 아나키즘의 사상적인 영향을 받았지만 첫째와 둘째는 아나키즘 동반자였고, 오로지 막내만이 유일하게 아나키스트였다는 얘기가 된다. 유치환이 귀국하여 동인지 『소제부』와 『생리』에 시를 발표할 때 문학사상의 배경이 된 아나키즘과의 관련성 문제는 그의 시를 논할 때마다 이제 간과될 수 없는 사안이 되기도 한다.

> 아나키즘이 가지고 있는 의지적이고 자주적인 인간형의 모색과 주체적 삶에 대한 강렬한 염원이 현실과의 갈등 속에서 좌절되고 이러한 좌절과 극복에의 의지가 바로 유치환 초기 문학의 전체 주제를 이루고 있다고 할 수 있는데 이를 인정한다면 청마 문학의 사상적 배경은 30년대 후에야 수용되기 시작하는 '생철학'보다는 적어도 초기시의 경우에는 아나키즘의 영향이 더욱 결정적이라 할 수 있다.[28]

현존하는 세계에 대한 두 시인의 자기 인식은 공통적으로 폐허에의 응시이다. 질서의 해체, 황폐한 세상은 아나키의 또 다른 이름이기도 하다. 통제될 수도 없고 통치되지도 않는 아나키는 도시를 폐허로 만든다. 폐허란 것의 의미는 국가 권력에 대한 성찰로서의 무정부 상태를 의미하는 것,

---

27 유치진의 경우에 일본 유학 중에 그의 동지였던 통영 출신의 정찬진은 계림장鷄林莊이라는 아나키스트 모임의 대표적 구성원이었고, 그의 아우 치상도 여기에 속해 있었다. 또 그는 1922년에 방학으로 귀국했을 때 아나키즘의 경향이 농후한 토성회土聲會에 가담했다. 이 무렵 그는 오스기 사카에가 번역한 로망 롤랑의 「민중예술론」에 감화되었다.(윤진현, 「유치진과 아나키즘」, 민족문학사연구소, 『민족문학사연구』 제6호, 창작과비평사, 1994, 157면, 참고.)

28 이미경, 「유치환과 아나키즘」, 『한국학보』, 2000. 겨울, 191면.

혹은 아나키즘의 존재 기반이 되는 것이다. 폐허를 응시하라. 지금도 많이 쓰는 말이다.

어느덧 눈 내리는 도읍이여
풀풀 나는 눈 속에 떨고 섰는 예 성문이여 준봉이여
거리에는 사람 엷은 도읍이여
봄 없는 나라여
죽음의-일체 망각의 위에 떠오른
-늘 눈 내리는 폐허여

- 유치환 「봄 없는 나라여」 전문[29]

1930년에 발표한 인용시 「봄 없는 나라여」는 근래 새로 발굴된 것이다. 이 시에서 보듯이 유치환은 현실에 매우 부정적으로 반응하고 있다. 그의 초기시가 허무주의적인 경향을 띠고 있다는 사실을, 이 시를 통해 확인해 볼 수 있다. 아나키즘과 니힐리즘의 사상적 근접성은 이미 잘 알려진 바 있거니와, 그의 시가 향후 니체주의적인 허무 의지 내지 노장老莊의 무욕의 경지 등을 보여 주게 된 것도 초기적인 허무주의 성향과 무관하지 않으리라고 여겨진다.

유치환의 시세계를 가리켜 흔히 허무에의 의지라고 말한다. 이때 말하는 허무는 덧없음이나 서양의 개념인 니힐(nihil)이 아니라, 사물에 대한 얽매임이 없이 욕심을 비워내는, 이른바 허정무위虛靜無爲의 세계이다. 허무가 허정무위의 준말이라면, 이 허무는 다름 아니라 무정부주의와 노장사

29 박철석 편, 『새 발굴 청마 유치환의 시와 산문』, 열음사, 1997, 60면.

상이 서로 만난 것의 결과이다.

우리는 여기를 떠나지 않기로 했다
형들이 뛰쳐나간 學舍 한 모서리 추위에 떨며 화학방정식을 풀었고
형들이 남기고 간 공책－미증유의 분노로 휘갈겨 쓴 고백체 필서
남은 부분에 소프트웨어 회로를 그려 넣기도 하고
시험에 잘 나오는 定言 삼단논법이랑 〈잉여기생계층이 경제에 미치는 분배 불평등지수〉를 수치로 계산해 보기도 했다
우리는 형들이 찾아나선 율도국이 어느 위도상에 있는지 모른다
간혹 다리를 절며 學舍 근처 술집에 나타나 무용담을 털어놓거나
아직 소식이 없는 형들의 행방에 대해 관심이 없다
(……)
최신 정밀장비를 갖춘 우리는 이 땅의 안개와 살 섞으며
위장된 평화까지 접수하면서
밑에서부터 기둥뿌리 하나씩 갉아먹을 것
아버지의 식민지 체질은 철거시킬 것
형들의 율도국 사상도 폐기처분
우리의 율도국은 마라도 남쪽 이하에는 존재하지 않는다

－ 이윤택 「우리들의 學舍 위에 세울 새로운 도시」 부분[30]

이윤택은 한때 아나키즘의 사상적인 영향권에 뚜렷이 놓여 있었던 시인이다. 이윤택의 시 「우리들의 학사學舍 위에 세울 새로운 도시」는 그의 아

30 이윤택, 『나는 차라리 황야이고 싶다』, 북인, 2007, 51～52면.

나키즘의 사상적인 영향이 잘 드러나고 있는 시편이다. 그가 말하는 학사란, 기존의 권위를 상징하는 온갖 지식 체계를 말한다. 학사를 누르면서 그 위에 세워야 할 도시는 무정부 신도시이다. 이 시에서 시인은 세대 간의 단절을 극심하게 요구하고 있다. 율도국이란 표현이 마치 남조선을 말하는 것 같은 느낌이 있어서 재미가 있다.

우리 시의 아나키즘에로의 경사 현상이 1980년대에 이르면 이윤택의 경우를 뺄 수 없다. 그에게 부여된 대중적인 이미지가, (중앙일보 기자였다가 이제는 전설적인 요절 시인이 된 기형도가 부여한 별칭인) '문화 게릴라'인 것도 그 사실과 무관하지 않다. 그에게 있어서의 아나키즘은 전방위적인 문화 실천이며, 그의 아나키 낙원 공동체는 문화 실천의 현장인지도 모른다.[31]

유치환과 이윤택은 세대를 건너뛴 시인이다.

두 시인은 모두 '돌멩이'의 소재를 통해 자기 각성, 함묵, 돌진, 폭력성 등의 이미지를 빚고 있다. 초창기 아나키즘(적) 시인으로 일컬어진 석송 김형원이 「작은 돌의 노래」에서 "나는 돌이다. (……) 나의 이름은 작은 돌이라 한다."라고 노래한 이래 유치환과 이윤택 모두 돌멩이를 시의 소재로 수용하고 있다.

> 불타는 듯한 精力에 넘치는 七月달 한낮에
> 가만히 흐르는 이 靜寂이여.
>
> 마당가에 굴러있는 한 적다란 在存ㅡ
> 내려 쪼이는 단양 아래 點點히 쪼꾸린 적은 돌멩이여.

---

31 문학평론가 김경복이 한국의 문학적 아나키스트 4인방으로 신채호, 신동엽, 김산하와 함께 이윤택을 지목했다고 하는 보도가 있었다.(파이낸셜뉴스, 2012. 3. 15.)

(……)

그러나 지금은 한낮, 그림자도 없이
불타는 단양 아래 쪼꾸려
하이얀 하이얀 꿈에 싸였나니
적은 돌멩이여, 오오 나의 넋이여.

– 유치환 「정적」 부분[32]

이 지상낙원의 서울
종로에 사과나무를 심고 을지로에 감나무를 심어보자는 희망 뒤에
화약고를 심고 도화선을 묻어
생생한 지옥도를 펼쳐 보이리라
돌격
정부에서 심은 사과나무가 정연하게 도열한 종로
우리들 출근을 막고 있는 르망–액셀–콩코드 자가 운전자 행렬과
사과탄이 펑펑 터지는 플래카드 사이
온몸으로 뛰어드는 짱돌이 되리라
식민도시 아나키스트, 만세!

– 이윤택 「새로운 전도사가 입성하여 · 1 – 베이스 캠프」 부분 [33]

유치환의 인용시는 1931년 12월, 『문예월간』에 발표한 그의 등단작이다. 작은 돌멩이에 자신의 모습을 투사하고 있다. 이윤택의 인용시는 김경복의

32 남송우 엮음, 『청마 유치환 전집』, 국학자료원, 2008, 64면.
33 이윤택, 『막연한 기대와 몽상에 대한 반역』, 세계사, 1989, 63면.

말마따나 지배 이데올로기의 허상을 부수는 진정한 자유인으로서의 반체제적, 파괴적 아나키스트의 모습을 그리고 있다.[34] 그는 아나키즘 시에 관한 한 다소간 미학적인 완성도를 높이고 있다. 김형원에서 비롯된 '돌멩이'의 이미지가 아나키즘에 경도된 유치환의 초기시를 거쳐, 이윤택의 시에서도 모티프로 되풀이되는 것은 흥미롭고도 의미심장하다.[35]

이윤택의 인용된 시는 대중가요를 패러디함으로써, 1980년대의 가투街鬪상황을 생생하게 묘파하고 있다. 이윤택의 시는 앞 세대의 아나키즘 시인들에 비해 시적 수준을 한껏 드높이고 있으나, 여기에 사상적인 절실함이 배어 있지 않다. 그 자신이 결코 아나키스트가 아니기 때문이다. 아나키스트가 아닌 시인이 아나키즘을 동경하거나 선망하면서 쓴 시라고 해도 좋을 것이다. 다만, 인위적인 시어보다는 평범한 일상어의 사용, 상품명이나 지명·인명의 직접적인 도입, 사회적 상징의 노출 등을 지향하는 오늘날 아나키즘 시학[36]과 비슷하게 연결되고 있다는 사실은 의미 있는 것으로 받아들여진다.

그런데, 유치환과 이윤택이 아나키즘의 사상적인 영향을 받으면서 그 낙원 의식에 있어서는 서로 대조적인 성격을 보여 주고 있다. 이를테면 유치환의 「고대용시도古代龍市圖」와 이윤택의 「밀양密陽」에서 아나키 공동체의 낙원 의식이 알게 모르게 엿보인다. 유치환은 그림을 통해 자신의 유토피아를 찾으려 했고, 이윤택은 문화 실천의 현장에서 이를 경험하고자 했던 것이다.

34 김경복, 「부정과 저항으로서 한국 아나키즘 시」, 앞의 책, 204면.

35 돌은 변화, 부패, 죽음의 법칙에 종속되는 생물들과 대립되는 세계를 암시한다. 그리고 그것은 통일성과 강한 힘을 상징한다. 돌이 방황하는 사고와 대립하면서 정신과 욕망을 고정시킨다.(이승훈 편저, 『문학상징사전』, 고려원, 1995, 139면, 참고.)

36 박연규, 「아나키즘 시의 미학과 상징」, 구승희 외, 『아나키·환경·공동체』, 모색, 1996, 269~271면, 참고.

아아 이 輝煌한 霹靂 사이를 사람들은 사람들로
호사롭게 더불은 鳳凰을 어깨에 얹은이
봉의 눈 나룻 푸른 젊은이
나부끼는 흰 눈썹에 童顔의 늙은이
모두가 모두 늠늠한 가운데 悠然히 옷자락을 끌고
지나치면 공손히 읍하고
어깨 치며 호탕한 웃음도 섞어
사나운 짐승을 꾸짖어 간색하고 흥정하는
구름 같이 펼쳐진 이 저자의 변두리엔 또한
繡緞을 드리운 즐비한 장사치의 장막에서 오르는
화려한 彩色 자주빛 연기에 풍악 소리 계집들의 歡待의 웃음소리
수많은 구경꾼 건달들과 어울려
古代의 기나긴 하루 해가 저물도록 이 龍市는
純爛한 畵幅처럼 겨울 줄도 모르고 아득히 殷盛하는 것이었다

– 유치환 「古代龍市圖」 부분[37]

유치환의 「고대용시도」는 그의 시집 『울릉도』(1948)에 실려 있다. '고대용시도'는 시인이 마음속에 그린 상상도이다. 이 시에 관한 비교적 자상한 자작시 해설이 있다. 현실의 시골 장터에 쇠장, 즉 우시장이 있듯이 그는 먼 옛날에 용을 사고파는 가축용이 있었을 거라고 상상하는 데서 이 시는 비롯한다. 삼신산 아래 펼쳐진 만리벌에 짐승과 초목이 사람과 대화를 나누며 정부는 따로 없고, 소위 '우주적인 대의사大意思'로 교통하는 삶이 있어 시인은 이를 두고 "오늘날 우리 인간의 꾀죄죄하고 인색한 푼수로서는 상

37 남송우 엮음, 앞의 책, 191~192면.

상도 못 미칠 경이"라고 말한다.[38] 즉, 용시는 천지인이 상호부조의 이념으로 살아가는 낙토이다. 적자생존이 있을 리 없는 아나키 낙원의 세상이다.

> 비밀스런 양지 언덕배기 농가 한 채쯤 마련하고
> 세상 밖의 동생들에게 편지를 쓰고 싶다
> 너희들이 몰라볼 만큼 커서 내가 세운 집을 헐고 눈부신 도시를 세웠으니
> 立春大吉의 글을 보낸다
> 그러나, 세상살이에 삐치거나
> 패가망신의 기운이 감돌거든
> 식솔을 이끌고 내려와 안식년을 보내거라
> 녹색 연못에 몸 담그고 물장구치면서
> 물그림자에 흔들리는
> 세상과 거리를 느껴 보자꾸나
>
> 언제든 떠나라면
> 훌 털고 갈 수 있는 비밀스런 양지
> 그런 기댈 언덕 있어야
>
> 나른한 봄날을 허락하지 않으리
>
> — 이윤택 「密陽」 전문[39]

이윤택의 「밀양密陽」은 그의 무정부주의적인 낙원관이 잘 나타나 있는

38 김광섭 외, 『(50인자작시와 그 에세이) 이삭을 주을 때』, 창우사, 1966, 82~84면.
39 이윤택, 『나는 차라리 황야이고 싶다』, 앞의 책, 132면.

시편이다. 자신의 낙원을, 그는 현실에서 찾았다. 그는 경상남도 밀양에 문화 실천의 현장인 연극촌을 세웠다. 그가 지도하는 연극촌의 배우들은 원시 공동체와 같은 사회를 이루고 있다. 그들의 연기 행위는 바로 아나키 행위예술과 같은 것. 비밀스런 양지와도 같은 곳, 밀양은 지역문화에 있어서 탈중심적인 변방의 공간이다. 이윤택이 주도하는 그들의 연극은 거대 자본 메커니즘에 저항하는 추상적인 자유 낙원의 표상이다.

5. 아방가르드 영향권 속의 시적 아나키 현상

비교적 최근에 발표된 논문 가운데, 의미의 정부(정보)가 부재하는 미적 상태를 가리키는 '시적 아나키'라는 키워드를 사용한 연구자가 있다. 그의 논문에서는 한국시의 시적 아나키가, 이상李箱에서부터 비롯하여 김춘수의 무의미 시(학)에서 완성이 되었다는 것이다. 나도 이에 크게 공감하는 입장에 있다. 이상의 시 특히 희대의 문제작이었던 연작시 「오감도」는 중심적인 의미(의도)가 확정되지 않는 아나키의 다양한 양상을 드러낸다.[40] 다음에 인용된 시는 의미의 중심을 설정하지 않으려는 의도가 다른 것보다 더 강하게 드러난다[41]

때묻은빨래조각이한뭉덩이空中으로날라떨어진다. 그것은흰비둘기떼다. 이손바닥만한한조각하늘저편에戰爭이끝나고平和가왔다는宣傳이다. 한무더기비둘기의떼가깃에묻은때를씻는다. 이손바닥만한하늘이편에방망이로흰비둘기의

40 진수미, 「한국시와 시적 아나키」, 『우리말글』 제42호, 우리말글학회, 2008, 259면, 참고.
41 같은 책, 261면, 참고.

떼를때려죽이는不潔한戰爭이始作된다. 空氣에숯검정이가지저분하게묻으면흰비둘기의떼는또한번손바닥만한하늘저편으로날아간다.

– 이상 「詩第十二號」 전문[42]

이 시는 빨래하는 광경을 소재로 한 초현실주의 시다. 널어놓은 빨래는 평화요, 빨래 방망이질은 전쟁이다. 이 시가 시적 아나키의 상태에 있다면 아나키즘과는 관계가 없을까? 굳이 말하자면 이 시는 평화주의적 아나키즘을 연상하게 한다. 평화주의와 아나키즘은 개인에 대한 일체의 지배와 예속을 거부한다는 점에서 자연스럽게 연상되는 관계를 맺고 있다. 이상에게도 아나키스트적인 면모가 있을까? 이 물음은 지금으로서는 미완의 과제다.[43] 다만 앞의 시를 볼 때, 오늘날 외국의 신세대 아나키스트들이 행하는 축제적 퍼포먼스로서의 반어적인 폭력 행위, 즉 달걀 던지기, 돈 찢기, 물총 쏘기 등을 연상시킨다.

초현실주의와 아나키즘은 저항 정신이란 유사성을 가진다. 제 아무리 기존 질서에 순응하는 문인이라 할지라도, 사유는 본질적으로 부정의 경향을 띤다. 초현실주의의 가장 중요한 특성 중의 하나는 시와 혁명이 심층적으로 연결되는 지점을 자각하고 또 실현했다는 점이다. 시와 예술은 그 자체에서 혁명적이다. 앙드레 브로통에 따르면, 초현실주의가 처음으로 인정받은 것은 아나키즘의 검은 거울에서였다고 한다.[44]

---

42 이승훈 엮음, 『이상문학전집 (1)』, 문학사상사, 1991, 45면.

43 스페인 내전에 참전해 전사한 영국의 마르크스주의 비평가 크리스토퍼 코드웰(Christopher Caudwell, 1907~37)은 초현실주의를 최후의 부르주아 혁명가로 규정하면서, 이의 정치적인 성격을 두고 결론적으로 무정부주의라고 힘주어 말했다. 코드웰의 가설에 따르면, 이상도 아나키스트가 된다.(레나토 포지올리, 앞의 책, 149면, 참고.)

44 장 프레포지에, 앞의 책, 85~87면, 참고.

초현실주의를 낭만주의에 의해 표현된 영혼 상태의 극단적이고 필연적인 결과로 보았던[45] 허버트 리드는 영국의 시인이자 예술철학자였다. 그는 제1차 세계대전에 대위로서 참전했고, 당시 진보적인 지식인들이 그랬던 것처럼 볼셰비키 혁명에 매료됐다. 그러나 러시아 혁명정부의 일당 독재라는 권력집중화에 환멸을 느끼고 나서, 그의 사상은 아나키즘으로 돌아섰다. 그의 광범위한 예술에의 관심은 미학자로서의 입지를 단단히 다져 나아갔다. 그의 한국어판 번역서 『시와 아나키즘』(1983)은 서구인에 의한 아나키즘 예술론의 중요한 문헌이다. 이 책에 이런 표현이 나와 있어 주목되고 있다.

> 창조하기 위해서는 파괴가 필요한 것이다. 그래서 사회를 파괴하는 기폭자는 바로 시인이다. 나는 시인이 필연적인 아나키스트로서 우리가 과거부터 계승해 나왔을 뿐 아닌 미래의 이름 아래 인민에게 부과하려고 하는 국가에 대해서 모든 조직의 개념을 반대하지 않으면 안 된다. 이러한 뜻에서 파시즘과 마르크스주의 사이에 차별은 두지 않는다.[46]

허버트 리드에 의하면, 시인은 본질적으로 아나키스트이다. 정부와 국가가 표방하는 법과 질서로는 예술의 본질인 자유(freedom)를 구현하지 못한다. 예술은 본질적으로 자유라는 이름의 생물학적 본성을 지녔다. 허버트 리드의 『시와 아나키즘』에 의하면, 예술의 심오한 성질은 생물학적인 것이며, 자발적인 본능의 표현이며, 그 자체에 유용한 자유에 의거한다.[47] 모든

---

45 레나토 포지올리, 앞의 책, 81면, 참고.
46 H. 리이드, 정진업 역, 『시와 아나키즘』, 형설출판사, 1983, 26면.
47 같은 책, 269면, 참고.

살아 있는 전위예술은 본질적으로 불온하다고 한 김수영의 유명한 경구와 서로 맞닿는다. 김수영에게 있어서 풀이니 바람이니 하는 것의 시어도 자유의 생기, 자율의 생동에 다름 아니다. 다음은 김수영의 시 「풀」 일부를 따온 것이다.

풀이 눕는다
바람보다도 더 빨리 눕는다
바람보다도 더 빨리 울고
바람보다 먼저 일어난다.

– 김수영 「풀」 부분

풀이 민초(grassroots)로서 환원적으로 해석되는 것은 역사주의적 비평의 안목에 근거한 것이다. 좀 더 유연하게는 이 시를 일종의 자유로운 생명 현상으로 볼 수도 있다. 김수영의 시 「풀」을 아나키즘 시로 본 손진은의 견해를 이 대목에서 적절히 인용할 수 있다.

> 생물학적인 현상으로만 볼 때라도 최소한 식물이라는 식물에게도 우리가 질서 혹은 자발성이라고 부를 수 있는 '획일적인 것을 거부하려는' 생명의 몸짓 같은 것이 있다. 더 엄밀히 말하자면 생명의 확장에 대한 그들 나름의 형식이 있는 것이다. 아나키즘은 바로 이러한 사유체계를 가진 담론이다.[48]

김수영의 시 「풀」에서 보이는 풀의 상징성은 일종의 연성 권력이다. 억압

48 손진은, 『현대시의 미적 인식과 형상화 방식 연구』, 월인, 2003, 147면.

기구로 제도화된 국가 권력을 강성 권력이라고 한다면, 시민의 자발적인 행위로 존재하는 것은 연성 권력이다. 아나키스트들은 시민의 자발적인 행위로 존재하는 연성 권력을 추구한다.[49] 시민, 아나키스트 이전에 더 부드러운 것은 시이며, 또한 시인이다.

유치환이 생명의 원리와 대립되는 것, 예컨대 돌멩이, (잘려진 채 걸려 있는) 수首, 바위 등을 통해 생명의 원리를 고양한 것에 비해, 김수영은 자유로운 생명 현상에서 무정부적인 적의의 시선, 부정의 경향을 보여준다.

그런데 김수영과 대척적인 시세계를 가지고 있는 김춘수도 아나키즘적이다. 김수영이 내용 면에서 무정부적, 반정부적이라면, 김춘수의 시는 언어형식의 측면에서 그보다도 더 아나키적이다. 그의 이른바 무의미 시가 아나키의 미적 상태, 그 극한에 도달하면, '사바다는 사바다, 멕시코는 어디 있는가'(「처용단장 제2부」) 등과 같은 주문에 가까워진다.[50] 비교컨대, 김수영과 김춘수는 아방가르드와 아나키적인 영향권에 함께 놓여 있는 시인들이다.

> 안다르샤
> 잡풀들이 키대로 자라고
> 그들 곁에
> 머루다람쥐가 와서 엎드리고 드러눕고 한다. 그
> 머루다람쥐의 눈이 거짓말 같다고

---

49 김주성, 앞의 논문, 294면, 참고.

50 조향의 초현실주의 시는 의사소통과 무관한 언어를 지시한다. 조향의 산문시 「H씨의 呪文」은 무의미 시의 극단이다. 아무런 의미가 없는 이런 시를 음향시라고도 한다.

믿기지 않는다고
장군 후랑코가 불을 놨지만, 너
천사는 그슬리지 않는다.
안다르샤,
머나먼 서쪽
봄이 가고 여름이 와도 그러나
죽도화는 피지 않는다
피지 않는다

– 김춘수 「虛有 선생의 토르소」 전문[51]

김춘수의 인용시는 평소에 친분이 두터웠던 사람에 대한 추모의 시다. 허유 하기락은 우리나라 철학계의 거두이며 한국전쟁 후 절멸된 아나키즘의 맥을 이음으로써 현대 한국 아나키스트의 상징이 된 존재이다. 시인 유치환의 절친이기도 했으며, 시인 구상의 각별한 지인이었다. 안다르샤는 스페인의 안달루시아다. 1930년대 아나키즘의 본거지 내지 성지라고 말해진다. 안다르샤와 하기락의 사이에 존재한 의미화 과정의 재구성은 독자의 몫이다. 의미의 재구성이 완벽하게 되지 않는다고 보는 것이 맞다. 다만 김춘수의 무정부 낙원관이 하기락을 통해 얼핏, 희미하게 비칠 따름이다. 그의 시에는 박열의 부인인 가네코 후미코(金子文子)의 이름도 보인다. 그 자신이 아나키즘에 관심이 있었는지는 잘 알 수 없다.

51 김춘수, 『거울 속의 천사』, 민음사, 2001, 45면.

6. 앞으로의 전망을 위한 한마디

분단 상황으로 인해 한때 절멸된 것처럼 생각되었던 아나키즘은 아직도 살아 있는 사상이다. 더욱이 생태 환경의 상호부조를 실현하고자 하는 많은 사람들에게 매력적인 대안의 삶 의식을 기획할 수 있는 것으로 인지되고 있다. 아나키즘 시 역시 외국에서는 생태시와 긴밀하게 상호 관계를 맺고 있다.

본디 아나키즘이 반反권력의 행동주의를 내세웠기 때문에 과격한 것으로 인지되거나 모험적이고 몽상적인 것으로 왜곡되기도 했다. 1970년대 이후 유럽에서 아나키즘이 새로운 옷을 갈아입기 시작했는데, 그것은 비로소 이념적 가치보다는 공동체적 삶의 가치를 중시하기에 이르렀다. 1970년대 이후 아나키즘의 신사회 운동은 환경 운동, 여성 운동, 지역공동체 운동, 반핵 평화 운동 등과 함께 연계되면서 확장해 나아가고 있다.

오늘날에 있어서는 시인들이 관심을 두고 있는 것은 에코아나키즘이다. 이것은 생태 아나키즘이니, 녹색 아나키즘이라고 말해지고 있다. 생태계 파괴의 주범을 부富의 집중 탓으로 돌리며 탈집중화, 다양성, 자발성을 통해 생태계의 위기를 해결하려고 한다. 환경친화적인 공동체의 실현을 위해 아나키즘과 생태시의 연계 가능성은 앞으로 더욱 강화될 것이라고 전망된다. 그리고 여성 시인들의 입지가 강화되면서 여성 운동, 여성주의와 관련된 아나키즘 시의 부상도 미루어 짐작할 수 있다. 말하자면 아나코-페미니즘[52]에 관련된 시의 가능성 말이다. 김선우의 시에서 그 조짐이 엿보이고 있다.

---

52 아나코-페미니즘은 아나키즘과 여성주의가 결합한 개념이다. 이것은 권위적인 가부장제와 성차별을 반대하고 이를 제도적, 관습적으로 청산하려고 하는 새로운 아나키즘이다.

이 시점에서 아나키즘의 시와 시인이 왜 아직도 쓸모 있는가 하는 대답은 막바지로 인용된 다음의 글을 통해 성찰되어야 할 것이다. 왜냐하면 자본주의 사회의 천박함과 비속성卑俗性 속에 시가 매몰되지 않고 자존심을 굳게 지켜야 한다는 당위성 때문이기도 하다.

> 자연적 사회에서 문화란 생활과 분리되거나 구별되지 않았고 사회 단위가 커지면서 문화가 상업화되고, 수입, 수출되기 시작한다. 리드는 말한다. 그리스에선 문화란 말이 없었는데도 그들은 문화국민이었다. 환경주의자인 존 영(J. Young)은 말한다. 로마 시대엔 권리라는 말이 없었는데도 그들은 권리를 가졌다. 지금의 문화 구조 안에서의 상징은 자주 상품화되고, 산업사회의 첨병 역할을 하게 되며, 시 행위 자체를 제도화시켜 버린다. 자본의 부산물로서의 지금의 상징구조가 자연물에 대해 권위적, 계급적 우선권을 가지게 되는 것이다.[53]

본 연구는 한국 시와 아나키즘의 사상적 영향 관계와, 이와 관련된 낙원의 관점을 논의해 왔다. 아나키즘이 절대 공동체를 지향하는 자유의 철학이듯이, 아나키즘을 논의하는 지점에는 언제나 낙원 의식이 숨 쉬고 있다. 인간에게 유토피아란 무엇인가. 유토피아란, 중의적인 모호성 사이에 존재하고 있는 관념이다. 이에 관한 적절한 말을 인용해 본다.

> 독실한 가톨릭 신자였던 토마스 모어조차도, 유토피아에 대해서는 종교적 교조(教條)보다 사회적 체계에 많은 관심을 쏟았다. 모어는, 유토피아라는 말을 그리스의 어원에서 발췌해 만들었는데, 여기에는 '존재하지 않는 곳'이라는 뜻

---

53 구승회 외, 앞의 책, 264~265면, 참고.

의 '아우토피아(outopia)'와 '완전한 곳'이라는 뜻의 '에우토피아(eutopia)' 사이의 모호한 이중적 의미가 있었다.[54]

유토피아는 현실적으로 없는 곳이다. 「피터팬」의 '네버랜드'도 맥락이 비슷한 얘기다. 아나키즘은 현실주의 사상이기 때문에 현실에서 낙원을 건설해야 한다.

최근에 에코아나키즘에 관한 관심이 두드러지고 있다고 앞서 말한 바 있다. 아나키즘 문학에 가장 관심을 나타내고 있는 현장 비평가로 김경복을 꼽을 수 있는데, 그는 생태 아나키즘 시를 21세기 문학의 의의로 보면서, 김지하·이윤택·송재학·서림 등의 시인을 주목하였다.[55] 1930년대 아나키즘 시는 이미 제3의 대안적인 시의 사상이었다. 아나키스트 시인은 정치적으로 우파도 좌파도 아닌 (그렇다고 중도파도 아닌) 제3의 시인들이었다. 지금도 아나키즘에 공감하는 입장에 서 있는 시인들이 정치적으로는 세상을 넓게 보고, 분열하는 것을 통합적으로 아우르는 정신의 소유자로 남아 있어야 한다고 본다.

---

54 리처드 해리스, 손덕수 옮김, 『파라다이스』, 중명, 1999, 53면.

55 김경복, 『생태시와 넋의 언어』, 새미, 2003, 61면, 참고.

서랍 속의 불온시와 미완의 형이상
– 김수영과 신동엽에 대하여

1. 안타까운 꽃잎으로 진 참여시의 전설

1960년대의 문학은 주지하듯이 4·19로부터 주어진 것이다. 일종의 시민혁명과 같은 이것이 남긴 흥분과 좌절은 한국 사회의 민주화에 뚜렷하게 기여한 바가 크다고 해도 지나친 말이 아니다. 문학의 사회참여적인 기능에 대한 새로운 인식의 전환은 그것이 가져다 준 결과라고 해도 과언이 아니다. 그 시대의 참여시가 지닌 문학사적인 의미는, 매우 익숙한 관습적인 표현이 허용하는 한, 아무리 강조한다고 해도 결코 지나치지 않을 것이다.

1960년대의 참여시인 중에서 가장 대표적인 경우로 손꼽히는 사례는 세간에 잘 알려진 바와 같이 김수영(1921~1968)과 신동엽(1930~1969)이다. 이들이 그 시대에 이미 언어를 세공細工하는 데 마음을 쓰는 순수파적인 시인의 부류와 자신들을 차별화한 것이 사실이지만, 다음 세대의 비평가들은 이 두 사람이 마치 자기희생적인 참여시의 제단에 몸을 바친 것처럼 생각하는 경향이 있을 만큼 다소 과대포장하거나 각별하게 관심을 보여 준 것도 엄연한 사실인 듯하다. 특히 이렇게 보는 관점은 1970년대부터 일관되게 계승해 온 일종의 진영 논리가 아닌가 하는 의구심으로부터 자유롭지 못하다. 세칭 창비創批 계열로부터 시작되어 민작民作으로까지 이어져 온 현실주의 문학의 진영은 이 두 시인을 가리켜 1960년대의 대표적인 참여시인으로 간주하는 데 조금도 주저함이 없었고, 더 나아가 이들의 죽음 이후에 사회 현실에 참여하는 시인들에게 시적 전범의 표상으로 평가하는 데 전혀 미흡한 구석을 찾아볼 수 없는 적례로 인식되었다. 이들은 비교적 젊은 나이에 비슷한 시기에 세상을 떠났다. 만개하기 이전의 낙화가 대체로 그러하듯이, 비명의 죽음이 지닌 안타까움도 하나의 저편 전설의 차원으로 인격화하는 데 영향을 미쳤으리라고 짐작된다.

김수영과 신동엽.

이 두 사람의 시인은 나에게도 우리 시문학사에 매우 중요한 시인이라고 판단되고 있다. 하지만 나는 이 글을 통해 그들의 시적인 성취가 다소간 한쪽으로 치우친 진영 논리에 의해 (굳이 무절제하다거나 맹목적적이라고 할 수는 없지만) 좀 과대평가되어 오지는 않았는지에 관해 시와 사상에 대한 등가等價의 관점에서 살펴보려고 한다.

2. 김수영 : 살아 있는 시는 본질적으로 불온하다

김수영이 불의의 교통사고로 별세한 때는 1968년 6월 10일이었다. 그 몇 달 전에 그는 문학평론가 이어령과 조선일보를 통해 논쟁을 벌이고 있었다. 그는 이 논쟁을 통해 우리 문학사에서 인상 깊게 남아 있는 유명한 어록 하나를 남긴다. 문화의 불온성에 관한, 그의 진지하고도 심오한 경인

구驚人句이다. 이것은 두고두고 음미해도 새로운 느낌을 늘 불러일으키는 말이 아닌가 한다. 다음에 인용된 글은 김수영의 논쟁적인 산문인 「실험적인 문학과 정치적 자유」(조선일보, 1968. 2. 20)에서 따온 것이다.

> 모든 전위 문학은 불온하다. 그리고 모든 살아 있는 문화는 본질적으로 불온한 것이다. 그것은 두말할 것도 없이 문화의 본질이 꿈을 추구하는 것이고 불가능을 추구하는 것이기 때문이다.[1]

전위예술이란, 기존의 관념과 제도와 틀을 부정하는 혁신적인 의미의 예술인 아방가르드(avant-garde)를 뜻하는 개념이다. 이 가운데 전위 문학이 있다. 이는 영도적인 위치에 놓인 마르크스주의 문학이거나, 실험적으로 앞서가는 형식의 과격한 모더니즘 문학이거나 하는 것이다. 김수영은 영도적인 마르크스주의자도, 과격한 모더니스트도 아니다. 그는 시인으로서 정치적인 자유와 양심을 추구하는 리버럴한 소시민일 따름이다.

이어령과의 논쟁 과정에서 시의 불온성에 관한 문제가 확산된 것도 김수영의 문화의 본질적인 불온성을 둘러싼 그의 소신 있는 발언 때문이 아닌가 생각된다. 김수영은 「'불온'성에 대한 비과학적인 억측」(조선일보, 1968. 3. 26)이란 글을 통해, 이어령에게 자신의 뜻을 고의적으로 오해하고 있다고 정면으로 반박한다. 이른바 '서랍 속의 불온시'라는 실체 없는 것에 대한 공방은 한쪽의 입장에서 볼 때 그처럼 실체가 없기 때문에 원론적인 것과 추론적인 것의 대립으로 모아질 수밖에 없는 것이다.

1 김수영, 『퓨리턴의 초상』, 민음사, 1976, 58면.

> 불온하다는 의혹을 받을 수 있는 작품이기 때문에 발표를 꺼리고 있는 것이지, 나의 문학적인 이성으로는 추호도 불온하지 않다. 그러니까 이어령 씨는, 내가 불온하다고 보여질 우려가 있어서 발표하지 못하고 있는 작품을 '불온하다'고 낙인을 찍으려면, 우선 그 작품을 보고 나서 말을 해야 할 것이다. 그런데 그는 나의 불온하다고 '보여질 우려가 있는' 작품을 보지도 않고 '불온하다'로 비약을 해서 단정하고 있는 것이다. 이런 논법은 문학자의 논법이 아니라, 그가 말하는 '기관원'의 논법이다.[2]

이 글을 보아선, 김수영은 자신이 감추어 놓은 소위 '서랍 속의 불온시'를 함부로 추측해서 말하지 말라고 엄중하게 경고하고 있다. 그는 이어령이 자신의 사상이 불온하다고 의혹을 품고 있다는 사실을 먼저 간파하면서 역습을 가하고 있는 게 아닌가 하고 여겨진다. 어쨌든 두 사람 간에 문학 밖의 일이라고 생각해도 좋을 사상 논쟁 쪽으로 불이 옮겨질 듯한 순간에 이르러 논쟁은 마무리된다. 이른바 불온시를 둘러싼 이어령과 김수영의 논쟁에 관해 국문학자 김윤식은 최근에 문학사적인 의미를 다음과 같이 부여한 바 있다.

> 이 논쟁으로 이어령은 별로 얻은 것이 없었다. 뿐만 아니라 비평가로서의 그의 소임도 여기서 끝나게 된다. '저항의 문학'의 기수이며 이것에 그의 비평가적인 힘과 권위가 발휘되었다면 불온시 논쟁 이후 그는 적어도 그의 간판 격인 '저항의 문학'을 벗어났다. 뿐만 아니라 오히려 보수주의자로 후퇴한 형국을 빚어 놓았기에 그러하다. 이를 고비로 그는 저항의 문학비평가에서 문화인류학 에세이스트로 성큼 다가섰다. 그러나 김수영에 있어 이 논쟁은 그의 전위주의

2 같은 책, 63면.

적(아방가르드)인 뚜렷한 깃발을 잃는 대신 그의 시와 시론의 발전에 아주 새로운 진전을 가져왔다. 「시여, 침을 뱉어라」(1968. 4)가 그가 이른 최고 도달점이었다.[3]

불온시 논쟁으로, 1950년대에 저항문학을 주창했던 청년비평가 이어령의 보수주의적인 순수파로의 후퇴가 확인되었고, 시인 김수영은 저항과 참여의 진영에 놓인 문인·지식인 사회의 우상으로 떠올랐다.

그런데 불온시 논쟁이 마무리된 세 달 후에, 매우 유감스럽고도 안타깝게 김수영은 불귀의 객이 되었다. 불의의 교통사고를 당한 것이다.

김수영이 타계한 직후에 그 당시에 가장 영향력이 있었던 문학 저널인 『현대문학』 지誌에는 그에 관한 추모 특집이 있었다. 1968년 8월호였다. 최정희와 안수길의 회고담, 모윤숙의 추모시, 백낙청의 비평문으로 구성된 이 특집은 쉰 나이에도 미치지 못한 중견 작가로서는 다소 이례적인 대우를 한 것으로 판단된다. 백낙청이 쓴 추모 비평문 「김수영의 시세계」에서는 두 가지 사실에 각별히 의미를 부여하고 있다. 하나는 그의 시가 첫 시집인 『달나라의 장난』(1959)에서 보여 준 아름답고 개성 있는 소품들에서 출발하여 최근에는 이보다 훨씬 높고 견고한 자리를 차지했다는 것이며, 다른 하나는 그가 이미 이루어 놓은 작품만으로도 이 어려운 시대를 바르게 살아가려는 우리의 노력에 더없이 귀중한 길잡이가 되었다는 것이다. 백낙청은 김수영의 시가 절정기로 향해 활짝 피어 가는 중에 떨어지게 되었다는 점에서 아쉬움을 감추지 못하고 있거니와, 그의 시가 가지고 있는 당대의 영향력과 또 이것이 미친 파급 효과는 문학사적인 의미를 지니게 될 것이라는 자기 충족적인 예언을 드러내기도 한다. 어쨌든 백낙청의 희망대로 김수영은 사후에 얼마 동안 시정신의 아이콘이 되었다.

3 김윤식, 『문학사의 라이벌 의식』, 그린비, 2013, 93~94면.

그의 죽음이 시기적으로 40년이 흘렀을 때였다. 『창작과 비평』 2008년 여름호에 그의 40주기 특집호가 마련되었다. 이 특집에 김수영 미발표 유고(수고본)가 수록되었다는 것이 매우 의미 있게 다가왔다. 15편에 이르는 미발표시와 21일 분에 해당하는 일기문은 적지 않은 양이라고 생각된다. 그런데 놀라운 것은 「'김일성만세金日成萬歲'」와 「연꽃」은 당시의 가치 기준으로서는 정치적인 발언의 금도를 훨씬 넘어선 것이라고 하겠다. 그가 이어령과 논쟁할 때 거론된 소위 '서랍 속의 불온시'란 구체적으로 무엇을 가리키는지 알 수 없지만 이러한 유의 시를 두고 말하는 것이 아닐까 하고 충분히 짐작되는 것이다. 먼저 전자의 시 일부를 보자.

> '金日成萬歲'
> 韓國의 言論自由의 出發은 이것을
> 인정하는 데 있는데
>
> 이것만 인정하면 되는데
>
> 이것을 인정하지 않는 것이 韓國
> 言論의 自由라고 趙芝薰이란
> 詩人이 우겨대니
>
> 나는 잠이 올 수밖에

– 「'김일성만세'」 부분[4]

4 『창작과 비평』, 2008. 여름, 119면.

이 시는 김수영이 1960년 10월 6일에 쓴 시다. 이 시기는 4·19라는 민권의 승리로 인해 민주당 정부가 출범한 직후의 시기였다. 그의 일생 중에서 유례없이 언론자유가 실현되던 시기였다. 그럼에도 불구하고 '김일성만세'를 인정해 주어야만이 언론자유의 출발이 가능하다고 한다. 이 시기라면 인용시가 신문이나 잡지에 발표될 수 있는 정치적인 여건이 충분히 마련되었다고 보아야 할 것인데, 도리어 왜 발표되지 않았는지가 궁금하다. 시의 형식으로 된 정치적인 주의주장이라고 해도 좋을 듯하다. 인용된 부분은 형식적인 면에서 볼 때 반분半分의 구조에 해당한다. 유사한 표현이 거듭 되풀이되고 있을 뿐이다. 김수영은 이 시가 쓰인 비슷한 시기에 또 다른 불온시를 쓴다. 1961년 3월에 썼다는 「연꽃」이 바로 그것이다.

종이를 짤라내듯
긴장하지 말라구요
긴장하지 말라구요
社會主義 同志들
연꽃이 있지 않어
頭痛이 있지 않어
흙이 있지 않어
사랑이 있지 않어

–「연꽃」 부분[5]

이 시에서 가장 불온시되는 행인 '사회주의社會主義 동지同志들'은 세 차

5 같은 책, 120면.

례에 걸쳐 반복된다. 시편 「'김일성만세金日成萬歲'」가 제목부터가 대한민국 최대의 금기어이고, 시편 「연꽃」이 그에 필적하는 문제적인 시라는 것은 누구나 인정하는 바일 터이다.

김수영이 남긴 15편의 미발표 유고에 대한 해제에 해당하는 「제 모습 되살려야 할 김수영의 문학 세계」는 문학평론가 김명인에 의해 씌어졌다. 그는 두 편의 불온시에 관해 다소간 긍정적으로 옹호하고 평가하고 있다. 「'김일성만세'」에 관해서는 강한 금기성으로 말미암아 상당한 시적 울림을 갖는다고 했으며, 「연꽃」에 관해선 일종의 메시지라기보다 시대를 견디기 위한 스스로의 위안과 약속이라고 했다.[6] 그러면서도 그 역시 김수영이 '사회주의 동지들' 운운하는 것에 대해 잘 이해가 되지 않는다는 듯이 고개를 갸웃거리고 있다.

> 객관적으로 사회주의와의 관련성을 본다면 김수영은 기껏해야 씸퍼사이저(동조자)라고밖에 볼 수 없으며 굳이 말하자면 차라리 급진적 자유주의자라고 해야 하겠지만, 알 수 없는 일이다. 객관적으로 사회주의자라고 볼 수 없어도 주관적으로 사회주의자를 자처할 수도 있기 때문이다. 이 점 역시 앞으로 집중적인 연구가 필요한 부분이라고 할 수 있다.[7]

문학평론가 김명인 역시 이해할 수 없는 일로 보고 있는 김수영의 불온시는 어쨌거나 47, 8년 만에 세상에 공개된 것이다. 이어령이 말한 소위 '서랍 속의 불온시'가 이 두 편의 시를 가리키는 것인지 잘 알 수 없지만, 실상에 가깝게 접근하고 있는 것은 엄연한 사실이다.

6 같은 책, 168~169면, 참고.

7 같은 책, 169면.

세간의 사람들은 김수영이 과격한 리버럴리스트냐, 좌파 지식인이냐, 아니면 기회주의자이냐, 소신파의 일원이냐를 두고 하고 싶은 말들이 적지 않을 것이다. 시와 사상의 맥락에서 한 시인의 시적인 생애를 평가하는 데 있어서 사상이 정치적인 판단과 견해에 치우치게 되는 것도 평론가들이 일쑤 시인을 편협하게 바라보는 부정적인 결과를 빚고는 한다.

요컨대, 김수영의 불온시에 관해서라면 이 시점에서 정치적인 강박强迫의 규정보다는 김수영의 그것이 어느 정도 시적인 공감대 형성, 내지 심미적인 기대 지평의 충족을 실현해 주느냐 하는 문제를, 오늘날의 우리가 되짚어 보아야 할 것 같다. 이런 점에서 볼 때 진영 논리에서 자유롭지 못한 김명인의, 그의 불온시에 대한 긍정적인 평판이 좀더 시기적으로 유보되어야 하지 않느냐 하는 것이 나의 조심스런 비평적인 소견일 따름이다.

3. 신동엽 : 소박한 도식주의 역사관이 투영된 시

시인 신동엽은 1959년에 조선일보 신춘현상문예작품의 시부문에 공모하여 가작으로 입선했다. 입선작은 그의 등단작이기도 한 「이야기하는 쟁기꾼의 대지」였다. 그는 의욕을 가지고 「진달래 산천」(조선일보, 1959. 3. 24)을 발표했지만 "기다리다 지친 사람들은 / 산으로 갔어요."라는 표현이 불온성과 용공의 시빗거리가 되어 일찍부터 좌절을 겪는다.

신동엽 역시 김수영의 경우처럼 시의 언어형식적인 측면보다는 그 사상성의 측면에 기대는 감이 있었다. 그는 오해의 소지가 있는 사상이란 낱말보다는 이를 다르게 표현하였다. 그는 김수영을 두고 "하늘 아래 맑게 티어 올라간 한 그루의 정신인精神人"이라고 평가했고, 그의 일부 시가 "예지와 뛰어난 감성의 숨결이 우리들에게 영원과 허무와 종교적인 경건을 느끼게 한다."라고 밝혔으며, 그가 죽은 다음에는 "한반도는 오직 한 사람밖에 없는, 어두운 시대의 위대한 증인을 잃었다."라고 추모해 마지않았다.[8] 신동엽은 사상을 가리켜 정신, 예지, 종교적인 경건(성), 위대한 증언임을 시사하고 있다. 그에 의하면, 김수영은 시인이기보다는 차라리 사상가, 즉 시대의 증인이었다. 그 역시 시인-사상가로서 삶을 향유하기를 바라 마지않았던 것이다. 따라서 그의 시는 사상의 압도적인 상대 가치로 인해 언어에 대한 배려가 부족한 듯싶다.

초가을, 머리에 손가락 빗질하며
南山에 올랐다.
八角亭에서 장안을 굽어보다가
갑자기 보리씨가 뿌리고 싶어졌다.
저 고층건물들을 갈아엎고 그 광활한 땅에
곡식들이 사시사철 물결칠 것이랴.

서울 사람들은
벼락이 무서워
避雷塔을 높이 올리고 산다.

내일이라도 한강 다리만 끊어 놓으면
열흘도 못가 굶어죽을
特別市民들은

8 성민엽 편저, 『신동엽』, 문학세계사, 1992, 221~222면, 참고.

과연 盲目技能者이어선가

稻熱病藥광고며, 肥料광고며

신문을 내놓고 점잖다.

-「서울」 부분[9]

신동엽의 시 「서울」은 1969년에 『상황』 지誌 창간호에 발표된 작품이다. 즉 그가 타계하던 해이니까 말기의 작품에 해당한다. 이 시의 내용을 살펴보자면, 시인의 시대착오적인 생각의 틀이 과연 옳은 것인지 하는 의구심이 들게 하기에 충분한 것이다. 김수영이 시민적인 자유의 이상을 향해 나아간 것과 달리, 신동엽은 산업 사회와 도회지 문명에 대한 전근대적인 아나키와 역경力耕의 신념을 제시한다. 생각의 틀도 그렇지만, 문제는 언어의 품격도 보다시피 가림새 없이 그악하다는 점이다. 김수영과 신동엽이 시를 표기하는 데 국한문혼용체를 적잖이 이용하고 있는 것을 보면 서로 간에 난형난제이다. 언어형식이 사상과 주견에 굴종된 1960년대의 사례가 이들로부터 확인되는 것은 그다지 어렵지 않다.

신동엽의 문명비판적인 사상의 근저에 그 나름의 역사관이 놓여 있다.

그의 등단작인 장시 「이야기하는 쟁기꾼의 대지」에는 이미 그의 독창적인 반反문명적인 사관이 담겨 있다. 무소유의 정신에서 비롯된 원시주의적인 아나키로부터 역사에는 소유와 문명의 관념이 축적되어 간다는 것. 이 시의 제1화 부분에 "지금에까지 와 있는 歷史의 重量이여. 당신의 보따리 속에도 人口며 民蟲이며 傳統이며 文明이며 모두 다 한데 뭉쳐 머리에 이고……"[10]가 나오는데, 그 사실을 잘 말해 주고 있는 부분이라고 하겠다. 그

9 『신동엽전집』, 창작과비평사, 1975, 90면.

10 신동엽의 시는 원간原刊의 상태와 전집에 실려 있는 것이 서로 어긋난 것이 적지 않다. 그

의 시세계를 형성하는 데 적잖이 기여한 자신의 역사관은 문명비판적인 에세이 「시인정신론」(자유문학, 1961. 2)에 잘 나타나 있다.

> 잔잔한 해변을 원수성(原數性) 세계라 부르자 하면, 파도가 일어 공중에 솟구치는 물방울의 세계는 차수성(次數性) 세계가 된다고 하고, 다시 물결이 숨자 제자리로 쏟아져 돌아오는 물방울의 운명은 귀수성(歸數性) 세계이고.
>
> 땅에 누워 있는 씨앗의 마음은 원수성 세계이다. 무성한 끝마다 열린 잎의 세계는 차수성 세계이고 열매 여물어 땅에 쏟아져 돌아오는 씨앗의 마음은 귀수성 세계이다.[11]

역사가 진보할 수도, 순환할 수도 있는 것이지만, 신동엽은 역사의 진보 개념보다는 일종의 순환사관을 믿는다. 역사의 3분법적인 순환은 보는 바와 같이 원수성과, 차수성과, 귀수성으로 이루어져 있다. 시인이면서 시학 교수인 김창완은 자신의 저서인 『신동엽 시 연구』를 통해 이 개념들에 대해 적절하고도 신뢰할 만한 해석을 가한 바 있다.

원수성 세계란 문명 이전의 단계로서 자연과 인간이 조화를 이루었던 인류의 고향으로서 대지의 세계를 의미한다.[12] 자연은 인간 생산력의 토대가 된다는 소유의 개념이 자리를 잡게 됨으로써 인간의 문명은 비롯한다. 자연 환경에 대한 지배의 증대는 기술 향상에 의한 자연의 정복으로 나타난다. 이러한 생각의 틀이 통일적인 세계관을 지니게 될 때 일종의 반反문

의 등단작으로 알려져 있는 「이야기하는 쟁기꾼의 대지」도 마찬가지이다. 나는 10여 년 전에 이것의 원간 자료를 스크랩한 것을 구한 적이 있었다. 1959년 초의 조선일보에 발표된 것으로 추정된다. 이 인용한 시는 그것에 근거하였다.

11 『신동엽전집』, 앞의 책, 364면.

12 김창완, 『신동엽 시 연구』, 시와시학사, 1995, 43면.

명적인 사관이 형성되는 것이다. 원시 생명력이 있었던 시원의 공간에 원수성의 세계가 선험적으로 존재하였을 터.

이에 비해, 차수성 세계는 자연의 정복이 가져다 준 세계, 또한 권력과 힘의 논리가 지배하는 세계이다. 오염된 물질문명에 의한 인간의 황폐화, 참혹한 전쟁을 경험한 인류의 비극적인 한계상황 등이 차수성의 당연한 귀결이다. 이것은 한마디로 말해 훼손된 가치의 물화적物化的인 세계이다.

그러면 귀수성은 또 뭘까?

신동엽은 이를 가리켜 우주지宇宙知와 이理와 물성物性이 살아나는 세계라고 했다.[13] 시공간에 대한 통찰력, 자연의 섭리, 격물의 궁극성을 말하는 것 같다. 산업 사회의 공작인과 후기 산업 사회의 경작인의 대립 관계에서 대지에 뿌리를 내린 자급자족의 인간상으로 돌아가는 종합적인 의미의 경작인, 즉 전경인全耕人의 이상으로 복귀하는 세계가 바로 귀수성의 세계라고 할 수 있을 것이다. 김창완이 그것을 두고 동학의 후천개벽과도 흡사한 세계라고 지적한 것도 흥미롭다고 하겠다.[14]

신동엽의 독창적인 역사관은 시인으로서의 그의 사상성을 드높이는 데 적잖은 역할을 담당하였다. 그의 역사관을 두고 성민엽이 "복고적인 신비주의를 기반으로 하는 철저한 관념주의적 역사관"[15]이라고 평가한 바 있었지만, 나는 실상보다 고평한 것이라고 본다. 실상에 있어선 미상불 '소박한 도식주의 역사관'에 지나지 않는다는 게 나의 솔직한 견해이다. 그의 역사관이 명백하게도 유심사관인 것이 사실이지만, 유물사관의 도식적인 틀을 수용하기도 했으리라고 본다. 원수성의 세계가 원시공산제 사회라면,

---

13 『신동엽전집』, 앞의 책, 373면, 참고.

14 김창완, 앞의 책, 170면, 참고.

15 성민엽 편저, 『신동엽』, 문학세계사, 1992, 96면.

귀수성의 세계는 지상낙원의 사회주의 건설에 해당한다. 그 틈새에 존재하는 차수성의 세계란, 다름이 아니라 노예제, 봉건제, 자본주의 사회로 묶인(각종의 계급에 의한 지배 원리의) 사회에 대입되고 있지 않는가? 그의 역사관이 온전히 독창적이지 아니한 하나의 까닭이기도 하다.

신동엽은 시의 사상성을 인류 정신의 원초적 구심성求心性을 찾는 것이라고 했다.[16] 원수성에로의 회귀를 말하고 있다. 시와 사상은 어느 정도 아귀가 맞춰진다. 이를 두고 볼 때, 그것은 그가 자기 스스로 단순한 시인만이 아니라 시인-사상가로 자처했다는 대목이기도 하다. 그의 역사관이 삼분법의 도식적인 틀에서 벗어나지 못했다면, 그의 시 사상은 오히려 이분법의 첨예한 틀로부터 벗어나지 못했다. 그의 시는 이른바 껍데기와 알맹이의 이분법에 고착되어 있다고 해도 과언이 아니다. 회색 지대가 없는 흑백 논리의 시의 사상성인 거다. 그렇기 때문에 그가 시인으로서 형이상의 경지로 나아가려고 했으나, 그가 추구한 것은 결국 '미완의 형이상'에 지나지 않았을 따름이었다.

껍데기는 가라.
四月도 알맹이만 남고
껍데기는 가라.

껍데기는 가라.
東學도 곰나루의, 그 아우성만 남고
껍데기는 가라.

16 『신동엽전집』, 앞의 책, 382면, 참고.

껍데기는 가라.
漢拏에서 白頭까지
향그러운 흙가슴만 남고
모오든 쇠부치는 가라.

그리하여 다시
껍데기는 가라.
이곳에선 두가슴과 그곳까지 내놓은
아사달과 아사녀가
中立의 초례청 앞에 서서
부끄럼을 빛내며
맞절을 할 것이다.

–「껍데기는 가라」 전문[17]

신동엽의 가장 잘 알려진 「껍데기는 가라」 전문이다. 1964년에 발표된 원간原刊의 상태를 복원한 것이다. 이 시는 현대한국문학전집 『52인 시집』(신구문화사, 1967)에 처음 실려 있었던 것으로 알려졌으나 최근의 발굴 조사에 의하면, 1964년 12월에 간행된 『시단』 제6집에 처음 발표되었다. 고등학교 문학 교과서 18종 가운데 8종의 교과서에 실려 있어서 청소년 사이에서도 잘 알려진 이 시는 애초에 3연과 4연이 뒤바뀌어져 있다. 나권일 월간중앙 기자는 작가 연보와 교과서 내용도 수정해야 할 것으로 보인다는 의견을 내놓고 있다.[18]

---

17 『월간중앙』, 2014. 4, 261면, 재인.
18 나권일, 「신동엽 대표시 '껍데기는 가라' 최초 발굴작 공개」, 『월간중앙』, 2014. 4, 260~263

신동엽의 「껍데기는 가라」는 반생명과 비인간의 문명적인 조건을 넘어서 대지의 원초적인 생명의 근원으로 복귀하려는 소위 귀수성歸數性 시학의 대표성을 띤 것이다. 시인 조태일은 이 시를 두고 일찍이 "민족 주체성의 순수한 외침"[19]이라고 높이 평가했다. 문학평론가 성민엽은 또 "민중적 자기 긍정의 완벽에 가까운 자기표현"[20]이라고 의미 있게 값을 매겼다. 하지만 모든 것은 이분법적으로 나뉘고 있다. 그의 시정신은 가파르게 양분되는 흑백의 논리에 의해 재단된다. 그의 시세계는 이를테면 쇠붙이와 흙가슴, 산업사회와 농경사회, 공작인과 전경인, 외세와 주체, 분단과 통일 등이라는 선악 이분법에 의존해 있다는 것이다. 시의 가치관에 있어서도 언어 상품으로서의 시와, 이웃에의 인간적인 애정과 성실성이 있는 참여의 노래로 나뉜다.[21] 모든 것이 극히 단선적인 시각으로 인식되는 셈이다.

이러한 단선적인 시각으로 인해 그의 시와 사상이 부분적인 (혹은 전면적인) 한계를 드러내고 있다고 보는 사람들도 적지 않다. 신동엽 시의 양분성은 사후의 평판에도 영향을 끼쳐 이 역시 양분되는 감이 있다. 물론 그가 생존한 시대에도 그랬다. 김수영은 시 「4월은 갈아엎는 달」을 쓴 신동엽을 두고 시정신의 새로운 육성을 발할 수 있는 사람, 오늘날 우리 사회가 요청하는 시인다운 시인이라고 했다.[22] 반면에 김주연의 「시의 참여문제」에서는, 그의 서사시 「금강」을 가리켜 그것이 일체의 계급과 알력이 없는 원시에 집착하는 무정부주의를 지향하지만 현실에의 무책임성이 투영된 유

면, 참고.

19 조태일, 「신동엽론」, 『창작과 비평』, 1973. 가을, 766면.

20 성민엽 편저, 앞의 책, 116면.

21 『신동엽전집』, 앞의 책, 393면, 참고.

22 김수영, 앞의 책, 10면, 참고.

희로서의 아나키즘에 지나지 않는다면서 그의 시적 사상성에 의혹이 제기된 바 있었다.[23]

4. 시사적인 언술과 모국어의 지평

김수영의 시적 언어는 한국 독자들이 경험하지 못한 비시적非詩的이요, 또한 사뭇 황폐한 것이었다. 이 때문에 그의 시가 경이적인 신선함을 불러일으키기도 한 것이 사실이었다. 그의 언어는 그 당시에 있어서 통상적인 기준의 시어라기보다는 일상어에 가까웠다. 그는 자신의 시어를 가리켜 시사어時事語라고 표현한 적이 있었다. 일상어라면 시속어라고 표현하는 것이 맞다. 그 스스로 시사어라고 말한 것은 시속어보다는 대중 쪽보다는 지식인들 쪽에서 다소 사용하는 저널리즘적인 언어라는 뜻을 염두에 둔 것 같다.

두루 알다시피, 시는 말 그 자체가 아니다. 가구가 나무가 아니라, '나무로 된(wooden)' 것이듯이, 시는 말이 아니라 '말로 된(verbal)' 것이다. 김수영의 시어가 말에 가깝다는 게 보편적인 관습을 벗어난 한계인 동시에, 또한 빛나는 장처이기도 하다. 김수영이 타계한 후 10년 즈음 지나면서 그의 시사적인 언술 상황에 영향을 입은 후배 시인들이 적잖이 나타나게 된다. 1980년대 초에 이르면, 김수영의 영향은 우리 시단에 뚜렷해지고 있었다.

김수영의 영향의 범위는 신기하고 놀랍고 충격적이던 그의 시적 스타일이 이

23 김주연, 『상황과 인간』, 박우사, 1969, 60~61면, 참고.

제는 지극히 상식적이고 아주 흔한 현상이 되었다는 사실에서 밝혀진다고 하겠다. ① 아무렇게나 써내려가다가 생각이 나서 갑자기 행을 바꾼 듯한, 단정치 않은, 자유로운 산문식의 시행(詩行), ② 끝도 없이 계속될 것 같은 길고 긴 무형식적인 시의 형식, ③ 욕설과 쌍소리와 수다와 요설의 거침없는 구사, ④ 「미농인찰지(美濃印札紙)」와 「아리조나 카우보이」와 「설사」를 포함한 온갖 세상잡사의 시화(詩化) 등등 김수영의 특혜 받은 독점물 같은 특징들이 요즈음은 별 충격 없이 거의 자연스러운 시의 관습으로 받아들여지고 있다.[24]

김수영의 시어가 하나의 문학사적인 의미를 띠면서 새로운 관습을 형성했다는 것은 고무적인 사실로 받아들여진다. 이성복·황지우·박노해 등의 1980년대를 대표하는 젊은 시인들치고 김수영의 영향을 받지 않은 시인은 별로 없었다.

시나 산문 할 것 없이 신동엽의 언어도 김수영처럼 거칠었다. 한자어투, 국한문혼용체, 비논리적인 통사 구조, 근거를 알 수 없는 작위적인 (신)조어, 정제되지 못한 우리말 문장의 사용 등에 있어서 문제점이 적지 않았다. 두 사람 모두 언어형식보다는 사상성을 중시했기 때문일 테다.[25] 그런데 김수영보다는 신동엽이 우리말에 대한 애정과 관심을 좀 더 가지고 있었던 것 같다. 그는 시편 「좋은 언어」(사상계, 1970. 4)에서 "좋은 언어로 이 세상을 / 채워야 해요."라고 하는 시적인 경인구(에피그램)를 남기기도 했다. 그의 사후에 많은 유고시들이 발표되었는데, 그 중에서 내가 가장 주목하는 시

24 김영무, 「김수영의 영향」, 『세계의 문학』, 1982. 겨울, 60~61면.

25 김수영에게는 타계 직전에 시의 내용과 형식의 등가적인 일체성에 대한 비평적인 판단이 없지 않았다. 그가 도달한 시론의 최고 도달점은 「시여, 침을 뱉어라」(1968. 4)이다. 여기에 이르러 내용과 형식의 동시적 결합에서 온 창작의 원론에 비로소 닿아 있다.(김윤식, 앞의 책, 94면, 참고.)

는 다음의 것이다.

나 돌아가는 날
너는 와서 살아라

두고 가진 못할
차마 소중한 사람

나 돌아가는 날
너는 와서 살아라

묵은 순 터
새순 돋듯

허구많은 自然中
너는 이 근처 와 살아라

–「너에게」 전문[26]

신동엽의 유고시인 「너에게」는 유서 형식의 시다. 자연중自然中이란 한자 표기가 아니면 온전히 우리말로 쓴 시라고 할 것이다. 순筍은 본디 한자말이지만, 토박이말에 진배없다. 이 시에서 말하는 '두고 가진 못할 / 차마 소중한 사람'이란, 자신이 처한 지금의 세상보다 더 나은 세상을 이룩하고

26 『창작과 비평』, 1970. 봄, 5면.(본문의 '묵은 눈터'를 '묵은 순 터'로 교정하였다 – 인용자)

야 말 다음 세대의 사람들이 아닌가 한다. 이 시를 두고 시인 문태준은, 최근에 싹과 움과 순이 트는 그곳이야말로 "다시 살아남과 광명과 부드러움과 푸릇푸릇한 생기와 역동과 환희의 발생지"[27]라고 지적한 바 있다.

나는 「좋은 언어」나 「너에게」라는 신동엽의 유고시를 볼 때 그가 시적 모국어의 의식 지평을 비로소 확대하려고 몸을 쭉 펴려는 순간에 세상을 떠난 것으로 짐작하고 있다. 마침내 노래가 되고 이야기가 있는 우리말의 시를 쓰면서 그 나름의 웅숭깊은 시의 사상성을 드러내려고 할 즈음에, 그가 세상을 떠났다는 것은 실로 아쉬운 일이 아닐 수 없었던 것이다.

27 「문태준의 시심」, 『불교신문』, 2014. 1. 18.

김지하의 시와 웅숭깊은 추醜의 미학

1. 사상은 때로 문학 위에 군림하는가

최근에, 시인 김지하는 조선일보에 「4대강과 풍수, 그리고 세종시」라는 표제의 에세이를 발표한 바 있다. 이 나라에 도대체 국토관國土觀이 있느냐 하는 개탄조의 문제 제기로부터 시작한 글이다. 이 글의 요지는 다름 아니라 모심의 문화, 모심의 생활양식으로 오늘날 인류의 삶 전체를 변혁하지 않으면 지금의 대혼돈을 극복할 수 없다는 데 있다. 무슨 특별한 내용의 주의주장이 아니라 어디서 많이 들어본 듯한 논조의 글투라고 할 수 있다. 그럼에도 불구하고 시인 김지하의 글이라서 사람들의 눈길을 끌게 한다. 초미의 시사적인 쟁점과 함께 그의 이름이 지닌 화제성이 함께 상승 작용을 하게 마련이다.

시인 김지하 하면 요즈음 시인이기 이전에 사상가로 먼저 떠올린다. 1980년대 중반까지만 해도 투사라고 하는 이미지가 압도적이었던 그에게

서 말이다. 그는 최근에 왕성한 강연 활동과 산문적 글쓰기를 이어 오고 있다.

그 까닭에 관해선 과문한 탓에 잘 알지 못하지만 문사나 지식인 중에서 대중에게 말발이 먹혀들고 독자들이 읽기에 글발이 반듯해 보이는 경우는 극히 드물다. 우리 시대에 말발과 글발을 동시에 갖춘 이를 꼽으라면 몇몇 사람 정도로 국한되지만, 김지하가 나온 서울대학교 미학과 출신의 논객들이 말과 글에 있어서 적잖이 활기차다. 비교적 대중에게 잘 알려진 사람으로 김지하·유홍준·진중권 등이 있다. 이 가운데서 자기 철학을 가장 분명하게 드러내고 있는 경우는 김지하뿐이라고 생각된다. 그는 수사적인 필치를 사용해도 무언가 근사해 보이며, 속어와 비어를 곁들인 막말을 쏟아내어도 자신의 인생이나 철학 때문에 적절성을 그냥 획득하게 된다.

시인으로서 투사의 이미지를 걷어내고 사상가의 이미지로 각인되기까지 그는 참으로 오랜 세월을 보냈다. 정치적 격랑과 부박한 세태의 손가락질을 넘어서 그의 사상은 이제 무르익은 감이 있다. 우리 시문학사에 시인으로서 그만한 사상가가 일찍이 없었다.

문학의 내용은 느낌과 생각의 결과다. 이 정도의 얘깃거리라면 중학교 1학년 국어 교과서의 수준에 걸맞은 얘기가 될 터이다. 좀 어려운 말을 사용한다면, 문학은 정서와 사상이 날과 씨로 교직된 일종의 등가물等價物로 이룩된 것. 문학에서의 사상은 내용상 반을 차지한다. 그만큼 중요하다는 얘기가 된다.

그런데 언제부터인가 문학에서의 사상은 기피되어야 하는 것으로 경시되었다. 사상이 문학 위에 때로 군림한다고 보기 때문인가? 심지어 사상하면 빨간 물이 든 것처럼 불온하게 여기거나 적대시하면서 이를 무시하려는 경향이 없지 않았다. 지금도 그것이 문학주의의 순수성을 훼손하는 장애 요인 정도로 생각하는 사람이 없지 않을 것 같다.

우리 신문학 백년사를 두고 직업 문인 가운데 사상가의 반열에 오를 사람이 과연 있는가? 있다면 김지하뿐이다. 이런 점에서 볼 때 김지하는 우리 문학사에서 매우 독특한 위상에 놓여 있는 존재라고 할 수 있을 것이다. 시인으로서의 사상가인 그의 사상은 무척 다채롭고 깊이가 있다.

2. 어두움의 세계에서 밝음의 세계로

김지하는 1969년 『시인』 지에 시를 발표함으로써 시인으로 등단하였다. 이때부터 1980년대 중반에 이르기까지 그는 저항시인으로서 독재 권력과 혼신으로 맞섰다. 그의 초기시 세계는 1982년 창작과비평사에서 공간한 그의 시선집 『타는 목마름으로』에 잘 반영되어 있다. 이 시선집의 체재는 4부로 구성되어 있다. 제1부는 '황토 이후'로서 그 당시 가장 최근작들을 모았다. 여기에 저항시의 절창인 「타는 목마름」이 있다. 제2부는 '황토'이다. 그가 1970년에 세상에 내놓은 처녀 시집 『황토』에 실려 있는 시를 뽑은 것이다. 제3부는 '황토 이전'으로서 미수록된 시를 한 곳에 모은 것이다. 제4부는 '산문' 부문인데, 그의 네 편의 산문이 여기에 있어 그의 초기시의 사상을 잘 가늠해 볼 수 있다.

시선집 『타는 목마름으로』에 실려 있는 시들을 오늘날에 다시 살펴보자면 전반적으로 어둡다는 느낌이 든다. 이 시기에 그의 거주 공간이 주로 골방이나 감방이었다는 전기적인 사실을 미루어볼 때 그 느낌은 필연적이라고 할 수 있겠다. 대표적인 시편들을 예거하자면, 「어둠 속에서」, 「밤나라」, 「푸른 옷」, 「먹칠」, 「아무도 없었다」, 「별빛마저 보이지 않네」 등이 있다. 이와 같은 유의 그의 초기시에 깃들어 있는 것은 어둠의 정조이다. 말하자면 절망적인 세계 인식, 아비 없는 시대의 아비 찾기로서의 '부성탐색

(search for fatherhood)', 현실을 부정하는 추醜의 미학과 풍자 정신 등이 그의 초기시에 깃들어 있는 것이다. 앞서 예거한 시편 가운데 가장 어둠의 정조가 짙게 깃들어 있는 것은 시선집의 끝판을 장식하고 있는 「별빛마저 보이지 않네」가 아닌가 한다.

> 아직은 따스한 토담에 기대
> 모두 토해버리고 울다 일어나
> 무너진 토담에 기대 우러른 하늘
>
> 아무것도 없는
> 댓잎 하나 쓰적일 바람도 없는
> 이렇게 비어 있고
> 이렇게 메말라 있고
> 미칠 것만 같은 미칠 것만 같은
> 서로서로 물어뜯지 않고는 견딜 수 없는
> 저 불켠 방의 초라한 술자리 초라한 벗들
>
> (……)
>
> 서로 싸우지 않고는 서로 물어뜯지 않고는
> 견딜 수 없는 낯선 마을의 캄캄한 이 시대의 한 밤
> 토담에 기대 우러른 하늘
> 아아 별빛마저 보이지 않네

– 「별빛마저 보이지 않네」 부분

별빛마저 보이지 않는 엄혹한 시대에 대한 철저한 자기 인식으로 점철된 인용시는 『황토』 이전의 작품이다. 그는 시집 『황토』에 이르러 그것이 더욱 철저해져 날선 풍자의 세계로 향한다. 그에게 있어서 풍자는 강렬한 증오의 표현이다. 풍자만이 시인으로 살 길이라고 그는 말한다. 현실이 강고할수록 풍자의 거친 폭력이 날카로워진다. 시인과 세상 사이의 모순이 이럴 즈음 곪아터진다. 담시 「오적」(1970)과 「비어蜚語」(1972), 그리고 희곡 「구리 이순신」(1971)과 「진오귀鎭惡鬼」(1973) 같은 것이라고 하겠다.

1980년대에 이르러 김지하의 인생은 안정기에 접어들었다.

이 시기에 그는 또다시 장르 실험을 시도하였다. 대설大說이 그것이다. 그의 대설 『남南』은 1982년에 비롯하여 1985년에 제3권으로 완결된다. 이 문학적인 프로젝트는 그에게 새로운 사상에 눈을 뜨게 하는 계기를 마련한다. 작품 속에서도 표현되어 있듯이 "언필칭 대설이란 물건은 바로 이 참 생명의 바다에 이르는 한 길목"일지도 모를 일이었다. 그의 생명 사상이 세상의 수면 위에 이렇게 떠오르게 된 것이다. 1986년에 새로 간행한 시집 『애린』은 초기시 세계와 전혀 다른 모습을 보인다. 어둠이 밝음으로 교체되는 순간이다! 따라서 『애린』에서는 절망보다 희망이, 비관보다 낙관이, 파괴보다 건설이, 풍자보다 서정적인 화음이 반짝 빛을 발한다. 『애린』 연작시 두 편을 다음과 같이 인용해 본다.

> 또 한 순간 빛났다
> 사라져가는 아침빛이며
> 눈부신 그 이슬
> 그리고 가슴 벅찰줄이야
> (……)
> 분홍빛 새살로

무심결 돌아오는
애린
애린
애린아

내 속에서 차츰 크게 열리어
저 바다만큼
저 하늘만큼 열리다
이 내 작은 한 점의 검은 돌에 빛나는
한오리 햇빛
애린
나

-「애린」 부분

김지하가 창조한 마음의 연인 '애린'은 가상적인 여성 이미지로 그려지고 있다. 이것은 죽고 새롭게 태어나는 생명의 표상이라고 말해지는 개념이다. 만해 한용운에게 있어서 식민주의적 죽음의 시대에 맞선 그리움의 연인적 표상 '님'에 해당하는 그런 시적 개념이라고 하겠다.

김지하의 시집 『애린』은 밝음의 환한 생명 세계를 연 기념비적인 시집이라고 하겠다.

김지하의 시집 『애린』이 지닌 생명에의 낙관적 전망, 생태학적 상상력 및 사유의 시적 성취는 시집 『중심의 괴로움』(1994)으로까지 연결되고 있다. 이 시집에 나타난 하나의 문학적 사상으로서의 상생주의는 우주만상에 존재하는 모든 것들의 드넓은 연결망에서 확인되는 희망과 긍정의 큰 세계를 활짝 열어놓고 있다. 이 세계를 두고 김지하 시세계의 중기적 현상이라고 잠정적으로 이름 붙이고자 한다.

그의 초기시와 중기시를 성격상 대비해 볼 때 서로 간에 대립상을 띠고 있다고 하겠다. 양자의 시적 정조, 세계관, 문학사상 등이 확연하게 차별성을 지니고 있기 때문이다. 그의 시세계를 구성하는 의미의 총체를, 그의 문학의 전체적인 구조적인 맥락에서 볼 때 양자의 시기는 저항과 생명의 '엇박자' 관계를 맺고 있다고 할 것이다. 이 엇박자는 혼돈의 박자이다. 김지하의 문학이 혼돈상을 보인 것이라고 여겨진다. 그러나 그 나름의 질서도 간과해선 안 된다. 다름이 아니라, 변증법의 엇박자, 혼돈박이라는 종합의 단계가 잇따르고 있기 때문이다.

3. 흰 그늘의 시학에 대하여

정확하게 기억되지는 않지만 누군가가 그랬다. 김지하는 거대담론의 인기가 속절없이 추락한 이후에도 거대담론의 살바를 여전히 붙들고 있는 사람이라고. 그는 1999년에 명지대학교 석좌교수로 임용되어 특강을 하게 되고 또 여러 군데에서 강연을 하게 되었다. 이 해는 그가 가장 강연을 많이 한 해가 아니었던가 한다. 그는 이 해에 미학에 관해선 『예감에 가득 찬 숲 그늘』을 상재했고, 또 『율려란 무엇인가』라고 하는 제목의 강연 모음집도 간행했다. 1999년은 온통 세기말 담론에 집중했었다.

1999년부터 그는 사상가로만 활동했을까?

그렇지 않다. 2000년 이후 10년간에 걸쳐 출판한 시집으로 『화개』(2002), 『유목과 은둔』(2004), 『비단길』(2006), 『못난 시』(2009)가 있다. 그는 사상적인 말하기, 글쓰기 못지않게 시집 네 권을 세상에 선을 보였던 것이다. 먼저 『비단길』에 실려 있는 그의 시 한 편을 보자.

해뜨기 전
새하얀 물

해뜨고 난 뒤
검다

바이칼은 이미 흰 그늘

지구의
성스러운 구멍

(……)

여기
내 자유를

이제
어찌할 것인가.

-「흰 그늘」 부분

김지하의 시와 사상이 1999년 이래 지금에 이르기까지 연속되는 진행형이라면 이를 후기 단계라고 이름 붙일 수 있다. 후기 단계란, 그의 시와 사상이 변증법적 대립의 과정을 거쳐 통합적인 비전을 제시함으로써 무르익은 단계를 가리킨다. 극과 극이 역설적으로 함께 공존하는 단계인 것이다. 음과 양, 어둠과 밝음, 한恨과 신명, 죽음과 생명이 우주적인 혼돈세계

즉 카오스모스(chaosmos) 안에 하나로 통일되어 있는 단계인 것이다. 이 단계에 들어서면 그가 말하는 흰 그늘이 드리운다.

> 삶은 우주적이고 자유로운 것인데 그것을 억압 차단 분열시키는 것이 바로 죽음입니다. 그런 의미에서 죽음과 삶은 하나의 우주적 생명 질서로 통합되어 있고 그늘 이야기처럼 죽음과 삶 사이에서 서로 기우뚱하면서 중심이 이리 갔다 저리 갔다 하는, 역설적인 균형을 잡는 새로운 율려 문학이 나와야 한다고 생각합니다.(『예감에 가득 찬 숲 그늘』, 40면)

율려律呂란 『주역』에 나오는 용어로 양과 음의 완벽한 우주적 하모니를 의미한다. 음양의 개념으로 보면 말의 순서가 바뀌어 여율이 된다. 19세기 중엽의 주역 대가 김일부와 일제 강점기의 재야 동방학자 김범부는 여율이란 말을 사용했다. 김범부의 동생인 소설가 김동리는 해방기에 좌파 이데올로기의 문학에 맞서는 생명문학으로서 제3의 휴머니즘을 논할 때 여율이란 용어를 몇 차례 사용한 바 있다.

김지하가 말하는 소위 율려 문학이란 생의 구경究竟에 자리를 차지하는 지선지미의 문학이다. 그가 소설에 큰 관심을 갖고 있지 않기 때문에 시에 국한시키자면 그것은 '흰 그늘의 시학'으로 이름될 것이다. 그는 2007년 11월에 부산에서 특별 강연을 가진 바 있다. 강연의 제목은 「바다로 가는 길」이었다. 그는 이 강연을 통해 정지용의 산수시 「백록담」을 높이 평가했다. 허虛와 무無와 공空, 그리고 틈과 여백이 없으면 산과 물이 살아나지 못한다고 본 그는 정지용의 「백록담」만큼 아름다운 시가 없다고 단언한다. 흰 그늘이 서려 있기 때문이다. 그는 또 자신의 동년배 시인 이시영을 '우주적인 아름다움으로 접근하는 율려문학인'의 한 사람으로 지목했다. 이시영의 시 「무늬」에 나오는 표현 "저 잎새 그늘을 따라가겠다는 사람이 옛

날에 있었다"라는 것에 주목하고 있다. 그가 그의 후배 가운데 문학적으로 가장 애정을 표한 시인은 허수경이다. 허수경의 시 「공터의 사랑」은 그가 가장 좋아하는 시의 한 편이 되었다. "잊혀진 상처의 늙은 자리는 환하다 / 환하고 아프다." 이 기막힌 역설적인 균제감이야말로 그에게 흰 그늘로 구현되는 것이다.

그동안 김지하는 많이 변했다.

어떤 이는 그가 성숙해졌다고 하고, 어떤 이는 그가 변절했다고 한다.

그가 한恨을 보는 관점도 확연히 달라졌다. 그의 초기 시론의 핵을 이룬 「풍자냐, 자살이냐」(1970)에서 한을 가리켜 생명력의 당연한 발전과 지향이 장애에 부딪혀 좌절의 반복 속에 발생하여 퇴적하는 비애의 덩어리라고 규정했는 데 비해, 미학강의록 『예감에 가득 찬 숲 그늘』(1999)에서는 한을 두고 일정하게 반영되는 생명의 파동적 전개 과정이라고 했다. 한 세대를 두고 그의 생각은 극적으로 바뀌었던 것이다.

그가 10·26 사태를 앞두고 감옥에서 벽면증에서 비롯된 정신착란에 사로잡혀 정신적으로 크게 고통을 겪은 적이 있었다. 그는 이 고통을 넘어서기 위해 사활을 건 백 일 참선에 들어갔다. 그는 참선하던 중에 어느 날 문득 흰 그늘의 영상을 체험하기에 이른다.

> 저는 무엇을 보았는가 하면, 이 체험 전체를 통해서 빛이 나타나고 거대한 갈대밭이 나타나고, 한 나흘이 지나면 시커먼 뻘밭이 나타나고 시궁창이 나타나고, 이런 것이 왔다갔다하는–그 전체가 빛과 어둠인데도 불구하고 전체가 저녁 같았던 것입니다. 백일 내내, 그 중 며칠, 환한 빛 속에 살았던 며칠간을 빼고는 거의 모든 시간이 꼭 저녁처럼 보였습니다. 아침도 저녁 같고 저녁도 저녁이고 대낮도 저녁 같고…….(『예감에 가득 찬 숲 그늘』, 21면)

그 저녁처럼 보였던 영상. 이것이 바로 흰 그늘이다. 김지하의 흰 그늘 체험은 일종의 종교체험이다. 그가 불교와의 친연성을 맺고 있었던 게 사실이며 친불교적인 성향의 대표적인 지식인으로 알려진 것도 엄연한 사실이다. 그러나 그는 불자가 아니다. 그렇기 때문에 그 체험은 온전한 종교체험으로 보기 어렵다. 일종의 환각처럼 느끼면서 받아들였던 그 영상은 그 이후 사상적인 체계성의 담론을 구성해 가면서 실재에의 인상을 얻었다.

어두운
독방에서 얻은 정신병

정신병을 넘어서자고
독방 안 바로 바로 그 자리에서
참선에 들어

백일

(……)

백 일째 되던
오후
감옥 안 특별 방송이
박정희 암살을 알린다

(……)

내

캄캄한 저녁 몸 안에

회음에서부터

푸른 별 뜨고

붉은 꽃 핀다

이제야 나는 모심을 안다

자궁의

샘물

-「못난 시 303」 부분

인용한 시는 김지하가 상재한 시집 『못난 시』(1999)에서 따온 것이다. 그는 20년 전의 기억으로 돌아가서 위의 시를 썼다. 흰 그늘의 영상을 시각적(혹은, 환각적)으로 체험하게 한 참선이 백 일째 되던 날에 박정희가 암살됐다는 소식을 접한다. 마치 영화의 한 장면처럼 드라마틱하다. 그 흰 그늘은 김지하 개인에겐 피그말리온 효과와 같은 것이지만 우주 생명의 질서, "예감이 생성되는 그늘, 숲 그늘의 초월적, 거룩한 생명의 아름다움"(『예감에 가득 찬 숲 그늘』, 132면)과 같은 차원을 획득하기에 이른다. 이럴 때 약간의 신비주의, 다소간의 국수적인 사유의 틀이 개입되기도 한다.

4. 미적 근대성을 넘어서

김지하는 주지하듯이 시인과 사상가로 활동하기 이전에 대학에서 미학을 공부한 사람이었다. 미학은 넓은 의미의 철학에 속하는 학문이다. 그는 젊었을 때 추醜와 질병, 르네상스기의 죽음의 미학, 괴기미와 그로테스크 리얼리즘에 어느 정도 경도했던 것으로 여겨진다. 그가 애초에 서양 쪽의 미학을 접하고 나서 지금에 이르러선 미추의 경계를 넘어선 동아시아적인 혼돈의 미학을 생각하기에 이르렀다.

이 대목에서 평단에서 활발하게 논의되고 있는 미적 근대성의 개념에 대해 성찰의 시선을 던지지 않을 수 없다.

이 개념에 관심을 두고 있는 비교적 젊은 세대에 포함된 비평가들은 사회적 근대성과 미적 근대성이 상호 구속된 관계 안에 존재하는 것이라는 전제를 깔면서 양자를 상호 연관되는 맥락에서 논의하고 있다. 그런데 문제는 미적 근대성의 개념을 사회적 조건 안에 얽매여 놓는다면 문학이 문학 스스로 자승자박하는 것이 되지 않겠느냐 하는 우려가 있다. 물론 미적 근대성의 개념을 지나치게 문학 쪽으로 풀어놓는다면 심미주의의 황폐함에 빠져들게 되는 것도 자명한 일일 터이다. 서구적인 가치의 기준에서 운위되는 아름다움의 근대적 성격을 지닌 실체가 미적 근대성의 개념을 구현하는 과정에서 구체적으로나, 혹은 분명하게나마 드러나는 것일까? 아름다움도 진보나 진화의 개념으로 쉽사리 설명될 수 있을까? 옛 그리스의 문화가 성취한 고전고대古典古代의 미와 아취가 20세기 초반의 유럽 사회가 이룩한 모더니즘의 미학보다 아름다움의 값어치의 측면에서 열등한 것이고 미숙한 것이고 덜 세련된 것이라고 얘기할 수 있을까? 미적 근대성의 개념은 애최 주관적일 수밖에 없는 것인데 사람들이 지나치게 문학을 판단하는 가치의 준거로 이용하고 있는 것 같다.

미적 근대성이 오늘날 우리 문학을 논의하는 과정에서 새로운 대안 이론으로 부각되고 있다고 말하는 사람도 적지 않다. 동아시아 문학 가운데 타고르의 시집 「기딴자리」나 가와바다 야스나리의 소설 「설국雪國」의 문학적 가치는 세계적으로 이미 인정을 받았다. 이 작품들은 인류의 보편적 가치를 지닌 독자적인 아름다움으로써 미적 근대성의 조건을 이미 넘어설 수 있었기 때문이다.

소위 말하는 미적 근대성이란, 미와 추를 엄격히 분리하는 데 있지 않을까. 미와 추가 혼재된, 소위 미추일여美醜一如의 경지에 이르면 우리가 알고 있는 미적 근대성의 개념틀을 어느 정도 넘어서는 것이 아닐까. 우리 미술사학계에서 일제 강점기에 조선의 예술을 매우 호의적인 눈길로 바라보았던 야나기 무네요시(柳宗悅)는 분명히 미적 근대성의 관점에서 그것을 관조했다. 그런데 오늘날 한국 예술을 연구하는 이들은 좀 다른 시각으로 바라보고 있다. 강우방의 일련의 연구 성과는 미추일여의 경지에서 이룩한 것. 한국 예술 속에 약동하는 왕성한 생명력은 미적 근대성의 시점에서 잘 보이지 않을 부분일 터이다. 시인 김지하와 철학자 김용옥 역시 미와 추의 경계를 지우는 입장에서 새로운 미적 근대성의 패러다임을 보여 주고 있다.

기존의 틀을 답습한 미적 근대성을 주장하는 젊은 사람들을 지켜보면서, 나는 작가와 작품을 홀대하는 문학 담론이 문학 담론으로서 어느 정도 진정성과 삶의 진실을 지니고 있느냐 하는 것을 한번쯤 생각하게 된다. 작가의 독자적인 창작 정신과, 작품에 반영된 상상력의 다채로운 빛깔들에 대한 배려와 애정이 없이 미적 근대성이니 신생의 시학이니 하는 개념들을 아무리 목청껏 주장한다고 하더라도 사상누각에 지나지 않을 것 같다.

시인 김지하는 추와 괴기와 그로테스크로 일컫는 미적 근대성의 개념을 이미 체득한 사람이다. 그는 초기의 담시를 통해 자아와 대상의 대립적 갈등에 의해 조직화되는 추적醜的 형상미를 기획한 바 있었다. 이 기획은 정치적 억압에 대한 시적 응전 양식으로서의 풍자로 구현되는 것이다. 그러나 어두움도 환함도 추적 형상도 인간과 자연이 함께하는 완미한 교감도 군생群生의 세세한 부분에 지나지 않는다. 군생이 서로 접화接化하여 큰 울타리를 만들어 내는 것은 그 세세한 부분들을 지운다는 것. 이를테면 접화군생은 오로지 모심의 마음이다.

모심.

나의 촛불이다.
모시면
빛과 어둠 갈라지고
모시면 이윽고
흰 그늘

뜬다

별처럼.

꽃처럼.

–「못난 시 206」 전문

제3부
시 비평의 메타적 성찰

유종호의 문학비평에 나타난 토착어 지향성과 근현대시

1. 문제 제기 : 근현대시를 보는 눈

우리의 근현대시를 보는 눈은 실로 다양하며 교차적이다. 말하자면 사회문화적인 배경과 언어형식의 조건, 전통 지향성과 모더니티 지향성, 원체험과 교양의 체험, 우리 문학의 자족성과 비교문학의 관계, 실증적인 것과 비평적인 가치의 판단, 시의 예술적인 초월 세계와 시로서의 예술의 사회적인 조건, 순수와 참여 등의 관점들이 복잡하게 얽혀 있다. 이제까지 비평계에서나 학계에서, 우리 시를 바라보는 데 어느 한쪽을 강요하는 면이 적지 않았던 것도 사실인 듯하다.

유종호 문학비평의 기저를 이루는 일반론의 하나는 언어에 대한 관심이다. 이 언어는 모국어, 토착어, 한글 전용 등의 개념으로 외연된다. 이 중에서 그가 가장 관심을 기울인 것은 토착어이다. 이 글은 유종호 문학비평에 있어서 가장 두드러진 열쇳말이 될 수 있는 이른바 '토착어 지향성'에 초점을 맞추어 그의 근현대시를 바라보는 관점과 내용을 논의하려고 하는 데 주안을 두고 있다.

유종호의 근현대시를 바라보는 시각의 정립은 이미 오래전에 형성됐다. 지적인 시사지時事誌로 정평이 나 있었던 『사상계』 1959년 10월과 11월 합본호에 발표된 비평문 「현대시의 50년」은 우리나라 근현대시 반세기 역사를 짧은 원고 속에 요점을 가다듬은 글이다. 이 글에서부터 그의 언어에 대한 관심은 촉발되고 있다.

그 후 유종호는 한 시대의 문학비평가로서 오랜 세월에 걸쳐 자신의 문학비평문을 통해 자신의 중요한 기둥말의 개념이 되는 토착어 지향성을 우리 근현대시에 대입하여 나아가는 과정을 밟았다. 이 과정에서 그의 비평적인 가치지향성이 양분되어 나타나고, 또 그럼으로써 우리 시를 보는 독특한 관점을 선명하게, 또한 이것으로 인한 논리의 여운을 은근하게 남겨주고 있다.

결국 그는 토착주의 지향과 근대주의 지향이라는 상충하는 하나의 축, 그리고 사회 현실 지향과 민족어 순화 지향이라는 또 하나의 상충하는 축이 우리 근대시의 기본적인 충동의 모형이라는, 말하자면 시문학사의 틀과 이에 관련된 독창적인 가설들을 창의적으로 밝혀 내기에 이른다.

이 글은 유종호 문학비평에 나타난 토착어 지향성과 근현대시의 관계를 규명하려고 하는 데 중심적인 동기를 부여하고 있다. 이 글은 유종호의 문학비평에 드러난 토착어 지향성의 의의, 긍정적인 시각에서 본 시인들의 사례 분석, 부정적인 시각에서 본 시인들의 사례 분석, 그의 종합적인 시각이 어우러져 하나의 문학사의 체계를 구성한 저술물인 『한국근대시사 1920~1945』에 대한 메타적인 논의 등을 순차적으로 살펴보면서, 마지막으로는 유종호가 이룩한 문학비평의 의미와 의의에 대한 종합적인 가치평가의 단계에 도달하고자 한다.

2. 토착어 지향성, 혹은 시인과 모국어의 관계

김우창의 견해에 따르면, 유종호의 비평이 민요 또는 민요의 특징을 이루는 토착어 옹호에 집약되며, 토착어의 중요성은 시의 중요성과 등가물이 된다[1]고 밝힌 바 있다. 유종호의 문학비평에 있어서의 토착어 지향성은 선명한 돋을새김으로 부조浮彫된 의미 있는 간헐성이라고 높이 평가될 만하다. 그도 그럴 것이 토착어에 대한 자신의 관심과 애착이 자신이 이룩한 비평적인 총량 가운데 차지하는 양적인 비중은 얼마 되지 않지만, 질적인 면에 있어서 그것이 선명하게 부각되어 있기 때문이다.

유종호의 세 번째 비평집 『동시대의 시와 진실』에 대한 일종의 북 리뷰를 쓴 권영민은 「유종호와 비평의 정신」에서 유종호의 문학비평의 중심 과제를 "토착어 지향의 문제"[2]라고 말한 바 있다. 유종호의 문학비평에서 토착어 문제가 중요하게 다루어져야 한다는 관점은 1980년대의 권영민에 이어 1990년대의 이광호에까지 이어진다.

> 언어에 대한 자의식은 유종호 비평의 중요한 거점이 된다. 언어 특히 한글과 토착어에 대한 그의 관심은 가히 집요하다고 할 만하다. 그가 한글 전용 문제에 관해 쓴 글 「한글 만으로의 길」(1969)을 보면 (……) 언어에 관한 그의 관심은 진실을 제시하는 언어의 비판적 능력에 관한 이해와 밀접하게 연관된다.[3]

이와 같이 유종호 문학비평에서의 토착어 지향성에 관한 메타비평적

1 정과리 엮음, 『유종호 깊이 읽기』, 민음사, 2006, 113면, 참고.
2 권영민, 『소설의 시대를 위하여』, 이우출판사, 1983, 247면.
3 이광호, 「인간과 문학의 전면적 진실－유종호론」, 『오늘의 문예비평』, 1995. 여름, 156면.

인 소략한 언급들을 되살펴 보았다. 그러면 논의를 전환하여 유종호 자신이 토착어의 개념을 어떻게 규정하고 있는지를 살펴보자. 그의 비평문 「토착어의 인간상」은 『현대문학』 1959년 12월호에 발표된 것으로서, 말하자면 「현대시의 50년」에 곧바로 이어진 원고라고 할 수 있다. 무엇보다 여기에서는 토착어에 관한 유종호의 개념이 명료하게 드러나고 있다는 점이 간과될 수 없다. 그는 토착어를 가리켜 "편의상 한자어에서 파생되었다고 인정할 수 없으며, 또 그 기원을 멀리까지 소급해서 올라가면 역시 한자에서 나온 것이되 이미 민중의 말로 일반화, 보편화되어 한자로 치환하는 것이 어색한 순수한 우리말"[4]이라고 규정한다. 그는 토착어를 토박이말, 순우리말에만 한정하지 않는다. 외래어라고 할지라도 우리의 생활 습속과 인정세태 속에서 토착화된 말도 여기에 해당한다.

> 토착어는 그것이 우리의 생활 감정에 밀착되어 있다는 점에 그 특색이 있다. 그것은 무지와 빈곤, 온갖 전근대적인 생활양식 속에서 빚어진 거의 원시적인 땀내가 배어 있는 말들이다. 동시에 그것은 우리 겨레의 속어(俗語)이기도 하다.[5]

그런데 토착어가 반드시 우리에게 익숙하거나 친근한 것만은 아니다. 오히려 토착어가 한자어보다 생소할 수도 있다. 예컨대, 그 여인은 개가改嫁했다, 라는 문장과, 그 여인은 후살이했다, 라는 문장을 비교해 보자. 개가는 한자어이지만 앞의 문장이 오히려 친근하게 들린다. 이에 비해 후살이가 토착어이긴 하지만 반드시 익숙하거나 친근한 것은 아니다. 생활 현장과 삶의 핍진성에 더 가깝게 접근하는 일상적인 언어가 삶의 진실과 언어

4 유종호, 『비순수의 선언』, 신구문화사, 1963, 168면.
5 같은 책, 169면.

의 적확함을 더 절실하게 드러내는 법이다.

유종호는 토착어를 가치 개념으로 일단 간주하면서도 이에 대한 경계심을 늦추지 않고 있다. 그것은 토착어가 지향하는 인간상이 전근대적인 인간상이기 때문이다. 환언하자면, 토착어는 전근대적인 인간상을 그리는 데 적합한 말이라는 뜻이 된다. 그는 초기 비평에 있어서 적어도 전통보다는 모더니티에 방점을 두고 있는 것이 분명해 보인다. 다음의 인용문을 보면 한결 자명하다.

> 토착어가 우리들에게 친밀한 말이라고 하는 것은 시인 작가로 하여금 뜻하지 않은 함정으로 유도할 수가 있다. 손쉬운 토착어의 조직과 세련은, 결국 토착어의 전근대적 인간상의 형상에만 안주하게 될 위험이 많으며, (……) 우리 문학의 새로운 가능성은 토착어의 자리를 대치하여 가고 있는 생경한 언어군을 어떻게 예술적으로 형상해 가느냐는 점에서 찾지 않으면 안 될 것이다.[6]

이 인용문은 문학의 토착어가 가치지향적인 용어임에도 불구하고 가치의 개념을 제한적으로 유보하고 있음을 볼 수가 있다. 서정주보다 정지용을, 전통보다 모더니티를, 토착적 인간상보다 근대적 인간상을 더 높이 산 초기의 유종호는 끝내 순수보다는 비순수를 선호한 바 있었다. 토착어를 발현해야 한다는 당위성과 근대적인 심미관이 그에게 미친 영향은 이처럼 상보적이면서도, 또한 대립적이다.

유종호 문학비평의 중요한 향방으로 설정된 토착어 지향성의 문제는 다음 두 편의 비중 있는 비평문에 의해 믿음직하게 정립되었다고 할 수 있겠

6 같은 책, 179면.

다. 그 하나는 「시와 토착어지향」(1981)이며, 또 다른 하나는 「시인과 모국어」(1984)이다. 이 두 비평문은 유종호의 문학에 대한 가치지향 및 사유의 폭과 깊이가 집약적으로 반영되어 있다.

유종호의 「시와 토착어지향」은 그의 비평적 사색이 돋보이는 모범적인 텍스트로서 비교적 잘 알려진 것이다.[7] 유종호가 여기에서 가장 주목하고 있는 시인으로는 시집 『진달래꽃』에서 단 하나의 서구 외래어를 찾아볼 수 없는 김소월의 경우로 손꼽고 있다. 특히, 김소월 시의 토착어 지향성이 구비적인 전통에 대한 청각적인 충실을 기하고 있다는 것이 그에게는 중요한 것. 이에 비해, 김소월과 같은 시대에 시를 썼던 한용운과 이상화의 경우는 「알 수 없어요」와 「빼앗긴 들에도 봄은 오는가」처럼 토착어 지향성이 강한 시들도 있지만 아닌 경우도 있다는 것. 예컨대 「자유정조」나 「이중의 사망」처럼 한자어에 개방적이거나 한자어를 남용하는 사례가 바로 그것인 것. 이 사례가 작품의 질적인 수준을 떨어지게 하는 문제점이 있다.[8]

유종호에 의하면, 토착어가 많고 한자어가 적을수록 높은 문학적인 성취가 기약될 수 있다. 이 독창적인 가설은 시인 작가들이 토착어의 발굴과 세련을 통해 자기 동일성의 성취를 이룩해 나아가는 데서 검증된다. 토착어 지향성이란, 유종호의 토착어에의 관심과 애정이 문학적인 경험의 충실을 반영하는 각별하고도 절실한 하나의 문제의식인 것이다.

또 하나의 중요한 글인 「시인과 모국어」는 유종호의 비평 관점이 극점에 도달한 느낌을 주는 비평문이다. 이것의 배경이 되는 지적 사유권에는 말

7 박철희는 「언어와 리얼리즘적 관점」이란 제목의 글에서 「시와 토착어지향」이 외래어, 외래한자어의 무절제한 수용의 거부와 토착어 지향성이 한국 근대시의 발견과 성취에 기여했다는 사실을 시사한 것은 그의 언어에 대한 집착, 그가 아니면 생각할 수 없는 착상이다, 라고 밝힌 바 있다.(정과리 엮음, 『유종호 깊이 읽기』, 앞의 책, 277면, 참고.)

8 유종호, 『동시대의 시와 진실』, 민음사, 1982, 19~21면, 참고.

하자면 상대주의 언어 이론이 자리하고 있다. 모국어가 언어공동체 구성원의 인식이나 사고의 뼈대를 마련해 준다는 것, 즉 모국어의 창조적 형성력이란 관점이 여기에 자리하고 있다. 「시인과 모국어」는 "모국어 없는 시인은 시인일 수 없다. 한 사람의 시인이 되는 것은 모국어 속에서 모국어와 함께이다."[9]라는 하나의 가설을 제시하면서 출발하고 있다. 이 가설은 다음의 결론으로 향해 나아간다.

부족 방언을 세련되게 지향하는 시는 민족 감정의 세련에 기여하며, 또 세련된 언어는 감성의 세련과 의식의 확대에 기여한다는 것. 민족어가 세계를 바라보고 경험을 해석하는 방식(수단)이라면, 시는 감정을 세련하게 하는 활력이라는 것.[10]

유종호는 시어詩語가 구어지향적일 때 무엇보다 감정을 세련하게 한다고 본다. 그는 문어와 구어, 시각적인 것과 청각적인 것, 한자 표기와 한글 전용 등으로 나뉘는 대립 체계에 항상 주목하고 있었으며, 이것이 그의 문학비평의 관점을 형성하는 데 적지 않게 기여하고 있다.

> 시어가 항상 구어를 향해서 접근하고 있고 구어에의 접근이 보다 많은 사람들과의 공감을 전제로 한 것이라 생각할 때 '부족의 방언'의 세련은 결국 공동체적 유대와 공감의 확대와 연관된 것이라고 할 수 있다. 민족어의 세련이 기약하는 감정의 세련은 결국 공동체적 유대감이나 공감의 확대와 연결되는 것이다.[11]

이와 같이 살펴보았듯이, 유종호 문학비평의 중요한 향방으로 설정된 토

---

9 같은 책, 146면.

10 같은 책, 157~158면, 참고.

11 유종호, 『사회역사적 상상력』, 민음사, 1987, 159면.

착어 지향성의 문제는 그의 문학에 대한 가치지향 및 사유의 폭과 깊이를 반영하고 있음을 잘 알 수 있다. 그의 초기 비평문 「현대시의 50년」에서부터 「시와 토착어지향」과 「시인과 모국어」라는 의미 있는 비평문을 지나 비교적 최근에 상재된 『한국근대시사』에 이르기까지 일관되게, 그는 문학비평가로서 시와 시인을 통한 토착어 지향성의 문제, 민족어 순화의 문제에 대한 심오한 성찰과 통찰을 밝혀 왔던 것이다.

3. 긍정적 시각 : 우리말 기표記標의 언어형식

유종호의 문학비평은 이론비평보다는 실천비평, 원론비평보다는 실제비평에 상대적으로 더 무게를 두고 있다. 그 비율에 있어선 압도적이라고 할 만하다. 실천비평이니, 실제비평이니 하는 것은 작가작품론이라고 해도 크게 벗어나는 개념이 아니다. 그가 분석하고 평가하는 시인과 시 작품은 대체로 문학사적으로 검증의 대상이 된 시인들이거나 작품들이었다. 그렇기 때문에 도상途上의 젊은 시인이 그에겐 다소 홀시되어 온 감이 없지 않다. 그도 그럴 것이, 그가 비평의 대상을 중립적이고 엄격한 객관의 대상으로 삼으려고 했기 때문이다.

우리나라의 근현대시를 바라보려는 유종호의 시각은 문학적인 가치의 평가를 양분하는 데서 분명하게 드러난다. 시인들 중에서 긍정적으로 보는 시인이 있고, 다소 부정적으로 보는 시인도 있다. 편의한 용어 사용이 허용된다면, 전자의 경우를 알파시인군群이라고 하고, 후자의 경우를 베타시인군群이라고 하자.[12] 알파시인군은 그가 긍정적으로 보고 있는 시인들

12 알파시인군과 베타시인군을 비학문적인 용어로 생각하는 사람들이 있을 것 같아서 첨언

이며, 베타시인군은 그가 다소 부정적으로 보거나, 아니면 긍정하기에는 좀 유보적인 입장에 놓이거나 하는 시인들을 가리킨다. 이를테면 그는 김소월·정지용·서정주·박목월·신경림 등의 시인들을 전자에 속하는 그룹에 포함하고 있으며, 반면에 이상·임화·백석·유치환·신동엽 등의 시인들을 후자에 속하는 그룹에 포함하고 있다.

알파시인군과 베타시인군—이 두 가지 대립되는 용어를 가름하는 기준은 '부족 방언'의 순화와 세련에 있다.(그는 이와 유사한 표현을 무수히 되풀이해 사용하고 있다.) 우리말을 시적으로 순수하게 갈고 다듬고, 문학적으로 세련되게 치장하는 것. 자신의 비평문 여러 군데에서 즐겨 되풀이해 표현하고 있는 이 부족 방언이라는 어사는 민족어民族語라는 용어의 은유적인 대체 표현으로 보아도 그다지 무리가 없을 듯하다. 또 다른 평이하고도 간명한 표현이 있다면 '우리말의 창의적 활용'[13] 정도가 알맞지 않을까 한다.

그러면 유종호가 알파시인군을 어떻게 보고 있는지를 살펴보자.

여기의 첫머리에 놓이는 시인은 김소월이다. 김소월에 관한 유종호의 본격 작가론은 두 편이다. 하나는 「임과 집과 길」(1977)이며, 다른 하나는 「우리의 터주시인, 김소월의 시」(1994)이다. 이 두 편의 글로 김소월에 각별한 친화감을 드러내고 있다.

앞의 것은 김소월이 한恨과 애수의 시인이라는 뚜렷한 이미지에 기인한

한다. 일본의 최근 인문적인 성과로 높이 인정을 받은 모리 히로미치의 『일본서기의 수수께끼를 풀다』(1999)는 2000년 제54회 마이니치 출판문화상을 수상했고, 학문적 저술물로서는 이례적으로 베스트셀러가 되었고, 우리나라에도 『일본서기의 비밀』(2006)이란 제목으로 번역되기도 했다. 저자는 일본서기에 도래 중국인이 저술한 알파군 글쓰기와, 신라 유학승 출신 일인 학자가 저술한 베타군 글쓰기가 혼재한다고 했다.

13 유종호, 『서정적 진실을 찾아서』, 민음사, 2001, 138면.

일반론에 대하여 소월상의 참모습을 의미 있는 전체로 바라보려는 노력에 의한 반론으로 쓰인 글이다.[14] 이 글의 내용을 요약하자면, 대체로 다음과 같다. 김소월의 시편 가운데에서 임을 소재로 한 것이 적지 않은데, 즉 헤어진 임, 잃어버린 임, 없음으로서 부재不在의 저편에 간절히 드러나는 임이 그의 시 줏대가 되는 주제인데, 임 없음과 함께 되풀이되는 모티프는 집 없음과 길 없음이다. 그의 집은 고향이기도 하고, 또 임이 계신 곳이기도 하다. 길은 늘 막혀 있기 때문에 꿈길에 지나지 않는다. 부재나 상실의 저편에서 어른거리는 임과 집과 길은 현실적이며, 또한 낭만적이기도 하다. 김소월에게 있어서의 한의 정서는 그래서 낭만과 현실의 갈등에서 온 것이다. 이처럼, 「임과 집과 길」의 논조를 볼 때 김소월의 시를 당대의 현실과 연관을 지우고 있다는 점에서 사회문화적인 문학비평의 성격을 띠고 있다고 할 것이다.

「우리의 터주시인, 김소월의 시」는 1994년에 민음사에서 간행한 시집 『진달래꽃』의 해설인데 이듬해 동同 출판사에서 상재한 저서 『시란 무엇인가―경험의 시학』에서 부록으로 실리게 된다. 유종호는 김소월을 우리 시문학사의 이른바 '터주시인'으로 꼽고 있다. 터주시인이란 국민시인의 딴 이름이다. 그가 김소월을 우리의 터주시인으로 손꼽는 까닭은 다음과 같다.

> 터주시인 소월은 나랏말의 기층언어로 시를 썼다. 가령 「산유화」나 「초혼」이라는 시 표제는 반드시 기층어휘에 속하는 것은 아니다. 그러나 시 본문은 기초 단어 몇 백 개 안에 들어갈 정도의 기층어휘로 이루어졌다. 대개 기층어휘는 정서적 충전에 있어서 강력하다. (……) 뒷날의 교양 체험 과정에서 익히게 된

14 유종호, 「임과 집과 길」, 『세계의 문학』, 1977. 봄, 99면.

상층어휘는 이에 반하여 정서적 충전력이 허약하다. (……) 기층어휘는 이를테면 무의식의 언어로서 우리의 감정과 의식을 영혼의 깊은 곳에서 조정하고 지배한다. 그것은 존재의 깊이와 닿아 있는 말들이다.[15]

기층언어는 제1의 언어이다. 열두 살 이전에 자연스레 수용한 언어라는 점에서 모어(mother tongue)이다. 이에 반해 상층언어는 열두 살 이후에 배우고 익힌 언어라는 점에서 제2의 언어이다. 이를 보통은 습득언어라고 한다. 정서적인 감화력에 있어서 파급 효과가 큰 전자는 시적 내지 문학적인 근대주의자들에 의해 일쑤 훼손되어 오기도 했다. 유종호는 독자들이 기본적으로 좋아하는 시의 언어가 "모국어의 가장 기초적인 어휘로 이루어진 경우"[16]라고 이미 언급한 바 있기도 했다.

기층언어와 습득언어의 차이점에 관한 유종호의 사례로서 시인 김광섭의 경우가 매우 적절하다. 김광섭의 시 가운데 교양의 체험에서 얻은 후기 습득언어로 된 초기시보다도 기층언어(기초어휘) 중심의 후기시가 특유의 친화감과 호소력을 증대한다는 사실 말이다. 그의 후기시는 고혈압으로 쓰러져 회복한 이후에 쓴 시들을 가리킨다.[17]

유종호의 정지용에 대한 호감과 사랑은 앞에서 이미 밝힌 바 있듯이 1950년대 말의 청년 비평가 시절부터 비롯되었다. 그는 소년 시절에 정지용의 동시 「종달새」를 우연히 알고, 또 해방 직후에 간행된 『정지용시집』을 읽고 시의 세계에 눈을 뜨게 된다. 그가 정지용을 통해 소월과 만해를 알았다고 술회한 적이 있을 만큼, 그에게 정지용은 한국시에 관한 한 본원적

15 유종호, 『시란 무엇인가』, 민음사, 1995, 282~283면.
16 유종호, 『문학이란 무엇인가』, 민음사, 1988, 68면.
17 같은 책, 71면, 참고.

축적의 원체험이었던 것이다. 한마디로 말해, 학교에서 일본어만을 배워 우리말의 어휘력이 빈곤했던 소년시절의 그에게 정지용은 '조선말의 보물 창고'였던 셈이다.

> 정지용을 통해서 시가 언어예술이란 것을 체득했고 (……) 지금도 토착어 지향을 통해서 우리 현대시가 성숙해왔다는 지론을 가지고 있는데 그러한 실감의 기초가 되어준 것은 정지용이었다.
>
> 실험적인 시에 대한 유보감, 생경한 한자어에 대한 저항감, 절제되지 않은 감정과 표현에 대한 경원, 요컨대 아담한 고전주의적 성취에 대한 취향을 마련해준 것이 지용이었다고 생각된다.[18]

유종호는 세칭 시문학파로 알려져 있는 일군의 시인들이 토착어의 배타적 조직을 통해서 시적인 자기 발전과 자기 동일성의 성취를 이룩했다고 평가하였는데, 그 중에서도 대표적인 사례로 정지용의 「향수」를 꼽으며, 이 작품에서 고향의 재발견이 토착어의 발견과 세련으로 이어지고 그것이 다시 시인의 자기 동일성의 확립으로 이어졌다는 주장을 펼치기도 했다.[19]

유종호의 정지용관은 「시는 언어로 빚는다」(1994)에 이르러 극점에 도달하는 감이 있다. 그는 정지용을 김소월과 한용운의 수준을 넘어선 것으로 파악한다. 즉 그에게 있어서의 정지용은 민족어 위기의 시대에 민족어를 찾아내어 갈고 닦은, 그리고 부족 방언의 순화를 성공적으로 수행한 최초의 자각적인 시인으로 평가한다.[20] 또 정지용 시집 『백록담』의 과부족 없는

18 유종호, 『함부로 쏜 화살』, 문이당, 1989, 94~95면.
19 유종호, 『동시대의 시와 진실』, 앞의 책, 24~26면, 참고.
20 유종호, 『문학의 즐거움』, 민음사, 1995, 121면, 참고.

완벽한 비경秘境 그림은 『청록집』의 원형·영감·연원이 될 만큼 다대한 영향을 끼쳤다고 본다.[21]

유종호는 서정주의 시세계에도 각별한 의미와 가치를 부여했다. 정지용을 뒤이어 우리 시의 성취도를 심화시킨 가장 그릇 큰 시인이라고 했다.[22] 또 그를 가리켜 "우리 시인부락의 명실상부한 족장이며 가장 큰 우리말 시인"[23]이라고 극찬하기도 했다. 이러한 평가를 내리게 된 것의 일례로서 시집 『귀촉도』에 수록된 「무제無題」를 생각해 볼 수 있다. 그는 이 시를 두고 "우리말로 된 가장 빼어난 절대 서정시의 일종"[24]이라고 말한다. 부족 방언의 족장으로 비유되는 서정주의 진가는 그에 의하면 시집 『서정주시선』(1956)에 선보인 스무 편의 시편—기존의 시집에 수록되지 아니한 작품—에 있다. 빼어난 음률성과 뜻과 격조가 어우러져 있다는 점에서다. 일련의 시편 가운데 「풀리는 한강가에서」는 해동철의 강가에서 촉발되는 삶과 죽음에 대한 명상이 비장미로 승화되어 있거니와, 특히 이 시편이 일상적인 기층어휘로 성취되어 있음에 다시금 놀라게 된다는 것이다.[25] 그리고 이 시를 가리켜 "생활인의 비근한 소회를 간곡한 정감으로 토로하여 비장미의 지경으로까지 높인 보기 드문 진정성의 생활 시편"[26]이라고까지 말했다. 이 시에 대한 유종호의 심미적인 반응은 각별하다. 서정주가 별세한 직후에 조선일보에서 특집 기사를 마련할 때 그는 그의 대표적인 시로 이 시를 추천했다. 당시에 추천되어 조선일보에 소개된 서정주 대표시 세 편은

21 같은 책, 134면, 참고

22 같은 책, 121~122면, 참고.

23 유종호, 『시란 무엇인가』, 앞의 책, 97면.

24 같은 책, 62면.

25 유종호, 『서정적 진실을 찾아서』, 앞의 책, 161면, 참고.

26 유종호, 『문학의 즐거움』, 민음사, 1995, 23면.

시인 김춘수의 「화사」, 비평가 유종호의 「풀리는 한강가에서」, 소설가 신경숙의 「가벼이」였다. 비교적 가까운 시기에 상재한 시작품론집 『시 읽기의 방법』(2005)에서는 그가 이 시를 두고 "삶에 대한 비극적 인식과 살아 있음의 눈부신 희열을 반어적으로 노래하고 있는 이 작품은 미당 시뿐만 아니라 우리 시가 도달한 최고 순간의 하나를 울려 주고 있다."[27]라고 상찬하고 있다. 이러한 시 작품의 평가는 시인에 대한 평가로 고스란히 이어진다. 다름 아니라, 부족 방언을 순화하고 세련시킨 서정주의 시사적詩史的인 기여도야말로 아무리 강조해도 지나치지 않다는 것이다.[28]

유종호가 본 긍정적인 시인 가운데 박목월은 다소간 뜻밖으로 여겨질 수 있을 것이다. 우선 그는 본격적인 작가론으로서의 박목월론은 쓰지 않았다. 그렇지만, 그는 그의 저서 여기저기에 박목월의 시에 대한 친화적이고도 좋은 감정을 밝히고 있다. 그가 박목월의 시를 높이 산 데는 낯설고 신선하게 다가오는 느낌의 시적 언어로서 방언의 매혹에 있었을 것이다.

흰 옷자락 아슴아슴
사라지는 저녁답
썩은 초가지붕에
하얗게 일어서
가난한 살림살이
자근자근 속삭이며
박꽃아가씨야
박꽃아가씨야

27 유종호, 『시 읽기의 방법』, 삶과꿈, 2005, 75면.
28 같은 책, 73면, 참고.

짧은 저녁답을

말 없이 울자

– 박목월 「박꽃」 전문

우리 고장에서는

오빠를

오라베라 했다.

그 무뚝뚝하고 왁살스러운 악센트로

오오라베 부르면

나는

앞이 칵 막히도록 좋았다.

– 박목월 「사투리」 부분

앞의 시편인 「박꽃」은 박목월의 초기작이다. 유종호는 이 시를 되풀이해 독자들에게 소개하면서 이것이 지닌 시적인 장치와 미덕을 밝히곤 했다. 경상도 방언인 '저녁답'은 표준어 '저녁때'를 뜻한다. 낯익은 것에 대한 방언의 변조變調 효과는 낯설기 때문에 매력이 있는 시어로 탈바꿈한다. 뿐만 아니라, 이 시에 나오는 의태어들이 '범상치 않은 울림'을 부여하고 있다.[29] 결국 그는 이 울림의 부여를 통해 「박꽃」을 예사롭지 않은 작품으로 본 것이다. 그는 또 뒤의 시편인 「사투리」에서도 방언의 범상치 않은 울림을 감지한다. 그의 주장은 이렇다. 오빠를 오라베라고 부르는 소리를 들어야 비로소 오빠됨의 순간적 희열과 회포를 느낀다. 그리하여 이 대목에서 각별한 정서적인 충전을 이룩하게 되는 것이다.[30]

29 유종호, 『시와 말과 사회사』, 서정시학, 2009, 88~89면, 참고.

마지막으로, 그는 신경림의 시에서 구비적인 청감聽感에 이끌린다. 그에겐 시인 신경림이 대학생 시절부터 절친한 글벗이었다. 「고향의 노래, 신경림의 시」라는 비평문에서 신경림의 시가 생활감정에 의해 노래되기 때문에 '고향의 터주노래꾼'으로 비유한다. 특히 「목계장터」와 같은 시는 "떠돌이 길손의 정서에서 절창으로 터져나오는 것"[31]이라고 상찬되고 있다. 「서경 혹은 서정적 풍물」이란 비평문에서는 신경림 시가 백석보다는 박목월에 영향을 더 받았다고 단언한다. 이념적으로 물론 두 시인은 대척점에 서 있다. 박목월이 서정시의 본령인 사사로운 세계에의 열정적인 충실에 방점이 찍힌다면, 신경림은 가난하고 억압받는 사람들의 편에 서는 명료한 자의식을 자기 정체성의 징표로 삼으려 했다. 두 사람에게 같은 점이 있다면, 유종호는 "유려한 음률성, 생득적인 것으로 보이는 서정성의 확보, 모호성의 거부와 평명한 구문"[32]를 들고 있다. 이념이 전혀 다른 시인들을 언어형식의 측면에서 서로 비교한 것은 시인의 모국어 의식에 대한 일종의 비평적 신념이 전제되어 있었기 때문일 것이다.

유종호의 신경림론으로 대표성을 띠고 있는 「슬픔의 사회적 차원-신경림의 시」는 가난한 삶의 세목과 정한을 쉬운 말로 노래한 시집 『농무』와 시의 구전적 전통에 의탁해 민요의 가락을 되살리려고 시도한 시집 『새재』 사이의 자연스러운 조응 관계를 파악한 비평문이다. 그에게 있어서의 신경림은 근대 낭만주의가 유포한 천재 시인의 개념과 사뭇 동떨어진 시인상으로, 또한 예스러운 민요 가락을 도입한 '씌어지는 시'의 새 경지를 찾으려는 시인상으로 떠올리게 된다.[33] 요컨대 이순耳順에 도달한 신경림의 시

30 유종호, 『시란 무엇인가』, 앞의 책, 39면, 참고.

31 같은 책, 312면.

32 유종호, 『서정적 진실을 찾아서』, 앞의 책, 145면.

33 유종호, 『동시대의 시와 진실』, 앞의 책, 110~111면, 참고.

세계를 두고 그는 "우리말로 씌어진 가장 절실한 생활 시편이 (……) 신경림의 변함없는 문학적 목표요 성취였다."[34]라고 회고한 바 있다.

소쉬르 언어학에서 기표記標(signifier)와 기의記意(signfied)라는 대조적인 개념이 있다. 글자 그대로, 기표는 기호의 표현(형식)이며, 기의는 기호의 의미(내용)이다. 일상적인 의사소통이나 비문학적인 글의 표현에선 기의를 주목하지만 문학언어 특히 시의 언어에선 기의 못지않게 기표를 한결 중시한다. 유종호는 좋은 시일수록 기표의 자족성이 독자의 주의력을 잡아당긴다고 말한다. 보통은 기호 내용이 우리로 하여금 기억하게 하지만, 적어도 그에 의하면, 시는 기호 표현의 기억을 요구하는 언어 표현이다. 박목월의 시 「사투리」에서 오빠와 오라베의 기의는 같지만, 기표로 된 경상도 방언이 기의를 압도하고 있다.[35] 즉, 시란 것은 기의에 대한 기표의 우위성을 확인하게 하여 주는 언어형식이다.

우리말을 우리말답게 구성하는 것도 우리말 기표의 언어형식이다. 우리말 중에서도 외국어로 잘 번역되는 것이 있다면 기의이며, 우리말 가운데 번역이 잘 되지 않는 것은 기표다. 우리말의 상징어에는 소리를 흉내 내는 의성어와, 모습을 본뜬 의태어가 있다. 황진이의 시조에서 두드러진 것은 토착어의 시어화라고 할 수 있겠는데, 그 대표적인 적례로 '구비구비'나 '서리서리' 같은 의태어를 들 수 있겠다.[36] 요컨대 황진이가 우리말의 기표를 썩 잘 다루었다는 것의 방증인 것이다.

나의 사적인 경험을 말하기가 허용된다면, 언젠가 전북 고창에 있는 미당문학관에 학생들을 이끌고 간 일이 있다. 서정주의 붓글씨가 쓰인 액자

34 유종호, 『문학의 즐거움』, 앞의 책, 61면.
35 유종호, 『시란 무엇인가』, 앞의 책, 37~39면, 참고.
36 유종호, 『문학과 여성상』, 중앙일보사, 1985, 182~183면, 참고.

들이 적잖이 있었는데, 한 시구가 필자의 눈에 쏙 들어왔다. "여기는 어쩌면 꿈이다. 귀비貴妃의 묘墓등 앞에 막걸리 집도 있는 어여뿌디 어여뿐 꿈이다." 뜻은 썩 잘 통하지 않아도 뭔가 압도해 오는 게 있었다. 알고 보니 「무제」라는 시의 마지막 연인 제4연이었다. 앞서 밝힌 바 있었거니와, 유종호는 이 「무제」를 가리켜 우리말로 된 가장 빼어난 절대 서정시의 일종이라고 했다. 절대 서정시란 용어는 허버트 리드가 사용한 용어라고 한다. 즉 상징주의 시처럼 조응성이나 기의(기호의미)에서 절연시킴으로써 자폐적이고 자족적인 자장磁場에서 시의 궁극적인 자기실현을 성취하는 것. 이 대목에서 무의미 시니 비대상 시니 하는 것도 언어의 절대 경지를 추구한 서정시가 아니겠느냐 하는 생각을 갖게 한다.

유종호가 밝힌 바, 재미있는 일화 한 가지가 있다. 김춘수는 시에서 산다화山茶花라는 시어를 많이 사용했다. 두 사람이 만날 수 있었던 어떤 기회에 비평가가 시인에게 물었다. 산다화가 구체적으로 무슨 꽃이냐고. 이 꽃은 일본 규슈 지방에서 자생하는 동백꽃의 하나이다. 자신도 잘 모르며, 다만 소리와 글자가 좋아서 썼을 뿐이라는 대답이 돌아왔다고 한다. 산다화는 우리나라 남해안 일대에 흔히 피는 겨울꽃이다. 시인의 고향인 통영에도 많이 핀다. 순우리말로는 '애기동백'이라고 이름되는 꽃이다.

요컨대 시인은 기표에 이끌려 그냥 산다화를 거푸 노래한 것이다. 이처럼 무의미의 시는 기표의 가능성을 활용하면서 이미지의 음악을 시도한 것이라고 할 수 있다.[37]

37 유종호, 『시와 말과 사회사』, 앞의 책, 73~74면, 참고.

4. 부정적 시각 : 의미 중심의 전언傳言 소통

앞에서 보았듯이, 유종호의 시 비평 가운데 긍정적인 시각으로 바라본 시인군에 대한 그의 가치평가를 살펴보았다. 반면에 그에게 그다지 환영을 받지 못하는 이른바 베타시인군은 그가 다소 부정적으로 보거나, 아니면 긍정하기에는 좀 유보적인 입장에 놓이거나 하는 시인들을 가리키는데, 구체적인 실례를 든다면, 이상·임화·백석·유치환·신동엽 등의 시인들이 여기에 포함된다.

이상은 그에게 가장 부정적인 시인이다.

이상의 시들은 일종의 추문화醜聞化 전략에 지나지 않는다. 이 술어가 상황에 적절하거나 적확한 표현인가 하는 것과 별개로, 유종호는 이를 이상 시 비판의 준거로 삼고 있다. 추문화 전략이란, 다름 아니라 기존의 시들과 생판 다른 시를 써서 그것을 마치 추문처럼 만들어 버림으로써 동시대의 독자들을 은근히 선동하는 것을 말하는 듯하다. 그는 이상의 시 「오감도 제1호」를 잠시 분석한 바 있는데 이 시를 두고 "이상(李箱·理想·異常) 청년의 조급한 문학 선진화의 야망이 설계한 의미의 미로이며 무의미의 실체이며 기성적 시 관습의 추문화 장치이자 함정이다."[38]라고 말한 바 있다. 연작시 「오감도」가 당대 독자의 의표를 찌름으로써 독자의 호기심에 호소하는 어떤 매력을 갖고 있지만, 그 이후의 비슷한 시들이 기존의 시를 추문화하는 데 별로 성공을 거두지 못한 것은 그것이 더 이상의 신선한 충격이 될 수 없기 때문이다.[39] 한마디로 말해 유종호의 이상관은 "모국어에 기여한 바가 하나도 없을 뿐 아니라 철 맞지 않게 그 훼손이나 기

38 유종호, 『시란 무엇인가』, 앞의 책, 75면.
39 같은 책, 310면, 참고.

여한 시인"[40]으로 혹평하는 것으로 요약될 수 있다.

유종호에게 있어서의 임화는 전언傳言 위주의 시를 쓴 시인으로 치부된다. 반복과 다변과 영탄과 비분강개 등의 문청적인 기질의 그의 시가 보기에 따라서는 애호가 수준에 지나지 않으리라는 평판도 있을 것이다. 해방 전의 시인 중에서 정지용과 임화는 공히 바다를 소재로 한 몇몇 편의 시들을 썼다. 정지용의 바다에 관한 시가 식민지 현실이 탈색된 비정치적이고 비역사적인 물리적인 바다를 반영하고 있다면,[41] 임화의 「해협의 로맨티시즘」은 한반도의 험한 역사 상황과 청년들이 마주친 고난을 시사하는 기상적氣象的인 서술과 함께, 현해탄에 관한 시인의 격정적인 상념과 감회를 자유분방하게 토로한 것이다.[42] 임화는 시로써 정지용을 비판하기도 했다. 임화의 「밤 갑판 위」는 정지용의 「또 하나의 다른 태양」에 대한 비판의 의도로 쓰인 특별한 시편이다. 이에 대한 유종호의 평가는 매우 적절해 보인다.

> 암울한 식민지 현실을 밤으로 파악하기 때문에 임화는 밤과 현실을 외면하는 정지용을 참지 못하는 것이다. (……) 임화의 정지용 비판은 사회주의 시인의 비정치적인 시인 공격인 것 이상으로 낭만파 시인의 고전주의자 공격이라는 측면을 가지고 있다고 생각된다.[43]

유종호가 정지용과 임화의 관계를 이데올로기나 순수와 참여의 관점으로만 보지 않고, 문예사조의 측면에서 바라본 것은 비평적인 사유의 입체

---

40 유종호, 『서정적 진실을 찾아서』, 앞의 책, 428면.
41 유종호, 『다시 읽는 한국 시인』, 문학동네, 2002, 78면, 참고.
42 같은 책, 71면, 참고.
43 같은 책, 79면.

성을 지녔다고 보인다. 물론 그는 임화의 편이 아니라 정지용의 편에 서서 평가하고 있기 때문에 가치중립적이라고 보기는 어렵다. 임화의 시는 해방 전보다 해방기에 더 정치적이었고, 해방기보다 한국전쟁 중에 더 정치적으로 격렬했다. 임화의 시가 정치적이라서 유종호가 그의 시를 비판하는 것은 아니었다. 그가 정치적 전언의 시에 관해 유보감을 갖고 비판한 것은 정치적 전언의 당파성에 대한 거부감이 아니라, 그것의 안이함과 피상성 때문이라는 것.[44] 그가 적례로 삼고 있는 텍스트는 해방기 임화의 시 「3월1일이 온다」와 「깃발을 내리자」이다. 유종호가 더욱이 못마땅해 한 것은 임화가 김유정의 소설을 두고 "방언이나 좋지 못한 말을 조장하는 것과 같은 난용亂用주의"의 사례로 보았다는 사실이다. 유종호는 이 대목에서 임화를 겨냥해 "소아병적 교조주의"라는 극언을 사용한다.[45]

뿐만 아니라, 유종호는 시를 언어로 빚은 정지용에 비추어 임화 및 카프 계열의 정치시(인)를 두고 극단적으로 폄하하기도 했다. 그도 그럴 것이, "남다른 도덕적 정열이나 정의감보다도 재주가 없기 때문에 정치시인이 되는 무자각의 비극을 접한다는 소회를 금할 수가 없다."[46]고 말한 바 있기 때문이다.

백석에 대한 유종호의 가치 평가는 전체적으로 볼 때 중도적이라고 할 수 있다. 주지하듯이, 백석의 시는 관서關西 방언으로 이루어져 있다. 유종호는 우선 박목월 시의 방언과 백석 시의 방언을 차별화한다. 그에 의하면, 전자의 경우가 즉시적인 인지가 가능하다면, 후자의 경우는 배타적인 농도가 진하기 때문에 독자의 인지를 지연시킨다는 것. 이를테면 백석의 시

44 유종호, 『시란 무엇인가』, 앞의 책, 222면, 참고.
45 유종호, 『시와 말과 사회사』, 앞의 책, 161면, 참고.
46 유종호, 『문학의 즐거움』, 앞의 책, 137면.

「넘언집 범같은 노큰마니」와 같은 시는 독자로 하여금 인지의 지연을 경험하게 한다. 이때 독자가 방언 의미의 해독에만 매달리므로 작품의 울림은 상당 부분 소진되고 만다. 백석 시의 한계가 여기에 있다는 것이다. 백석의 초기시가 과대평가되는 것을 경계하는 입장에 그가 서 있다는 것도 여기에 근거한다.[47]

유종호는 2002년에 『다시 읽는 한국 시인』이란 작가연구의 저서를 공간한 바 있다. 이 책에는 연구 대상이 된 네 명의 시인 중의 한 사람인 백석에 관해 많은 지면이 할애되어 있다. 한마디로 말해, 백석이 타고난 방언주의자라는 것. 유종호에게 있어서 방언은 배타적인 성격을 지닌다. 백석의 방언 지향이 이념적 표준(어)에 대한 배타성을 함유하는 것이라고 유종호는 보고 있다. 그는 기회가 있을 때마다 배타적인 언어 조직을 얘기해왔다. 그에게 있어 방언, 토착어, 모국어의 개념은 배타적인 언어 조직이다. 방언은 표준어에, 토착어는 외래어에, 모국어는 외국어에 배타적이라는 것이다. 물론 이 생각은 근거가 없는 건 아니다. 하지만 곰곰이 따져 보면 표준어, 외래어, 외국어가 주류 형식의 입장에서 그것들보다 더 배타적인 힘을 지닌다. 그리하여 그것들을 변두리로 내몰려고 하는 경향이 있다. 여기에서 말하는 배타적이란, 대립적이란 것보다 더 말의 느낌이 강한 것인데 소위 방언, 토착어, 모국어의 개념이 상대적으로 볼 때 배타적이라기보다는 '자족적'인 것이 아닌가 하는 생각이 든다. 만약 내가 유종호의 처지라면 방언이 자족적인 언어 조직이라는 표현을 사용했을 터이다. 어쨌든 그는 "백석의 방언 지향이 때로 생소한 방언의 과다로 독자를 짜증나게 하는 경우도 있다."[48]라고 말한다. 이 비슷한 얘기는 일본 시인 다나카 후유지

47 유종호, 『시와 말과 사회사』, 앞의 책, 90면, 참고.
48 유종호, 『다시 읽는 한국 시인』, 앞의 책, 265면.

(田中冬二)와 백석의 영향 관계를 논한 최근의 한 비평문에서도 되풀이되고 있다.

> 1935년에 나온 『사슴』은 버림받는 고향을 복원하려는 강렬한 주제의식이 마련한 유니크한 시집이고 「고야(古夜)」, 「주막」, 「여우난곬족」 등의 수작과 몇 편의 빛나는 단시를 수록하고 있다. 그러나 원광석(原鑛石) 같이 생소한 서북 방언의 고집스러운 나열은 독자를 짜증나게 하고 되풀이 읽다 보면 최초의 충격이 가셔서 밋밋해지고 만다.[49]

이 인용문은 유종호가 다나카 후유지와 백석의 시를 비교하면서 비슷한 면모 못지않게 서로 다름을 확인하면서 두 시인의 영향 관계는 미미한 정도의 삽화에 지나지 않는다는 사실을 해명한 비평문에서 따온 것이다. 이로써 백석 시의 비교문학적인 원천이 다나카 후유지에 굳건히 자리하고 있다는 세간의 의혹과 풍문은 어느 정도 해소되었다고 생각된다.

유종호는 백석의 시세계가 시집 『사슴』 이후에 소재의 다변화를 꾀하면서 성숙해 갔으며, 20세기 한국시의 정상부를 끌어올린 것은 백석의 후기 시편이었다고 강조한다. 그는 「남신의주 유동 박시봉방」, 「흰 바람벽이 있어」 등의 백석 후기 시편을 가리켜 한국시 최상의 시편이라고 평가하기에 이른다.[50] 그의 시작품론집인 『시 읽기의 방법』(2005)에 「흰 바람벽이 있어」에 관한 개별적인 작품론이 실려 있다.

토착어의 시적인 효용성을 부단히 강조해 온 유종호가 한자어 중심의 시를 쓰기도 했던 유치환에게 큰 호감을 가지지 못한 것은 필지의 사실이

49 유종호, 「상호텍스트성의 현장-초기 백석의 경우」, 『시인수첩』, 2011, 창간호, 203면.
50 같은 책, 204면, 참고.

다. 유종호의 유치환관은 「조선시집朝鮮詩集 읽기」라는 글 속에 인상적으로 집약되어 있다. 『조선시집』은 김소운이 한국의 대표적인 근현대시를 일본어로 번역한 시집이다. 여기에 실려 있는 유치환의 시 한 편을 보자. 한자 표기가 그득한 한국어 원문과 일본어 번역시를 함께 보자. 시의 표제는 「東海岸에서(東海岸にて)」이다.

白日은 中天에 걸리어 나의 無聊를 連하고
茫茫한 潮水는 헛되이 干滿을 거듭하여 地表를 씻는 곳
여기는 나의 寂寞의 空洞
透明히 絶緣體된 忘却의 邊涯어니
意味 없는 哀愁는 드디어 渺漠하여 돌아오지 않고
오로지 無念한 孤獨은 한 마리 小蟹에 滅하나니
나는 호올로 이 無人한 白沙 우에
乞人처럼 人生을 懶怠하노라

白日は中天に懸りてわが無聊に連り
茫茫たる潮水の空しく干滿を重ねて地表を洗ふところ
こは わが寂寞の空洞にして
透明なる絶緣體 忘却の邊涯たり.
哀愁はつひに渺漠してとかへり來らず
ひたすらに念ひなき孤獨こそは一疋の小蟹に滅するなれ
ひとりわれ 砂上に在りて
乞食の如く人生を懶怠せむ.

인용시 「東海岸에서(東海岸にて)」는 유치환의 첫 시집 『청마시집』에 실려

있다. 한자어 구사의 과도함이 대번에 느껴지는 시다. 생경한 한자어는 시를 비롯한 모든 문학에서 환정적喚情的인 호소력이 취약하다. 이 시뿐만이 아니라 그 밖의 시도 한자어이거나 한자로 표기된 것이 많다. 이런 시일수록 일본어로 번역하기 용이하다. 토吐만 바꾸어 직역하면 그만이기 때문이다.

> 우리의 근대시는 일제 한자어를 멀리하고 풀뿌리 말과 토박이말의 조화로운 조직을 지향하면서 일변 성숙해 왔다고 할 수 있다. 유치환 자신도 뒷날 일제 한자어 구사를 절제하고 있다. 유치환 특유의 남성적인 울림이나 비분강개조가 한자어 선용에서 유래함은 사실이다. 그러나 바로 그러하기 때문에 그가 '부족 방언'의 순화에 크게 기여하지 못했으며, 그 연금술사로서의 매력을 넉넉히 발휘하지 못하는 것도 사실일 것이다.[51]

이 대목에 이르러 유종호의 비평관이 명료하게 드러나고 있다. 생경한 한자어로, 특히 일본식의 한자어로는 우리의 정서를 효과적으로 환기시키지 못한다. 부족 방언의 순화와 세련을 시적으로 기약하는 것은 토착어를 갈고 닦는 데 있다고 그는 힘주어 밝히고 있는 것이다.

베타시인군의 마지막 시인은 신동엽이다.

유종호는 신동엽의 시를 두고 격문시 흐름의 정치시로 이해하면서 임화로부터 크게 영향을 받았다고 본다. 즉 그에게 있어서의 신동엽은 임화의 추종자로 비춰지고 있는 것이다. 그는 신동엽의 시편 도처에서 임화가 개발하고 선용한 긴박한 호흡의 간결한 시행을 보게 된다고 했다. 사상적인 면에서도 두 시인은 근친성을 지니고 있다고 생각했다. 신동엽의 「껍데기는

51 유종호, 「조선시집 읽기」, 하이재최정호박사화갑기념사화집, 『말의 만남·만남의 말』, 나남, 1993, 91면.

가라」는 임화 흐름의 전투적 격문시가 도달한 한 수준을 보여 주는 것이라고 했다.[52] 이 주장과 연관되는 부분이 있어서 다음과 같이 인용해 본다.

> 역사에서도 현실에서도 조리로 쌀 일 듯이 쌀과 뉘가 쉽게 가려지지는 않는다. 알맹이와 껍데기가 쉽게 가려진다고 생각하는 그의 격문시보다도 「담배연기처럼」 같은 사랑의 서정시편을 좋아한다.[53]

유종호는 1999년, 신동엽 30주기 기념 심포지엄에서 「뒤돌아보는 예언자-다시 읽는 신동엽」을 구두로 발표한다. 인용문은 발표 원고이다. 이 자리는 본디 신동엽을 기리는 자리이기 때문에 더 이상 비판을 자제하면서 개인적인 취향을 슬쩍 밝히는 선에서 머물고 있다. 이때에도 신동엽을 현실주의 시인 임화의 가장 정통적인 승계자라고 말한다. 물론 이 사실에 대해, 임화가 신동엽에게까지 영향력을 미친 정치시, 격문시의 중심적인 존재인가, 하는 의문을 제기한 반론적인 성격의 문제의식도 없었던 건 아니다.[54] 그러나 이것이 유종호의 입론을 뒤집기에는 논리가 견고하지 못했다.

유종호는 오래도록 한국의 근현대시의 실상을 유심히 바라보면서 자신의 가치관에 따라 선악, 미추, 시비, 곡직을 따졌다. 그는 긍정적인 시인의 계보와 부정적이거나 긍정적이지 못한 시인의 계보로 크게 나누고 있는데, 나는 이를 두고 알파시인군과 베타시인군으로 편의상 명명하여 보았다. 전자는 대체로 기의에 대한 기표의 우위성을 확인할 수 있는 시인들을 말하는 것이며, 후자는 기의에 머물러 독자에게 의미 위주의 전언傳言 소통을

52 유종호, 『다시 읽는 한국 시인』, 앞의 책, 92면, 참고.
53 유종호, 『서정적 진실을 찾아서』, 앞의 책, 130면.
54 윤영천, 「감각과 비정比正-'연구'의 중립성을 넘어서」, 『창작과 비평』, 2002. 가을, 448면, 참고.

요구하거나 기표의 우위성이 확인되어도 일상어로 잘 소통되지 않는 시인들이 해당된다고 할 수 있다.

5. 근대 시문학사와 민족어 순화 지향

근현대시를 보는 관점은 유종호 문학비평의 일부에 해당한다. 하지만 후기로 내려올수록 이것은 그의 비평적인 중심 과제가 되어 간다. 아마도 추측하건대 이화여대 영문과 교수직에서 연세대 국문과 석좌교수직으로 신상이 변동하는 과정에서 자연스레 그렇게 되어 간 것이 아닌가 하는 생각이 든다.

유종호는 최근에 『한국근대시사 1920~1945』(2011)라는 시사詩史 체계의 저술물을 간행한 바 있다. 문학사 관련의 저서는 한 번도 내지 않았던 그가 이 책을 공간하게 된 것은 그동안 근현대시의 연구를 시대적인 추이에 따라 정리해 보겠다는 의도가 깔려 있는 것 같다. 본인 스스로는 서문에서 서지적인 고증에 치우치지 않고 요령 있게 축약된 간소한 문학사라고 말하고 있다. 그는 이 책에서 '민족어 순화 지향'이라는 의미 있는 가설을 제기한다. 이 개념이 두 개의 축에 기초한 대칭 관계를 도형화할 때 네 가지의 개념 중에서 하나에 지나지 않겠지만, 가장 중요한 개념으로 의미 있게 제시되어 있는 것은 물론이다.[55]

근현대시를 보는 그의 관점 중에서, 특히 근대시 부분에 해당하는 것은 자신의 저서인 이 책에 이르러 형태상의 완결성을 얻게 되었던 것 같다. 이

55 유종호, 『한국근대시사 1920~1945』, 민음사, 2011, 34면, 참고.

책의 원고는 본디 계간 『세계의 문학』 2006년 가을부터 2009년 여름까지 '한국 시의 20세기'란 제목으로 연재되었던 것이다.

한국의 시문학사 기술은 유종호 이전에 없었던 것은 아니다. 그의 말마따나 서지적인 고증을 갖춘 견고한 책들이 이미 나와 있었다. 그 대표적인 사례를 들라면, 나는 정한모의 『한국현대시문학사』(1974)와 김용직의 『한국현대시사』(1996)를 손에 꼽을 것이다. 정한모의 책은 개화기에서부터 1920년대 초까지의 시문학사 기술물이다. 이것의 의의는 오세영이 밝힌 바 있듯이 "철저한 자료 검증과 실증적 태도 위에서 쓰여진 최초의 시사詩史라는 점"[56]에 있다. 김용직의 책은 몇 차례의 시사적인 기술이 있었다. 이 경우는 1980년대 말의 정치적인 해금 시인들이 제도권으로 유입되면서 연구 대상의 총량이 증가하면서 불가피하게 다시 씌어진 것이라고 하겠다. 이 책은 두 권으로 나뉘어 716면수나 되는 방대한 분량으로 이루어진 문학사이다. 1930년에서 1945년에 이르는 15년간의 문학사라는 점에서, 이것은 문학사로서는 기간이 너무 단축된 감이 있다. 방법론의 성격은 절충론적이다. 문학사는 본디 문학과 역사의 복합적인 개념어로 이루어진 것이다. 문학이 지나치면 구조론構造論으로 대체되며, 반면에 역사에 큰 방점을 찍으면 찍을수록 속류사회학으로 전락하게 된다.[57] 그래서 문학과 역사의 균형 감각을 유지하는 절충론의 성격 속에서, 그 문학사의 기술이 시도되었던 것이다.

유종호의 『한국근대시사 1920~1945』는 1920년에서 1945년까지의 25년간의 시문학사이다. 1910년대 사료의 일천한 내용을 감안할 때, 일제 강점기의 전반全般에 거의 해당하는 기간이다. 정한모가 국문학자이고, 김용

56 월간 신동아 부록, 『현대한국의 명저 100권』, 동아일보사, 1985, 70면.

57 김용직, 『한국현대시사·1』, 한국문연, 1996, 10~11면, 참고.

직이 국문학자와 문학비평가의 중간 형태라면, 유종호는 문학비평가이다. 이런 까닭에 유종호의 시문학사는 문학비평의 관점에서 기술되었다. 그의 문학사관은 '문학사와 비평의 상호 보족 관계'[58]를 기본적인 성격으로 삼고 있다. 그의 문학사관은 존스홉킨스대학교 출판부에서 간행된 『문학사는 가능한가(Is Literary History Possible?)』에 공명한 것과 무관하지 않은 것 같다. 그 핵심적인 내용은 다음과 같이 정리될 수 있겠다.

> 문학사는 역사와 다르다. 문학사가 다루는 작품들은 역사의 일부로서의 그들의 의미와 다르면서 그것을 초월하는 가치를 가지고 있다고 여겨지기 때문이다. 다시 말해 문학사는 비평이기도 하다. 문학사의 목적은 단순히 과거를 재구성하고 이해하는 것이 아니다. (……) 문학사는 문학의 이해에 봉사한다.[59]

문학사가 문헌 중심의 자료를 나열하는 데 그친다면, 연구의 객관성을 확보하는 데 있어서는 다소 유용하겠지만, 일반 독자를 지적으로 만족하게 하는 데는 뭔가 부족한 점이 없지 않을 것이다. 이 점이 바로 유종호의 시문학사가 후자에 손을 들어 준 이유다.

정한모와 김용직은 '현대'라는 용어를 썼고, 유종호는 '근대'라는 용어를 사용했다. 어느 것이 더 합당한가. 이 점에 관해서는 논란과 쟁점이 많다. 나의 생각으로는 현대가 동시대성을 염두에 둔 용어라면 후자가 옳다고 본다. 물론 다 그런 것은 아니지만 역사학의 관점에서 그렇게 보는 경향이 있다.

58 유종호, 『한국근대시사 1920~1945』, 앞의 책, 5면.
59 같은 책, 24면, 재인.

……한국 현대의 기점은 심한 불구성, 파행성에도 불구하고, 그리고 정치와 산업화에서 보이는 것처럼, 중요 부문간에 괴리와 불균형이 심하게 노출됨에도 불구하고, 해방 이후가 될 수 있지 않을까 생각된다. 전근대적인 성격이 많이 남아 있지만, 한국인 대다수는 해방 이후를 동시대로 생각하고 있는데, 이 점도 시대구분에서 간과할 수는 없을 것이다.[60]

유종호는 일제강점기의 시인 내지 시문학 운동사에서 소위 부족 방언을 순화한 시문학파의 시적 성취를 각별히 주목하고 있다. 시문학파의 시인들이 우리말의 기표와 음상音相을 각별히 배려했기 때문이다. 물론 시문학파 시인들에 대한 개별적인 평가가 서로 어긋나기도 하지만[61] 대체적으로 볼 때 긍정적이다. 긍정적인 경우의 한 예로, 김영랑이 그의 시편 「모란이 피기까지는」에서, 사람들이 화투를 칠 때 유월 목단이라고 하는 것을 모란의 소리 효과에 착목해 다섯 번의 꽃 이름을 되풀이해 사용한 것은 시의 효과인 음악성을 증대시킨 것이라고, 그는 간주하고 있다.[62] 요컨대 유종호는 시문학파의 시인 중에서 김영랑과 정지용을 두고 부족 방언을 순화한 대표적인 시인으로 꼽고 있으며, 이 두 사람 중에서도, 그는 정지용을 더 높이 평가한다.

너무도 자명해서 간과하기 쉽지만 시는 언어예술이고 또 언어로 빚어진다. 당연히 우리의 시는 우리말로 이루어진다. 이러한 명제의 함의를 정지용처럼 열렬히 자각하고 실천한 현대 시인은 그 이전에는 없었다. 그가 구사한 언어는

60 서중석, 「현대의 기점문제」, 『국사관논총』 제50집, 국사편찬위원회, 1993, 140면.

61 김영랑에 관해서는 반反시대적인 외곬의 서정시인이란 수사를 동원하지만, 박용철에 관해서는 집중 없는 재능의 행방을 아쉬워한다.

62 유종호, 『한국근대시사 1920~1945』, 앞의 책, 149면.

발명이라는 이름에 값할 만큼 창의적이고 개성적이다. 민족어 위기의 시대에 그처럼 토박이말을 찾아내어 갈고 닦은 사람은 그 이전에는 없었다.[63]

유종호의 정지용에 대한 호감은 주지하듯이 1950년대의 청년 비평가 시절에서부터 비롯하고 있다. 『사상계』 1959년 10월·11월 합본호에 발표한 「현대시의 50년」에서 정지용을 최정상급의 시인으로 언급한 바 있었다. 그에게 해방 전의 최정상급의 시인은 정지용이며, 해방 후의 경우는 서정주이다. 그가 본 한국 근현대의 대종장大宗匠의 시인은 바로 이 두 사람이었던 것. 어쨌든 그의 시문학사는 정상급의 시인만으로 시문학사를 엮을 수 있다는 가능성을 남겼다는 점에서 시사하는 바 적지 않다. 앞서 언급한, 그 이전의 김용직의 『한국현대시사』는 "영웅 예찬, 최고봉 일체주의도 택하지 않"[64]은 객관성 지향의 문학사라고 할 수 있다. 이런 점에서 볼 때 유종호의 시문학사는 작가 중심의 낭만주의 문학사의 한 유형에 속한다고 할 수 있다.

근대 시인에 대한 가치평가에 있어서 유종호의 가장 복잡한 함의를 드러내고 있는 시인은 백석이다. 물론 그는 백석을 긍정적으로 보기도 했다. 그러나 상황에 따라 때로는 부정적, 때로는 중립적, 때로는 유보적으로 보았다. 전체적으로 볼 때 그가 백석을 반드시 긍정적으로 보았던 것은 아닌 것이다. 그가 백석에 대해 비교적 못마땅하게 생각할 때마다 동원한 술어는 언필칭 '방언주의'였던 것. 백석과 관련해 방언주의라는 말이 나온 대목을 열거하면 다음과 같다.

---

63 같은 책, 156면.

64 김용직, 앞의 책, 11면.

> 초기 백석의 방언주의는 세련된 정지용 시어에 대한 역주행적 발상의 소산이라고 여겨지는 부분이 있다.[65]

> 『사슴』에 보이는 배타적 방언주의가 아일랜드의 극작가 존 밀링턴 싱에 의해서 고무되었을 가능성이 있다. (……) 아일랜드 영어의 방언을 쓰는 싱의 희곡 등장인물의 방언 구사가 백석의 고집불통 방언주의에 영향소로 작용했을 가능성이 크다.[66]

> 초기의 배타적이고 얼마쯤 짜증나는 방언주의는 청년기 특유의 자기 현시 성향이나 개성강조 성향의 발로라 생각된다.[67]

이상과 같이 유종호의 백석에 대한 방언주의 관련 평가를 나열해 보았다. 보다시피, 그다지 이 말은 호감을 가지고 사용한 말은 아닌 것 같다. 그의 백석에 관한 가치평가는 상당히 조심스러우면서도 결코 긍정적이지 아니한 감정 속에 맴돌고 있음을 잘 알 수 있다. 우리나라의 대표적인 방언학자로 이름이 나 있는 (또 시인이기도 한) 이상규는 시인 백석을 가리켜 가장 다양하고 많은 방언을 구사한 시인으로 보면서, 그의 방언이 전혀 어색하거나 낯설지도 않으며, 또 고향, 즉 고향의 말인 방언을 부족 집단에 대한 파토스로 이해해서도 안 된다고 밝힌 바 있다.[68] 물론 이것은 유종호에 대한 반론으로도 읽힐 수 있다. 유종호가 말한 부족 방언이란 본디 프랑스 시인 말라르메가 처음 썼던 말이다. 이것을 영국의 엘리엇이 빌려 썼다. 그

---

65 유종호, 『한국근대시사 1920~1945』, 앞의 책, 8면.
66 같은 책, 236~237면.
67 같은 책, 239면.
68 이상규, 『위반의 주술, 시와 방언』, 경북대 출판부, 2005, 116~117면, 참고.

말은 민족어의 비유적인 표현이다. 전全지구적인 수준에서 볼 때, 프랑스 부족 방언은 프랑스어이며, 일본 부족 방언은 일본어다. 이상규의 백석에 대한 평가는 다음과 같이 애틋하고 찬미적이다.

> 백석의 시에 나타난 방언은 과거를 불러일으키는 향수의 근원이며, 또 어휘 하나하나에 어린 시절의 역사와 신화가 물결무늬처럼 아롱져 있다. (……) 이 시대를 함께 살았던 민중 속에서, 그를 삶의 기의와 기표를 시라는 장치 속에서 사투리로 되살려낸 백석의 힘찬 노력은 두고두고 찬양해도 손색이 없을 것이다.[69]

이 대목에서 짚고 넘어갈 것이 있다. 방언의 어학적인 가치와 방언의 문학적인 가치는 서로 동일하지 않다는 것이다. 문학 작품이 방언으로 씌어졌다고 해서 모두 가치가 있는 것은 아니다. 문학 자체가 말은 아니다. 말 중에서도 가림새 있게 선택된 말, 사람들의 감동을 불러일으키는 삶의 진실된 말이 문학이다. 방언 중에서도 방언학자가 보아서 가치가 있다고 판단되는 방언이 문학적인 방언이 아니라, 보통 사람들이 접하여서도 이질감이 없고 방언사전을 찾아보지 않아도 (물론 적지 않은 방언이 방언사전에도 누락되어 있지만) 뭔가 소통이 되고 청각적인 느낌이 좋은 방언이 바로 문학적인 방언이 되는 것이다.

유종호는 유치환이 빈번하게 사용한 한자어로 인해 그의 시를 '한자어의 기계체조'라고 흥미롭게 비유한 바 있다. 유치환의 한자어 중에서도 일본식 한자어나 일본식 단어가 많다는 게 더 문제라는 것이다. 시집 『청마

69 같은 책, 152면.

시초』(1939)에 나오는 시의 표제로 이용한 한자어 가운데 추해秋海, 구배句配, 오월우五月雨 등등이 그 대표적인 예라고 본다. 시사적인 맥락에서 볼 때, 유치환 시의 의고체의 호쾌함과 준엄함은 유례를 찾기 어려울 정도로 전무후무한 것이지만, 김영랑 유의 여성적 감성으로부터의 역주행을 시도한 것이며, 결국 그의 소위 '바위의 시학'은 목월의 리리시즘과 대척점에 서 있고, 미당의 언어 연마, 어법 계발과 대척점에 놓여 있다고 보는 것이 그에 관한 유종호의 대체적인 생각이다.[70]

유치환은 김종길의 말마따나 대가일 수는 있어도, 유종호의 말처럼 결코 명장名匠일 수는 없다. 여기에서의 명장은 언어의 명장임을 뜻한다. 유치환이 내용 면에서 사상과 정신의 높은 경지에 도달했지만 형식의 면에 있어선 언어의 경영자가 되지 못했다. 말하자면 유종호에게 있어서 최정상급의 시인은 내용과 형식의 일체감을 보여 준 시인이다.

유종호는 한국의 근대시사에서 누구를 최정상급의 시인으로 꼽았을까? 그에게 있어선 다름 아닌 정지용이다. 정지용은 시집 『백록담』에서 내용적으로 "사회를 향해 닫혀 있고 자연을 향해서 열려 있는 은자적隱者的 지각이 성취한 고요와 무심의 경지"[71]에 도달했으며, 형식의 면에서는 "언어 미술이 존속하는 한, 그 민족은 열렬하리라"고 하는 자신의 평소 지론, 경언구를 실천하는 데 소임을 다하였다. 유종호가 그를 근대 시사의 소위 대종장의 시인으로 보았던 것도 이러한 사실에 근거하고 있는 것이다.

70 유종호, 『한국근대시사 1920~1945』, 앞의 책, 251~269면, 참고.
71 같은 책, 159면.

6. 맺는 말 : 유종호의 비평사적 위상

유종호 문학비평에서 중요한 향방으로 설정된 것은 주지하는 바대로 토착어 지향성의 문제다. 이 개념은 최근에 문학사의 틀을 형성한 소위 민족어 순화 지향과 동전의 양면 관계를 이루고 있다. 또한 이 개념 속에는 그의 문학에 대한 가치지향 및 사유의 폭과 깊이를 반영하고 있음도 잘 알 수 있다.

그의 초기 비평문 「현대시의 50년」에서부터 「시와 토착어지향」과 「시인과 모국어」라는 주조음의 비평문을 지나, 『시란 무엇인가』 이래 근현대시에 관한 여러 가지 저서를 간행하면서, 비교적 최근에 상재된 『한국근대시사』에 이르기까지, 일관되게, 그는 문학비평가로서 시인들이 남긴 무수한 시 작품에서 볼 수 있는 토착어 지향성의 문제, 민족어 순화의 문제에 대한 심오한 성찰을 밝혀 왔다. 이 과정에서 그의 비평적인 안목과 통찰력의 깊이가 의미 있게 드러나고 있었다.

유종호는 한국의 근현대시가 창의적인 언어 구사와, 우리말의 우리말다운 활용 등을 통해, 우리 문학의 위상을 바꾸어 놓았고, 또 토착어의 독창적인 활용이 민족어로 이룩된 민족문학의 순화와 세련에 결정적으로 기여한다고 보고 있다.

이 대목에서 민족어가 민족의 정신을 발현하거나 선양한다는 사실은 두말할 나위조차 없다고 할 것이다. 독일의 언어학자였던 빌헬름 훔볼트는 언어의 구조와 민족성의 필연적인 관계에 대한 세계관의 사상을 펼쳤던 사람으로 잘 알려져 있다. 그는 각각의 모국어가 특정한 민족 정신의 발현(emanation)이며 독자적인 세계관을 반영하는 내적 형식의 외적 표현이라고 말한다. 그의 어록 중에서 비교적 잘 알려진 연쇄적인 수사의 명제를 옮기면 다음과 같다.

언어는 민족 정신의 외적인 현상이다. 민족의 언어는 민족의 정신이며, 민족의 정신은 민족의 언어이다.(Die Sprache ist gleichsam die äußerliche Erscheinung des Geistes der Völker, ihre Sprache ist Geist und ihr Geist ihre Sprache.)[72]

민족어와 민족 정신의 상호 동일성은 여기에서 보는 것처럼 민족주의 시대의 철학적인 한 바탕을 이루고 있었다. 아직까지 우리 문학사 기술에서 민족문학의 가치와 의의가 유효한 측면이 남아 있다면 훔볼트적인 언어관에서 쉽게 벗어나지 못할 것이라고 본다.

주지하듯이, 일본 제국주의가 강점했던 시기는 민족어가 위기에 처한 초미의 시대였다. 이 시기에 시인들이 모국어를 열렬하게 자각한 것이 우리 근현대 시사詩史의 핵심 과제였을 터이다. 유종호는 당시의 시인들이 모국어의 기층을 이루면서 민족의 의식과 무의식을 길러온 토착어를 민족의 시어로 사용함으로써 시인됨과 시인의 자기 동일성을 추구할 수 있었다고 생각하기에 이르렀을 것이다.

요컨대, 문학비평의 형식도 일종의 언어형식인 것이다.

유종호가 문학비평의 형식을 통해 문학 언어로서의 토착어, 모국어, 민족어의 의의를 논리적으로 밝힌 것은 일차적인 창작의 언어와 태생적, 운명적으로 이질적인 (일종의 메타언어로서의) 비평의 언어를 한결 세련되고 품격 있게 한 단계 격상했음을 가리키는 것이라고 생각해도 좋을 터이다. 문학이 언어형식의 질감을 제고하는 것이라는 생각을 집중적으로, 깊이 있게 탐색한 문학비평가가 유종호 이전에 아무도 없었다는 사실을 한 번쯤 상기해 볼 때, 이 사실이 그의 위상과 수준이 우리 비평사에서 가장 높은 곳에 도달하고 있음에 대한 방증이라고 해도 결코 지나친 말은 아닐 것

72 한국어내용학회 편, 『한국어와 모국어 정신』, 국학자료원, 2000, 480~481면, 재인.

이다.

끝으로, 한 가지 아쉬운 점이 있다면 유종호 문학비평의 토착어 지향성이 시에만 거의 국한되어 있다는 사실이다. 소설의 경우로 확장하면서 일본 제국주의의 언어 침식에 맞선 소설가들의 위업을 드러낼 기회가 없었던 것은 모국어의 자기 균형에 대한 그의 비평적 응답이 한쪽으로만 쏠려 있음을 반증하는 것이기도 하다. 즉, 소설의 문체에 관한 한, 언문일치 운동이 이끌어낸 당연한 귀결[73]로서 문학 부문의 한글 전용을 주장했던 젊은 시절의 그가 더 이상 검증 과정을 스스로 생략한 것은 이러저러한 점에서 아쉽다고 할 수 있을 것이다.

---

73 유종호, 「한글 만으로의 길 (下)」, 『창작과 비평』, 1969. 여름, 96면, 참고.

싸우는 인민을 위해 시인이 노래해야 했나

– 김동석의 시인론과 해방기 비평의 좌경화

1. 문제 제기 : 김동석의 탄생 백주년

나는 시 전문 계간지 『시와 시학』 편집진으로부터 김동석의 탄생 백주년을 기념하는 의미에서 시 비평을 중심으로 한 김동석 문학비평 세계에 관한 이른바 메타비평을 써 줄 것을 청탁받았다.

김동석金東錫은 좌우의 대립이 격화하고 있던 해방 3년사에서 문학비평가로서 가장 중심적인 인물로 활동했다. 그의 문학비평에 관한 대부분의 글은 조선이 일본으로부터 해방되고 이때부터 정확히 3년이 된 대한민국 단독정부 수립일까지 씌어졌다. 이런 점에서 볼 때, 그는 시대가 낳은 열혈 청년의 문사였던 것이다. 더 정확히 말하자면, 그는 격동의 시대가 낳은 논객형 문학비평가라고 할 수 있다. 그의 문학비평은 그 시대에 박문출판사에서 간행한 『예술과 생활』(1947)과 탐구당에서 나온 『뿌르조아의 인간상』(1949)으로 이미 정리된 바 있다. 민주화 과정에서 1987년에 월북 문인들의 정치적인 해금이 이루어진 이후에 이들에 대한 조명이 활발해졌다. 이 과정에서 김동석에 관한 관심이 높아져 갔고, 또 그의 작품은 새로운 형태의 선집選集으로 몇 차례 간행되었다.

김동석 문학비평의 텍스트는 가장 최근에 만들어진 『김동석 비평 선집』(2010)이 있다. 이는 이희환 엮음으로 된 것. 편자의 꼼꼼한 풋노트가 드문드문 보이고 있는 신뢰할 만한 텍스트이다. 이 글을 쓰기 위해 나는 그 당시에 공간된 두 권의 원문 텍스트보다는 현행 표기법과 가독성이 뛰어난 이 최신판을 편의상 사용하였다.

나는 이미 오래전에 김동석에 관한 메타비평을 쓴 적이 있었다. 1990년이던가, 월간 『현대문학』 지에 「김동석론」이란 제목의 글을 발표했고, 이로부터 3년 후인 1993년에 저서 『해방기 문학비평 연구』를 공간하는 과정에서 그 「김동석론」을 증보해 한 편의 연구 형태로 완결하기 위해 「상아탑에서 구국 투쟁에로 이르는 길」이란 표제의 글을 쓰기도 했다. 말하자면, 이 글은 내가 20년 만에 써 보는 김동석에 관한 메타비평인 셈이다.

물론 감회도 새롭지만 무엇보다 김동석의 또 다른 면모를 찾아야 한다는 점에서 강박적인 면이 감지되고 있는 것도 사실이다. 그에 관한 한, 3년간에 걸친 나의 연구 결과인 「상아탑에서 구국 투쟁에로 이르는 길」은 김동석의 비평문 중에서도 주로 초보적인 수준의 원론, 시론時論의 성격이 뚜렷한 문화비평적인 산문, 우파 청년 문학들을 반박하기 위한 메타비평을 대상으로 삼았었다. 반면에 이 글은 기존의 연구에서 대상으로 거의 삼지 않았던 시詩 비평—시인론 중심의—을 글쓰기의 대상으로 삼았다는 점에서 상호보완적인 성격의 글이라고 해도 좋을 것이다.

2. 모더니즘의 감수성과 문학비평가의 교양

김동석은 약간의 재력을 갖춘 상인 아버지를 둔 소小부르주아 집안에서 성장했다. 인천에서 성장한 그는 서울과 가까운 지방의 수재로서 경성제국대학교 법문학부 영문과를 졸업했다. 그가 대학을 졸업하기 6개월 전에 동아일보에 4회 걸친 연재 비평문인 「조선시의 편영片影」(1937. 9. 9~14)을 발표한다. 이 비평문은 문학비평가로서 입문한 처녀작이다. 해방 전에 그가 쓴 비평문은 단 한 편 이것뿐이다. 이 비평문은 논지도 분명치 않고 논조도 일관되지 않는 맛이 있다. 구성이 산만하여 비평이라기보다 만필漫筆에 가깝다. 인용시가 많고 고증을 자제하지 못하는 면이 있다는 점에서 전형적인 애호가 비평문이라고 할 수 있다. 그럼에도 불구하고 비평가가 작가를 선양해야 한다는 긍정적인 비평관을 가지고 있다. 우리나라 모더니즘 시운동의 양 날개인 정지용과 김기림의 시를, 그는 이렇게 옹호하고 나섰다.

아아 석류알을 알알이 비추어보며
신라 천년의 푸른 하늘을 꿈꾸노니

금모래 무늬 있는 붉은 껍질을 떡 쪼개고 보면 석류알이 홍보석 같이 알알이 빛난다. 그 찬연함을 보고 문화의 신라와 그 푸른 하늘을 연상한 것이다. 아름다운 감각이다.

(이희환 엮음, 『김동석 비평 선집』, 현대문학, 2010, 157면. 이하 선집으로 약칭함.)

바다는 다만
어둠에 반란하는
영원한 불평가다.

바다는 자꾸만

흰 이빨로 밤을 깨문다.

달도 없는 밤이다. 다만 바위에 부딪혀 깨지는 물결이 '흰 이빨' 같이 바위를 깨물 뿐이다. 이 시는 움직이는 바다의 영원한 순간을 그려낸 절세의 묵화다. 유구한 인류의 역사에 있어서 '암흑'을 깨트리는 빛나는 행동과 사상의 찬가다. 형상화가 완벽에 가깝고 예지가 빛나는 시다.(선집, 159~160면)

앞에 인용된 것은 정지용의 단시 「석류」의 일부이며, 뒤에 인용된 것은 김기림의 장시 「기상도」의 일부이다. 정지용과 김기림의 모던하고도 세련된 감각을 예찬하고 있는 인용문을 보게 되면, 김동석의 비평적인 감수성 역시 모던하고도 세련되었다고 할 것이다. 홍보석같이 알알이 빛나는 석류알이니 절세의 묵화니 하는 레토릭도 오늘날 비평가의 수준에 뒤지지 않는다. 문학을 바라보는 그의 안목과 안식은 물론 영문학적인 모더니즘의 훈련에 기초해 있지만 상당 부분 동양적인 교양 체험이 드러나고 있어 동서양과 고금을 아우르고 있다는 점에서 오늘날의 가치에서 볼 때 융복합적이다.

김동석은 자신의 비평관에 있어서 가장 기본을 이루는 토대를 동양의 고전인 논어論語에서 가져왔다. 논어 안연편顔淵篇에 의하면, 군자는 다른 사람의 좋은 점만 드러내고, 소인은 반면에 나쁜 점을 꼬집어낸다. 그에게 있어서 비평관도 이와 같다. 그는 정지용과 김기림의 시를 높이고 있다는 점에서 스스로 군자라고 생각했는지도 모른다. 그가 말하고 있는 바처럼 좋은 점을 내세우는 비평보다 나쁜 점을 꼬집어내는 비평이 득세하고 있는 현실을 가리켜 '소인 발호의 시대'(선집, 169면)라는 표현을 사용하기도 했다.

그의 등단작 「조선시의 편영」을 두고 볼 때 비평 정신의 날카로운 맛이 부족하고 백화점식의 상품(작품) 나열이 분명해 보이는 면이 있지만 왼쪽으로 기우뚱하는 일이 없이 정치에 대한 문학성의 독자적인 성격을 강조하고 있다. 도리어 그의 이 비평문은 『문장文章』 지誌가 한동안 보여 주었던 보수주의적인 고완古翫 취향에 빠져 있는 것처럼 생각하게 한다.

3. 조선시의 편영, 금단의 과실, 탁류의 음악

김동석은 「조선시의 편영」을 쓴 1937년 이래 해방되기까지 문학비평에 간여하지 않았다. 그는 이 시기에 주로 교육자로서 길을 걷고 있었다. 졸업한 직후 잠시 동안 모교인 중앙고보에 영어 촉탁교사로 근무했고, 보성전문학교 전임강사로서 학생들에게 영어를 가르쳤다. 그런 그가 해방이 되자 직장을 버리고 문학의 현장으로 나아가게 된다. 그는 해방 후 거의 1년간 잡지 『상아탑』을 주재한다. 이용악의 시편 「38도에서」에 관한 작품론인 「시와 정치」(1945. 12)와, 시인 임화에 관한 작가론인 「시와 행동」(1946. 3. 4)은 뜻밖에도 문학의 본질적인 순수성을 옹호하고 있어서 이채롭다. 그는 이용악에게 시인이 순수하려면 공평무사해야 하며, 또 임화의 해방 전 시를 두고 순수해야 할 시로 계급을 떠들어 대었던 것은 "병든 지식인의 자의식이 낳은 비애"(선집, 34면)라는 극언을 일삼기도 했다. 그는 『상아탑』을 주재하던 해방 1년간에 적어도 시의 순수성과 정치적인 행동 사이에 관념적인 중용 및 형평의 감각을 유지하고 있었던 것이다.

그런데 김동석은 「조선시의 편영」에서 정지용과 김기림을 옹호했지만 해방이 되고서 비판하고 나섰다. 해방 직후의 혼돈 정국은 그의 말대로 군자가 사라진 소인 발호의 시대인지도 모른다. 그의 시인론인 「시를 위한 시-

정지용론」(1946. 5)은 그 자신의 문학관이 격동기에 서서히 변화되고 있음을 보여 주고 있는 하나의 징후로 받아들여지고 있다. 그는 먼저 정지용만큼 조선 문단에서 순수한 시인이 없다는 것을 전제로 한다. 정지용의 시를 가리켜 희랍(그리스)의 대리석같이 차다고 한다. 그 적례로 시편 「장수산」을 꼽았다. 시인 누구나 일제에 의해 유형무형으로 탄압을 받았겠지만 시인 가운데 정지용은 가장 순수한 행동인이었고, 정지용의 시는 가장 순수한 시정신의 결과였다는 것이다. 그런데 그렇게 순수했던 정지용이 임정 요인들을 위한 환영의 축시 「그대들 돌아오시니」를 쓰고 짓고 천주교회당에서 낭독했다는 것이 김동석에겐 못마땅했다. 시를 교회당에까지 끌어들여 정치가들에게 헌납한다는 것은 순수하달 수 없다는 것이다. 그리하여 비판의 언사를 다음과 같이 남긴다.

> 시만 가지고 백록담을 채울 수 없던 지용—이 늙어빠진 지용아, 그대의 시혼을 짓밟아 죽이려던 강도 일본 제국주의의 목은 잘려졌으니 다시 용(勇)을 내어 젊어져라. 그리하여 아직도 살아 꿈틀거리는 일본제국주의를 물리치는 민족 해방의 노래를 부르라.(선집, 43면)

이 정도면, 문학적인 비판이라기보다 인신공격적인 말이다. 정지용의 시의 본질이 동심에 있을 만큼 순수하다고 본 김동석이 여기에서 자기모순 내지 자가 혼돈에 빠지고 있는 것도 물론이다. 시는 순수성의 잣대에 의해 가치를 평가하고 있고, 시대의 눈과 정치사상에 있어서는 우파가 아닌 좌파 논리에 의해 모든 것을 재단하고 있기 때문이다. 정지용이 『상아탑』을 주재하고 있는 김동석을 겨냥해 비아냥거린 적이 있었다. 상아탑? 인민전선이 펼쳐졌는데 상아탑이 무사할까? 이 대목에선 상아탑은 문학의 순수함에 대한 은유로 쓰인다. 이에 맞서 그는 정지용에게 말한다. 지용이여 안

심하라, 상아탑은 인민의 나라에도 있다라고. 그가 이화여전의 교수로 재직하고 있는 정지용에게 이전梨專의 상아탑에서 나와 시탄詩彈의 토치카가 되라고 주문한 것도 이러한 맥락과 함께하고 있다.

김동석은 「금단의 과실-김기림론」(1846. 8)이라는 글에서 김기림에게도 비판의 화살을 돌린다. 그는 김기림이 「시단의 동태」라는 산문에서 시의 회화성을 강조하기 위해 김광균의 『와사등』을 추켜세우고 오장환의 『헌사』를 깎아내린 데 대한 반발을 배경으로 그 글을 썼다. 그는 시의 본질을 '의미의 음악'에 두었다. 시의 음악(성)을 무시하는 김기림의 시가 꾸준할 수 없다고 잘라 말한다. 『신조선보新朝鮮報』(1945. 12. 29~31)에 연재했던 김기림의 장시 「세계에 외치노라」는 시와 과학의 관계를 긍정적으로 본 시집 『기상도』와 다를 바 없는 '지성의 곡예'라며 비판한다. 시도 내면으로부터 사람을 움직이는 힘이 있어야 한다는 것이다. 이 힘이 그의 논리라면 음악의 힘인 것이다.

그가 혼돈과 격변의 해방 정국에서 가장 바람직한 모습의 시인상을 오장환에게 두고 있는 이유도 음악의 힘에 있다. 그의 비평문 「탁류의 음악-오장환론」(1946. 5)은 그가 표방하는 문학적인 시대의 가치가 무엇인지를 알게 해주는 중요한 글이다. 그가 바라보고 있는 오장환은 역사의 탁류 속에서 몸부림치고 있는 시인이며, 그가 파악하고 있는 오장환의 시는 이른바 '탁류의 음악'인 것, 말하자면 탁류의 시대에 존재하고 있는 비순수의 음악(성)인 것이다.

> 무거운 쇠사슬 끄으는 소리 내 맘의 뒤를 따르고
> 여기 쓸쓸한 자유는 곁에 있으나
> 풋풋이 흰 눈은 흩날려 이정표 썩은 막대 고이 묻히고
> 더러운 발자국 함부로 찍혀

오직 치미는 미움
낯선 집 울타리에 돌을 던지니 개가 짖는다.

어메야, 아직도 차디찬 묘(墓) 속에 살고 있느냐.
정월 기울어 낙엽송에 쌓인 눈바람에 흐트러지고
산짐승의 우는 소리 더욱 처량히
개울물도 파랗게 얼어
진눈깨비는 금시로 나려 비애를 적시울 듯
도형수(徒刑囚)의 발은 무겁다.

– 오장환 「소야의 노래」 전문

이 인용시는 오장환의 대표적인 시 「소야의 노래」 전문이다. 김동석은 「금단의 과실」에서 이 시를 부분적으로 인용했지만 이 글에서는 독자를 위해 전문으로 인용했다. 그가 말하는 탁류의 음악에 해당하는 모범적인 적례의 시이다. 이 시의 내용을 보면, 일제 치하의 화자가 스스로 도형수로 여기면서 난세를 살아가고 있다. 시대에 의해 강제된 실존적인 한계 상황을 미루어 볼 때, 이육사의 「절정」을 연상시키는 측면이 없지 않다. 조국의 상실감을 잃어버린 모성에 대한 그리움으로 비유한 것이 이 시의 주요한 내용이지만, 이보다는 시각과 청각의 조화로운 언어형식을 조성하고 있다는 점이 김동석의 비평적인 주견이 닿아 있는 것 같다. 그리하여 그는 소위 당대의 프롤레타리아 시인들에게 말한다. 시를 끝내 고집하려면, 오장환이 노래한 탁류의 음악을 배우라고. 또 그는 말한다, 부르주아 민주주의 혁명도 완수하지 못한 이 땅에서 사회주의 시가 나올 턱이 없다고. 환언하면 문학에도 단계가 있다. 과도기 탁류의 음악 없이, 목적 지향의 정치적인 시에서는 의미도, 계몽도, 교화도 없다는 뜻이 될 터이다.

4. 정치적인 신념이 한결 뚜렷해진 시(인)론

김동석은 해방 2년째가 되고서부터 더욱 부지런하게 문학비평가로서 맹렬하게 활동을 한다. 좌파의 문학 단체들이 조선문학가동맹으로 통합한 시점에 이르러 더욱 그렇게 되어 갔다. 조선문학동맹이 내건 반봉건 및 반제反帝의 탈식민주의 혁명은 그의 중심적인 정치 과제가 되기도 했다. 그가 각을 세운 우파 시인은 김광균이다. 김광균이 해방 1년간의 시단을 총평한 산문 「문학의 위기」에서, "문예강연회 같은 분위기는 조금도 없고 무슨 정치강연회 가까운 삼엄한 공기에 충혈되었었다.", "인간성을 몰각한 문학이란 한 가상에 지나지 않을 것이다." 등등의 발언을 남겼는데, 김동석은 이에 자극을 받았다. 일간 「예술신문」이란 것에 발표된 김동석의 「시인의 위기—김광균론」(1947. 8. 17)은 그것에 대한 반론으로 씌어진 논쟁적인 비평문이다. 그는 김광균의 그런 발언에 대해, 파시즘이 주는 공포는 아직도 이 땅에 검은 그림자를 끌고 있다, 인간성이란 시나 문학보다 더 막연한 개념이다, 라고 대응하고 있다. 김광균의 시집 『와사등』에 실려 있는 대부분의 시조차 "데생(dessin)을 거치지 아니한 데포르마시옹(변형)"이라고 비난한다. 김광균에 대한 김동석의 비판 정점에,

> 김광균 씨는 역사와 유리된 인간이다.(선집, 78면)
>
> 시대란 인민의 것인데 인민 아닌 사람이 시대의 시를 쓰려는 데서 모더니스트 김광균 씨의 트레지코미디(tragicomedy)가 비롯하는 것이다.(선집, 81면)

라고 하는 강도 높은 비판이 놓인다. 이 비평문에서 김동석이 주조기酒造器니 상아탑이니 하면서 화려한 수사를 사용한 것도 특기할 만한 일이 아닌가 한다. 그 후 김동석의 김광균 비판은 「시단의 제3당」(1946. 12)에까지

이어진다. 그는 김광균의 중도적인 노선을 두고 예술과 시대의 대립을 지양한 관념적인 중용의 시인으로 착각한다는 점을 적시해 낸다. 사실상 김광균이 중도파가 아니라 우파의 시인이다, 라고, 그는 행간의 의미를 들추어낸 것이다.

어쨌든 김동석은 해방 2년째 해에 여섯 편의 시(인)론을 발표했다. 정치적인 신념이 한결 뚜렷해진 것이라고 할 수 있다. 이 중에서 가장 논리정연하고 문학성이 돋보이는 비평문이 있다면, 내 생각으로는 「시와 자유」(1946. 9. 11~14)일 것이다. 그의 비평문 중에서 유일하게 사용된 경어체 문체여서 더욱 진지함이 배어나온다.

> 조선을 사랑한다면서 조선말을 사랑하지 않을 수 있겠습니까. 또 조선말을 사랑한다면서 조선의 시를 사랑하지 않을 수 있겠습니까. 시는 말 가운데 가장 아름다운 말이올시다. 그러므로 조선의 시를 사랑하는 마음은 아름다운 조선말을 사랑하는 마음이며 그것은 또 아름다운 조선을 사랑하는 마음입니다. 시인 유진오 씨가 「누구를 위한 벅찬 우리의 젊음이냐?」라는 시를 읽고 경찰에 구금되었을 때 조선문학가동맹이 항의한 뜻은 아름다운 조선의 시가 짓밟힐까 저어해서, 다시 말하면 조선의 시와 말과 민족을 사랑하는 마음에서 우러나온 것입니다.(선집, 189면)

김동석의 「시와 자유」는 이처럼 자못 진지하게 시작하고 있다. 이 비평문의 배경에는 열혈 청년 시인이었던 유진오俞鎭五의, 미군정에 의해 강제된 구속의 사건이 있었다. 김동석은 그 당시 조선의 시는 자유를 그리워하고 슬퍼하고 안타까워한 민족의 노래라고 한다. 이에 알맞은 시를 가리켜 그는 이상화의 「빼앗긴 들에도 봄은 오는가」와 「나의 침실로」, 임화의 「바다의 찬가」, 오장환의 「소야의 노래」 등을 꼽고 있다.

해방기 시단에서 가장 변별적인 차이를 드러내면서 형성한 유파가 있다면, 청록파와 전위시인파가 될 것이다. 두 유파의 형성을 가시적으로 촉진한 공동시집의 간행이 동시대의 상황과 맥락 속에서 인적 구성, 동시대 시단에서의 위상 및 의미, 시사적詩史的인 의의 등을 이룩하고 있었다.

청록파가 이상적인 순수 세계를 시적으로 탐구하는 것과 달리, 전위시인파의 전위적인 것의 의미는 순수하다는 것의 반反개념으로 볼 수 있다. 청년문학가협회(청문협) 소속의 시인인 박목월, 박두진, 조지훈이 『청록집』이란 공동시집을 내놓았다면, 조선문학가동맹(문맹) 서울시 지부의 맹원으로 소속되어 있었던 김광현, 김상훈, 이병철, 박산운, 유진오가 『전위시인집』이란 사화집을 공간하게 된다.

김동석이 이 사화집을 가리켜 「인민의 시」(1947. 6)란 제목의 비평문에서 "인민의 분노, 환희, 애도, 결의, 감격 등을 아무 꾸밈없이 그대로 노래한 시집"(선집, 223면)이라고 규정하였다. 전위시인파의 시 경향은 개인의 사회 참여가 강하게 요구되는 시대에 걸맞게 행사시, 기념시, 추모시 유의 공중적 성격을 지향하는 웅변적인 것이 적지 않다. 이 때문에 당대의 평판에 의하면 전위시인파를 가리켜 연행시 내지 선동시를 많이 썼던 시인 집단으로 평가하기도 했다.

전위시인파의 한 사람인 유진오가 이때 정치적인 필화에 의해 투옥 생활을 하고 있었다. 김동석은 영어囹圄에 갇힌 시인인 유진오를 두고, 민주주의 정권의 보장 없이 시의 자유가 성취되지 않을 뿐더러, 민주주의의 정권을 수립하기 위해 싸우는 인민을 위해 시인이 노래를 해야 한다, 라는 의미를 부여하고 있다.

5. 마무리 : 좌경화의 도정과 궤적

김동석은 해방 3년째부터는 거의 시에 관한 글을 쓰지 않았다. 1947년 8월부터 그 이듬해 8월까지 그는 주로 소설론, 시론時論, 논쟁적인 메타비평을 많이 썼다. 1년 남짓한 시기에 발표한 것은 시집에 관한 지상紙上의 짧은 북 리뷰일 뿐이었다. 김용호의 시집 『해마다 피는 꽃』에 관한 서평인 「분노의 시」(1848. 7. 15)와, 최석두의 시집 『새벽길』에 관한 서평인 「행동의 시」(1948. 8. 28)가 그것이다. 이 두 가지 서평은 대한민국 정부 수립 직전, 직후에 쓰인 것이다. 전자의 글은 시보다 더 위대한 세계를 부추기는 글이다. 이 세계란 정치이다. 그는 시인들에게 말한다, 현실을 물리칠 새로운 현실, 즉 싸우는 인민 속에서 시의 샘을 발견해야 한다고. 이 대목에서 시와 정치의 평형감각은 온전히 붕괴된다.

> 조국을 지키는 글발
> 가슴 가슴에 터지는 글발을
> 들고
> 안고
> 바람벽이나
> 전신주나……
> 모두들 일어섰다.
>
> – 최석두 「모두들 일어섰다」 부분

이 인용시는 최석두의 시집 『새벽길』에 실려 있는 시의 일부이다. 그의 시집에는 감상이나 아롱진 수식이 없으며 오로지 소박과 직절直截이 특징을 이룬다고 한다. 이 때문에 김동석은 그것을 가리켜 "8·15 후 가장 빛나는 시집"(선집, 229면)이라고 단언하기에 이른다. 그가 작곡가 김순남의 벗인 이 무명의 시인을 극찬한 것은 매우 이례적이다. 시 속에 투쟁만 있으면 여기에서 놀라운 표현력을 발견할 수 있었던 것이 돌이킬 수 없이 훼손된 문학성이란 앙상한 결과만 그에게 남기고 만 것이다.

김동석의 문학비평이 그 자신의 좌경화(communist-inclination) 도정과 궤적을 함께하고 있었던 것은 분명해 보인다. 김동석이 영국의 문학비평가 매슈 아놀드의 사회문화적인 문학비평에 영향을 받았지만, 김동석은 그에 관한 한 적극적인 수용자가 아니었다. 그의 사회문화적인 문학비평은 결과적으로 볼 때 가장 극단적인 성격의 마르크스주의적인 문학비평에 근거를 두었다. 요컨대 김동석의 문학비평은 격변하는 시대의 추이에 따라 좌경화될 수밖에 없는 운명을 지니고 있었다. 이상과 같이, 나는 그 추이 과정을 살펴보았을 따름이다.

산문적 실증으로 복원한 백석 시의 전모
– 이숭원의 『백석을 만나다』를 읽고

1. 또 하나의 '전편 해설' 유의 작품론

대학 국문과 교육과정 중에서 '작가작품론'이란 이름의 강좌가 있듯이, 양자의 개념이 동일선상에 나란히 놓이곤 한다. 작가와 작품의 관계는 잘 알다시피 떼려야 뗄 수 없는 관계다. 작가론과 작품론은 문학을 이해하는 데 있어서 가장 기본적인 비평의 형태가 된다. 전자는 작가의 작품을 통하여 작가의 문학 활동이나 문학 사상을 비평하거나 연구하는 일을, 후자는 작가의 개별적인 작품을 대상으로 비평하거나 연구하는 일을 가리킨다. 요컨대, 양자는 서로 밀접한 상관관계를 맺는다.

그러나 문학을 인식하는 세계관적인 시각의 차이를 생각한다면 작가론과 작품론은 쉽게 교합할 수 없는 이종異種의 산물이다. 엄밀히 말해 양자 간에는 보이지 않는 모순이나 충돌이 있다. 작가론이라고 해서 작품 분석이 없는 게 아니지만, 작가론은 대체로 원인을 중시한다. 작가론은 작가 없는 작품이 있을 수 없다는 사실을 전제로 삼는다. 작가는 물론 작품의 원인적인 조건이 된다. 작가의 전기적인 사실이 작품을 이해하고 평가하는 데 중심적인 전제조건이 된다는 데서 작가론의 행방이 비롯된다. 작품론이 작가의 생애에 관한 기록물을 무시하거나 작가의 사상 및 세계관을 도외시할 수는 있지만, 작가론에 비해 그것은 비교적 결과를 중시한다.

우리나라 국문학계에서 작가론에 관한 성취는 지속적이었다. 국문학 연구 초창기에 조연현과 전광용과 정한숙 등이 선편을 쥔 다음에 후학들에게 넘겨졌다. 1970년대의 이어령은 실증적 자료의 엄밀성을 바탕으로 한 작가 연구의 기초를 다진 바도 있다. 작가론 내지 작품 연구의 분야에서 가장 탁월한 업적을 일구어 낸 사람은 다름 아닌 김윤식이다. 『이광수와 그의 시대』로 비롯된 그의 일련의 작가 연구는 부피와 다양성 그 자체라고 할 수 있다.

이에 비해 작품론은 상대적으로 취약한 분야였다. 그 성취는 지속적이 아니라 간헐적이었다. 또, 작품론은 순수 국문학계 인물이 아니라, 외국문학을 전공한 비평가들이 손을 댄 분야로 알려져 있을 정도였다. 우리나라 비평사에서 가장 탁월한 성과를 거둔 작품론은 시인이면서 강단비평가로 활동한 바 있었던 송욱의 저서 『한용운 시집 님의 침묵 전편 해설』(1974)이다. 이 책은 뉴크리티시즘의 기본적인 개념을 정확하게 수용한 실제비평의 산물로 당시의 우리 비평 수준을 한 단계 끌어올린 역저이다. 동서양을 넘나드는 해박한 지식과 작품 구조를 세밀하게 분석한 그의 비평적 감수성은 작품론의 한 전형을 제시한 것이기도 했다. 1960년대에 외국의 이론을 분별없이 받아들여 마구잡이식으로 우리 문학을 폄하하려는 몰주체적인 한계를 보인 세칭 강단비평이 자기 성찰의 기회를 가지면서 이론의 모형보다 작품의 실체에 차분하게 접근한 노력의 산물이 이것으로 나타나게 된 것은 아닐까?

그 밖에도 뉴크리티시즘을 직간접적으로 접한 강단비평가들, 예컨대 김우창·이상섭 등도 작품론에 자신의 비평적 안목을 진지하게 보여 주었다.

근래에 서울여대에 재직하고 있는 이숭원 교수가 『백석을 만나다』(태학사)를 간행하였다. 부제를 '백석 시 전편 해설'로 삼고 있듯이 작가 중심의 연구가 아니라, 작품 중심의 연구임을 분명히 알 수 있다. 송욱 이래 또 한 번의 전편 해설 유의 총체적인 작품론의 연구 형태가 학계에 등장하게 된 것이다. 저술의 체재는 낱낱의 작품을 나열한 다음에 원문, 시어의 주해, 해설, 현대어 정본 순으로 엮여 있다. 물론 이 중에서 가장 중요한 작업은 해설이다. 해설이 저술의 핵심이라고 할 수 있다. 본인은 간략한 해설이라고 했으나 결코 원고 분량이 적은 게 아니다. 전편의 시에 상세한 해설을 붙였으니 그 총량은 눈덩이처럼 불어 가서 방대한 저서가 되고 말았다.

요컨대 이숭원 교수의 『백석을 만나다』는 헌신적이고도 초인적인 열정이 아니고서는 쉽게 이룩할 수 없는 학구적인 행위의 소산인 것이다. 나는 동시대의 학인學人으로서 그에게 감사의 뜻을 전하지 않을 수 없다.

2. 언어(학)적인 가치인가, 시의 가치인가

이숭원 교수가 간행한 『백석을 만나다』의 저술의 성격은 '책머리에'에 자명히 드러나 있지 않기 때문에 잘 알 수 없다. 그의 '책머리에'에는 저서를 출판하는 사적인 감회로 일관하고 있을 뿐이다. 하지만 그가 쓴 백석 시편의 낱낱의 작품론 가운데 몇몇 편을 들추어 보면 저술의 성격이 비교적 잘 드러난다.

백석의 시 가운데 우선 「여우난곬족族」과 「고방」을 보자. 이 시편들을 읽는 독자들은 시행마다 불쑥불쑥 나타나는 낯선 말들에 당혹감을 금치 못할 것이다. 이를테면, 친할머니를 '진할머니'로, 숨바꼭질을 '숨굴막질'로, 사기로 만든 등잔을 '사기방등'으로, 출가한 딸을 '집난이'로, 옷을 걸기 위한 못을 '말쿠자'로 표기하고 있다. 이 두 편의 시를, 너댓 면수 분량을 각각 할애하면서 해설하고 있는 해설자는 해설자의 주관적 가치판단을 최대한 배제하면서 객관적인 실체에 접근해 가고 있다. 이 시 말고도 많은 시편들이 그러하거니와 백석의 시들은 언어학적, 또는 민속학적으로 가치가 높은 게 많다. 예컨대, 「초동일初冬日」에 보면 "아이들은 물코를 흘리며 무감자를 먹었다"라는 표현이 있다. 무심코 지나칠 수도 있는 '무감자'도 언어학적으로 가치가 있다. 이숭원 교수는 이 점을 꼼꼼하게 되짚어 보면서 넘어간다.

> 무감자는 고구마를 말하는데 감자는 여름에 수확하고 고구마는 가을철 서리 내리기 전까지 거두어들인다. '무감자'라는 말은 물기가 있는 감자가 아니라 무처럼 땅 속에서 파내는 감자라는 뜻으로 성립되었을 것이다. 덩이줄기가 변한 감자가 땅 위에 열리는 데 비해 뿌리가 변한 고구마는 땅에서 캐내기 때문이다.(83면)

백석의 시 「오금덩이라는 곳」은 민속적인 축사逐邪 의식과 관련된 세 가지의 얘깃거리를 시의 소재로서 수용한 것인데, 민속학적인 가치가 반영된 시이다. 이숭원 교수는 이 역시 마치 자신이 민속학자가 된 기분으로 해설해 나아가고 있다. 독자에게는 가장 친절하게 다가서는 박물지적博物誌的인 해설이다. 이 시의 소재 중의 하나는 "여우가 우는 밤이면, 여우가 주둥이를 향하고 우는 집에 으레 흉사가 있기 마련이기 때문에, 잠 없는 노인들이 마당에 나와 팥을 뿌리며 방뇨를 한다."라는 내용이 있다. 이 내용은 비록 비논리적인 유추, 몰과학적인 속신에 지나지 않겠지만, 인간 실존의 한계적 조건과 관련된 숨은 진실이 담겨 있다는 점에서 발상 자체가 매우 시적이란 생각이 들게 하는 것이다.

이숭원 교수는 다른 사람들과 달리 백석 시에 관한 한 주관적 해석의 야심을 보이지 않는다. 해설의 정확함과 실증의 충실함을 자신의 미덕으로 생각하고 있었던 것 같다. 실제로 그것은 미덕이 아닐 수 없다. 「성외城外」에 나오는 표현인 "술집 문창에 그느슥한 그림자는 머리를 얹혔다"를 두고 신경림 시인이 '기생이 몸을 허락하는' 뜻으로, 고형진 교수는 '여자가 시집을 갔다는' 뜻으로 받아들인 것에 대해, 그는 어렵게 살아가는 장사치가 궁벽진 시골에서 웬 기생놀음이냐고 되묻고 있는 듯하다. 그는 그만큼 시적 정황의 논리적 근거를 잘 따지면서 잘 파고 들곤 한다.

> 여윈 사람의 희미한 그림자가 술집 문창에 비치는데 그 사람의 몸 전체가 비치는 것이 아니라 머리 부분이 문창에 비친 것이다. 벽에 기대어 머리를 창문에 기대었다면 밖에서는 문창에 머리를 기댄 모습만 보이게 될 것이다. 이것을 백석은 "술집문창에 그 느슥한 그림자는 머리를 얹혔다"고 표현한 것이다. (……) 백석은 슬픈 듯 기쁜 듯 그 느슥하게 살아가는 서민들의 삶에 관심을 가지고 그것을 간결한 영상으로 보여주었을 뿐이다.(107면)

백석의 시편 중에서 가장 난해한 작품이 있다. 바로 「쓸쓸한 길」이 그것이다. 이 시는 백석 시에서 흔히 볼 수 있는 적막하고 불길한 정경, 쓸쓸한 생의 후미진 구석, 토착적 어휘, 민속학적인 문화의 배경 등등이 골고루 갖추어져 있다. 먼저 이 시의 현대어 정본定本을 옮겨 보겠다.

> 거적장사 하나 뒷옆 비탈에 오른다

아–따르는 사람도 없이 쓸쓸한 쓸쓸한 길이다
산까마귀만 울며 날고
도적갠가 개 하나 어정어정 따라간다
이스라치전이드나 머루전이드나
수리취 땅버들의 하이얀 복이 서러웁다
뜨물 같이 흐린 날 동풍이 설렌다(135면)

이 시에 대한 해석에 관해서 분분한 의견들이 내놓여졌다. 송준, 김영익, 김영배 등의 비평가, 학자들의 견해가 그것이다. 백석과 같은 평북 출신에 평북 방언을 전공한 원로 국어학자 김영배의 견해가 그런대로 신빙성이 있는 것으로 여겨지기도 하지만, 이숭원이 여러 사람들의 해석을 참고하여 최대한의 객관성을 확보하려고 한 것이 참 인상적이다. 자신의 특유한 견해는 없어도 말이다. 그러면 이 시는 대체로 다음과 같이 해석되어질 듯하다. 거적으로 둘러멘 사람의 장사葬事를 지내고 있다. 장지로 가는 길조차 외롭고 고즈넉하다. 산앵두나 머루로 전물奠物을 차려도, 하얀 소복 같은 수리취와 땅버들도 서러워 보인다. 인생 그 자체가 안개 뿌연 날 바람처럼 소슬하다.

백석의 시세계는 도저한 토착어의 바다라고 말할 수 있다. 백석의 시를 읽을 때 우리말을 공부해 가면서 읽지 않으면 안 된다. 이숭원의 『백석을 만나다』는 이 점에 관해서 그다지 큰 관심을 표명하지 않았다. 무슨 연유인지는 잘 알 수 없다. 그런데 「외가집」에서만은 이 점에 관해 목청을 높이고 있다. 이 작품을 가리켜, "토착어에 기반을 둔 백석의 뛰어난 구어적 언어 감각이 유감없이 발휘된 명편이다. (……) 백석이 아니면 구사할 수 없는 고유의 향연이다. 결코 세련되지 않은 어투지만, 우리말의 의미와 음감을 고려하여 조직으로 배치한 눌변의 미학의 극치를 보여 준다."(343면)고 했다. 백석의 시를 토착어의 관점에서 적극적으로 높이 평가하는 입장에 서는 쪽과, 백석의 토착어를 인정하면서도 거리를 두는 쪽으로 대별되는 것 같다. 박용철·유종호·신경림·이동순 등이 전자의 입장에 서 있다면, 백철·김윤식은 후자의 경우에 해당한다고 하겠다. 다음 기회에 필자가 이 부분에 관해 심층적으로 언급할 계획이지만 백석 연구사의 최대의 쟁점이 될 것 같다. 이숭원의 경우는 후자의 쪽에 해당하는 것이 아닌가 여겨진다.

그는 백석 시의 소재를 두고 "새것보다는 낡고 오래된 것에서 깊은 정감을 얻고 거기서 아름다움을 느낀다."(119면)는 관점에서 이해하려고 했듯이, 백석 시의 토착어 역시 이러한 맥락에서 이해하려고 했던 것 같다.

아닌 게 아니라, 백석 시의 언어 성향을 두고 아무리 높게 평가한다고 해도 여기에는 한계가 없는 것이 아니다. 신경림과 이동순 등이 지적한 바 있었거니와, 백석은 비평가·학인들의 관점에서 볼 때 최고의 시인일 수도 있다. 그런데 이것을 외국어로 번역하면 외국인들이 어느 정도 감명할 것이냐 하는 걸 한번쯤 생각해 보아야 한다. 또 50대 이상의 국문학 교수들이 20대 초반의 학생들에게 백석 시의 토착어에 대한 감동을 강요해 본들 어느 정도 감동할 것인가 하는 점도 생각해 봐야 한다. 우리보다 모국어 관념이 박약한 일본의 경우, 우리가 이루지 못한 일을 해냈다. 노벨문학상 수상자가 두 명이란 것 말이다. 백석 시에 대한 과대포장은 약간의 배타적인 황홀을 느낄 때에 가능해지는 것은 아닐까? 문학을 통한 진정한 모국어의 영광이란, 폐쇄적인 민족의 범주를 넘어서 인류의 보편적 공감과 가치를 드러낼 때 가능한 것은 아닐 것인가?

백석 시에 관한 한, 나에게는 확신이 하나 있다.

백석의 시 가운데서 언어(학)적, 내지 민속(학)적 가치가 엷어질수록 시(학)적인 가치가 드러난다는 사실 말이다. 그래서 그의 시 중에서도 그의 가장 대표적인 작품이 「여승女僧」과 「남신의주 유동 박시봉방」일 수밖에 없다는 것 말이다.

3. 춤으로부터 춤꾼을 식별해 낼 수 있는가

이숭원 교수가 간행한 『백석을 만나다』는 송욱 이후에 거의 없었던 방대한 체계의 작품론이다. 이 점에 있어선 학구적인 역량이 돋보인다고 말할 수 있겠다. 그러나 문제점도 남아 있다. 주지하듯이, 작품론의 본령은 작가의 의도를 최대한 배제하는 데 있다. 작품의 다양한 읽기가 열려 있는 여러 가지의 가능태에서 그 의미를 구성할 수 있다. 작품은 어디까지나 내재적인 분석과 판단 기준에 따라 독자적으로 존립하고 있는 객관적인 대상일 따름이다.

작품론은 기본적으로 언어의 형식적 조건을 중시해야 한다. 작품의 형식적 요인을 강조하는 사람들은 작품에서 창작자의 생애나 삶 의식을 읽어내려는 그 어떠한 시도도 결과적으로는 '전기의 오류'를 초래할 뿐이라고 얘기한다.

백석의 시 「주막酒幕」에서 표현된 시구 "아들아이는 범이라고 장고기를 잘 잡는 앞니가 빠드러진 나와 동갑이었다."는 명백하게도 비문非文이다. 정확한 의미는 "나와 동갑내기 친구인, 범이라고 부르는 (주막집) 아들은 큰 고기를 잘 잡는 재주를 가졌고, 또한 그는 앞니가 빠드러진 모습을 하였다." 정도이다. 그것이 표현의 효용성을 창출한 전경前景의 언어적 기능이 있느냐 하는 게 문제다. 그렇지 않다면 이 점은 백석의 언어 운용의 미숙성으로 지적되어야 한다. 그런데 아무도 이 점에 관해 말을 하지 않고 있다. 더욱이 작품론에 있어선 시적 탈선에 관한 언어형식의 조건이 무엇인지를 무엇보다 해명해야 될 것인데도 불구하고 말이다.

백석의 연인이었던 김자야는 훗날 「내가 이렇게 외면하고」에 나오는 시구 "가난한 동무가 새 구두를 신고 지나간 탓이고 언제나 꼭 같은 넥타이를 매고 고운 사람을 사랑하는 탓이다."를 두고 자신이 명동에서 사준 넥타이라고 술회한 바 있다. 이를 두고 이숭원은 김자야와 백석의 교제 기간을 두고 문제를 제기했다.(352면, 참고) 넥타이야 두 사람이 함흥에서 서울로 나들이해 살 수도 있는 것이다. 서울에서 생활하지 않는다고 해서 서울 넥타이를 사지 말라는 법은 없지 않은가? 증거의 제시, 탄탄한 증명의 힘이 갖는 산문적(비평적) 복원의 허점이 여기에 있다. 문제는 이보다 작가의 삶을 문학과 동일시하는 이른바 환원주의의 오류에 빠지게 된 경우가 아니냐는 것이다.

J. C. 랜섬이 말했다. 좋은 시는 시인의 주체성을 상실한 것이라고. 그렇다면 좋은 비평이란 무엇이겠는가? 좋은 비평은 좋은 시로부터 시인의 주체성을 상실케 하는 것이 아닐까? 그럼에도 불구하고 이숭원은 작품론에 작가(백석)의 전기적 상황을 꽤 많이 반영했다. 이런 점에서 볼 때 『백석을 만나다』는 작가론으로부터 온전히 분리된 작품론이 되지 못했다고 말할 수 있을 것이다.

W. B. 예이츠의 시 「어린 학생 가운데」에 나오는 시구 중에 "어찌 춤으로부터 춤꾼을 식별해 낼 수 있을까?(How can we know the dancer from the dance?)"라고 하는 표현이 있다. 음미하면 할수록 예사롭지 않은 표현이라는 것이 느껴진다. 춤꾼은 춤으로부터 분리되는가? 이 물음을 통해 시와 시인의, 작품과 작가의 분리 여부를, '있다'라는 입장에서 생각해 보자.

춤은 춤꾼이 추는 신체의 움직임에 지나지 않는다. 비록 춤이 춤꾼의 몸동작에 의해 구현되지만 춤의 진정한 아름다움은 춤꾼의 단순한 움직임 너머에 실재한다. 보이지 않는 영혼의 격동과도 같은 것……. 만약 이것을 감지하지 못한다면 춤꾼의 춤은 예술성이 사상된, 하나의 객관적인 몸 동작의 표출에 지나지 않을 것이다.

우리는 아직도 백석이라는 춤꾼과 백석 시라는 춤 사이에서 방황하고 있다. 백석을 민족시의 관점에서 본다면, 춤은 희미해지고 춤꾼의 모습만 분명히 드러날 것이다. 이숭원은 그 춤을 보려고 했다. 이런 점에서 백석의 연구사를 통해 볼 때, 그는 한 발짝 더 나아갔다. 그렇지만, 그는 그 춤꾼의 모습도 온전히 지우지 못했다. 아쉬운 대로, 이것이 '백석 시 전편 해설'의 한계라면 한계일까?

생활 속의 선시禪詩 읽기, 혹은 사유의 광맥 찾기

– 깨달음의 시적 경지를 연 불교시의 계보

1. 마음이 담담해져 돌아갈 생각마저 잊다

한때 고려대학교 국어국문과 교수로서 불교문학 전문 연구가였던 인권환은 불교수상집으로 표방된 『꽃 피고 물 흐른다』(나남출판, 1999)를 상재한 바 있다. 심오하지만 평이한 문체의 비교적 짧은 글들을 모은 책이다. 이 책이 세상에 나온 지도 이미 15년이 지났다. 아마 이 책은 지금 절판되었다고 짐작된다. 좋은 영화가 극장에서 빨리 막을 내리듯이, 양서일수록 서점의 가판대에 오래 머물지 못한다. 세상의 야박함을 탓할 일이 아니다. 우리 스스로 되돌아보아야 할 일이다.

이 책과 유사한 것도 있었다. 성균관대학교 불어불문과 교수로 재직하였던 조홍식이 저술한 『선심시심禪心詩心』(도피안사, 2002)이 바로 그것이다. 이 저자는 책머리에서 "주로 조사祖師들의 선시를 풀이하고 거기에 부연을 달고 다시 윤곽을 넓혀본 것"이라고 책의 성격을 스스로 밝히고 있다. 프랑스 문학을 전공한 분이 한국과 중국의 불교시에 관한 비평적인 에세이를 쓴다는 것은 무척이나 이례적이라고 할 수 있다.

우선 이 두 책에 실려 있는 내용을 말하기에 앞서 일반 독자들이 그냥 지나가기 쉬운 짧은 선어록 몇 가지를 살펴볼까 한다.

無理之至理
不然之大然

이 보배로운 말은 원효의 『금강삼매경론』의 첫머리에 나오는 것이라고 한다. 인권환은 젊었을 때 저명한 재가 승려였던 효당 최범술로부터 이것을 처음으로 들었다고 한다. 이치가 없는 듯하면서도 지극한 이치가 있고, 그렇지 않은 듯하면서 크게 그러하다. 대체로 이렇게 해석되는 것 같다. 자연의 심오한 섭리가 없는 가운데서도 우주의 궁극적인 철리哲理가 반영되어 있다는 것 말이다. 빼어난 역설의 언어로 말해진 참된 이치가 아니겠는가.

行行本處
至至發處

이 짤막한 구절은 신라의 고승 의상이 남긴 것이라고 한다. 가도 가도 본래의 그 자리요, 와도 와도 떠났던 바로 그 자리란다. 우리 인간은 가야 할 곳도 딱히 없고, 어디에서 온 것인지도 아무도 모른다. 온 곳조차 모르는데 어찌 가는 곳을 알 것이랴. 사랑도 인생도 한 대중가요의 말처럼 시작도 끝도 없는 아득한 미로다. 세상에 영원한 것은 아무것도 없고, 인간에게 영원불멸하는 진리란 결국에는 존재하지 않는다.

경허鏡虛(1849~1912)라는 승려가 있었다. 우리나라 근현대 불교를 개창한 큰 선사이다. 소설가 최인호가 쓴 회심의 불교소설인 『길 없는 길』에 주인공으로 등장하는 인물이다. 조홍식의 『선심시심』에는 경허의 예사롭지 아니한 선시가 인용되어 있다. 「유은선동遊隱仙洞」이라는 제목으로 된 5언절구의 이 시다. 인권환의 책 표제와도 비슷한 내용이 있다. 한자 원문은 이와 같다.

山與人無語
雲隨鳥共飛
水流花發處
淡淡欲忘歸

이 짧은 시편 속에 선의 세계를 잘 나타내고 있다. 물이 흐르고 꽃이 피는 선경仙境이 다름 아니라 속세를 벗어난 선경禪境이라는 것이다. 속세로 되돌아갈 뜻마저 잊게 하는 것이 선의 경지가 아닌가. 조홍식은 이 시를 두고, "산과 사람은 말이 없고 / 구름은 새를 따라 함께 날며, / 물이 흐르고 꽃 피는 곳 / 마음도 담담하여 돌아갈 생각마저 잊었네."라고 옮겼다. 적확한 옮김이라서 더 이상 이러니 저러니 하고 말할 수 있는 계제가 아니다. 다만 시적인 언어의 율동과 어조를 고려해, 나는 재맥락화한 역본을, 좀 주제넘게 다음과 같이 만들어 보았다.

산과 사람은 말이 없는데,
구름은 새를 좇아 함께 날고 있어라.
물 흐르고 꽃 피는 곳에 내가 있네.
마음 담담해져 돌아가지 않으리.

속세로 돌아갈 마음마저 잊어버린 그런 망아忘我의 상태야말로 선의 진정한 경지가 아닐까 한다. 물론 상대적인 비교에 지나지 않는 미세한 차이에 지나지 않겠지만, 인권환은 생활 속의 선을 강조하고 있다면, 조홍식은 탈속한 자의 선의 경지를 중시하는 듯하다. 전자가 생활 속에서 선시를 읽는 예사 사람들을 위해 글을 쓰면서 생활 속의 선을 찾으려 했던 것 같고, 후자는 시공을 넘나들었던 전설적인 선객들이 남긴 선시·게송·어록을 중심으로 섬광처럼 빛나는 사유의 광맥을 찾으려고 했던 것 같다. 그러면 이들이 상재한 책들을 살펴보도록 하자.

2. 짓밟힌 돌이 깨어져도 그윽한 빛은 나고

인권환의 『꽃 피고 물 흐른다』에 실려 있는 수많은 에세이들은 글의 발상부터가 의미 있는 문제 제기로부터 시작하고 있다. 이 책에 모인 낱낱의 글들이 독특한 허두虛頭의 미학을 가지고 있는데, 그 대표적인 사례 하나를 인용해 본다.

> 세상은 불행한 이들의 것이 아니라 행복한 이들의 것이고, 세상은 병자들의 것이 아니라 건강한 이들의 것이며, 세상은 죽은 이들의 것이 아니라 살아 있는 이들의 것이다. 그러기에 불행한 사람은 슬프고, 병든 사람들은 괴로우며, 죽은 이들은 말이 없다.(253면)

일종의 잠언처럼 읽히는 글이다. 독자들로 하여금 주의를 집중하게 하는 전형적인 글이다. 글쓰기야말로 반성적인 사유 형식이 아닌가. 자신을, 또한 인간을 되살펴 볼 수 있는 동기의 부여가 마련되어 있는 글일수록 독자를 강하게 끌어당길 수밖에 없다. 인권환의 책 가운데 나의 글쓰기를 촉발하게 한 사색의 맥은 깨달음의 시편과 관련된 것이다. 불가의 깨달음 시는 오도송과 개오시로 나뉜다. 이 모두가 주로 한시의 형식으로 쓰인 것이거니와, 전자는 형식에 크게 얽매이지 않고 자유롭게 쓴 것이며, 후자는 5언이나 7언으로 된 한시의 틀과 관습과 평측平仄에 맞춰 쓴 것이라고 할 것이다.

먼저 고려 시대의 고승이었던 진각국사 혜심慧心의 오도송을 보자.

> 겨자씨 안에 수미산이 들어가고
> 한 터럭 끝에 온 세계가 들어 있다.
> 두꺼비는 범천에 오르고
> 지네는 물고기와 게를 삼킨다.
> 낙타 꼬리는 동과(冬瓜)를 낚고
> 나무다리가 채소를 심는다.

이 시는 일종의 게송偈頌이다. 이것은 불교시의 한 형식이다. 게는 범어梵語인 가타(Gatha)에서 온 말이며, 송은 한시의 한 형식을 가리킨다. 따라서 게송은 범어와 한자어가 합성된 이름인 셈이다. 즉, 불가에서는 불교의 교리나 내용을 담은 한시의 한 형태를 두고 게송이라 한다.

인용된 혜심의 오도송은 5언의 6행시로 되어 있다. 5언은 한시의 관습에 의한 형태이지만, 6행시는 한시에 있을 리 없다. 이 시의 원문은 굳이 따로 인용하지 않았고 시의 내용만을 이미 국역된 상태로 옮겨 놓았을 뿐이다. 이 시를 인용한 인권환은 이렇게 설명하고 있다.

> 논리와 사변(思辨)을 끊고 일상적 관념을 파괴하다 보니 비유와 상징, 비약과

과장, 그리고 역설을 통한 표현이지 않을 수 없고, 또 그렇게 해서 얻어진 절대적인 경지를 상대적인 언어로 나타낼 수 없기에, 이상과 같은 표현은 차라리 필연적인 것일 수밖에 없다.(123~124면)

불교가 선종과 교종으로 나뉘듯이, 불교시는 선시禪詩와 교(술)시로 나뉜다. 선시는 일종의 서정시로서 자아와 세계의 동화적인 관계 속에서 상식을 극단적으로 배반한 언어의 극치이다. 이 언어는 뒤틀림의 왜곡상을 보이곤 한다. 일반인의 정신적인 경지가 선에 미치지 못하기 때문에 선시를 쉽게 이해하지 못하는 것은 극히 당연하다. 혜심의 오도송은 현대시 중에서도 마치 초현실주의 시와 같다.

하나도 얻는 것 없는 곳에서
집안에 있는 돌 밟아 깼어라.
돌아보매 깨진 자취 흔적도 없고
보고 있는 나 자신 또한 없구나.
분명히 드러난 둥그런 그것
그윽한 그 빛이 밝게 빛난다.
부처와 조사(祖師)와 산하까지도
입도 없이 모두 삼켜 버렸네.

이 시는 고려 말의 고승이었던 태고국사 보우普愚의 오도시이다. 보잘것없는 돌멩이 하나가 내 발바닥에 밟혀 깨졌다. 이를 두고 쓴 비상식적인 내용의 시다. 비록 비상식적인 진술이라고 할지언정 깨달음의 시적 경지를 연 시임에 틀림없다. 시의 본질이 의사진술에 있다는 현대 시학의 이론과도 맞닿아 있는 경우라고 할 수 있다.

인권환은 인용시를 가리켜 이렇게 말한다.

그는 선의 경지를 두고, 전우주의 존재에 대한 본질적인 파악, 자아와 우주 자연의 통일, 생사를 초월하고 시공을 뛰어넘는 경지라고 했다. 이 경지는 유심幽深하고도 현묘玄妙한 그런 경지이다. 그렇기 때문에 이처럼 고도의 비유와 상징, 비약과 과장, 궤변과 역설의 언어가 등장한다는 것이다. 덧붙이자면, "분명히 드러난 둥그런 그것 / 그윽한 그 빛이 밝게 빛난다."의 원문의 한자말은

> 료료원타타(了了圓陁陁)
> 현현광삭삭(玄玄光爍爍)

으로 읽히고 있다. 말소리만으로도 충분히 시적인 울림을 가지고 있다. 뜻을 더 정확히 밝힌다면, 분명히 드러난 둥근 원이 당당한 모양새를 하고 있고, 깊고 오묘한 빛이 섬광처럼 번쩍거린다, 정도가 될 것이다.

그런데 이성복의 첫 번째 시집의 제목이기도 한 '뒹구는 돌은 언제 잠 깨는가'는 1980년대 초 전두환 시대의 화두話頭였다. 현실의 세계인 '잠-미몽-어리석음'과, 당위의 세계인 '깨어남-각성-깨달음'의 긴장 관계를 잘 암시하고 있는 일종의 공안公案과 같은, 확 잡아당기는 듯한, 꿈틀거리는 문장이다. 물론 정치적 무의식에 대한 의식화의 촉구로 읽힐 수도 있는 제목이다.

이성복의 시적인 발상, 혹은 역발상이 이미 오래전인 고려 시대의 선사가 쓴 오도적인 각성의 시에서도 이미 드러나 있다는 것은 놀랄 만한 일이다.

> 물처럼 맑은 심경 티끌 하나 없는 밤

철창으로 새로 돋는 달빛 고와라
우락(憂樂)이 공(空)이요 마음만이 있거니
석가도 원래는 예사 사람일 뿐

이 시는 독립운동가이기도 한 만해 한용운이 옥중에서 쓴 시다. 물론 원문은 한시로 쓰였다. 인권환은 『꽃 피고 물 흐른다』에 「자유의 꽃-만해萬海의 옥중시」라는 별도의 장章을 마련하고 있다. 한용운이 시조와 한시로 된 다수의 옥중시를 남겼는데, 인권환은 이 중에서 시조 한 편과 한시 두 편을 가려 이를 대상으로 하여 짧은 글을 썼다. 그는 「고향은 어디에」라는 글에서도 한용운의 오도시를 설명한 바 있다.

오도시는 때로 노래스럽기도 한 오도송에 비해 시적인 형식을 한결 완성한 것이다. 오도시를 두고 개오시開悟詩라고 표현하기도 한다. 깨달음의 경지를 열었다는 점에서 개오시라는 명칭이 더 나은 것인지도 모른다.

어쨌거나 개오시 가운데 "눈 속에 복사꽃이 조각조각 붉구나(雪裡桃花片片紅)"라는 표현은 만해 한용운의 선적인 표현 가운데 하나의 극점에 놓이는 게 아닌가 하고 생각된다. 인권환은 이처럼 깨달음의 절대 경지를 상대적인 언어로 나타내기 위해선 비유와 상징의 표현이 불가피하다고 말한다.

섬돌 우에 문득 석류꽃이 터진다

꽃망울 속에 새로운 우주가 열리는 파동!
아 여기 태곳적 바다의 소리 없는 물보라가 꽃잎을 적신다

방안에 하나 가득 석류꽃이 물들어 온다 내가 석류꽃 속으로 들어가 앉는다 아무 것도 생각할 수가 없다

조지훈의 시편 「화체개현花體開顯」의 부분이다. 제목의 뜻을 글자 그대로 이해하자면, 꽃이 몸을 열어서 (제 스스로) 드러낸다는 것. 이 시의 서정적 자아는 석류꽃의 개화와 함께 새롭게 생성된 우주 속으로 동화된다는 것. 나와 꽃이 주객일여의 선경禪境에 도달한다. 선적인 관조와 몰입은 이와 같이 서정시의 구경적인 이데아가 되는 것이다.

인권환에 의하면 이 시 역시 오도송 내지 개오시에 해당되는 것이다. 조지훈이 출가 승려가 아닌 재가 시인이라고 해도 이 시는 깨달음의 시적 경지에 도달한 시의 계보에 포함된다고 보는 것이 그의 견해다.

주지하듯이, 그는 조지훈의 제자이다. 수상록 『꽃 피고 물 흐른다』의 본문 곳곳에 스승에 대한 애틋한 감정이 묻어나 있다. 그에 의하면, 스승의 시편들 가운데 시간의 비약과 어울리면서 무르녹은 선지禪旨를 보여 준 것이 적지 않았으며, 한 잔의 술을 마셔도 우주와 서로 합치하는 기우氣宇가 있었다고 한다.

인권환의 개별적인 글 중에 주목의 대상이 되는 또 하나의 것이 있다. 보기 드문 법정론法頂論인 「꽃이 피는 소리-법정 스님의 글」이 바로 그것이다. 법정은 출가자로서 속가의 독서계에 이름이 높은 수필가였다. 그의 수필집은 자주 베스트셀러의 반열에 올랐다. 수필가에 대한 작가론이 인색한 비평계와 학계에, 비록 소략하고도 소박한 만필 같은 성격의 글이지만, 법정론이 있다는 것은 후세의 연구자들을 위해 당대의 자료를 남겼음을 의미해 주는 일일 것이다.

> 모든 그의 글들은 평범하면서도 적절한 언어의 선택, 읽을수록 감칠맛 나는 표현의 묘미, 물 흐르듯 전개되는 문장의 구사, 그리고 그 속에 담겨진 오묘한 진리로 하여 우리들을 항상 사색의 심연으로 인도한다. 이는 갈고 닦는 문장 수련으로 되는 것이 아니다. 고민하며 쥐어짜는 생각으로 이루어지는 것도 아

니다. 그것은 무르익은 인격의 바탕에서 저절로 우러나오는 생명의 소리요 진리의 소리다. 그런 점에서 그의 글은 시다. 선시(禪詩)다.(215면)

인권환의 법정론은 1990년에 발표된 글이다. 법정은 이미 이때 수필가로서 일가를 이루고 있었다. 그는 법정의 수필(문)들을 하나하나 시로 간주한다. 산문가의 산문을 가리켜 시적인 경지에 도달했다고 하는 건 최대의 찬사이다. 특히 그의 글을 예사의 시라기보다는 일종의 선시라고 했으니, 이보다 더한 찬사는 없으리라고 본다. 독자들의 잠자는 무명을 일깨워주는 글. 이것이 진짜배기 수필(문)이 아닐까 한다.

3. 꽃이 피는 걸 보면서 비로소 때를 안다

조홍식의 『선심시심禪心詩心』은 인권환의 『꽃 피고 물 흐른다』와 유사한 성격의 불교 수상록이다. 각 장의 얘깃거리가 선시와 관련을 맺어 놓았다는 점에서 시와 산문의 적절한 조화가 불교의 중심 관점 아래에 잘 펼쳐져 있다. 이 책을 가까이 하면, 왠지 모르게 오늘날 우리의 세태에 경종을 잘 울리고 있구나 하는 생각이 스쳐 지나간다. 이 책에 실려 있는 에세이들은 1990년대에 대체로 발표되었고, 지은이는 그 당시에 70대의 연륜에 이르렀다. 프랑스 문학을 전공한 연만한 노학자의 삶의 경험이 잘 반영된 책이었다는 평판을 받을 만하다.

우선, 조홍식의 언어관은 전통적인 선문禪門의 언어관을 그대로 답습하고 있다. 그는 말이란 한계가 있고 언어 표현이 일방적이어서 이해보다 오해의 소지가 많다고 한다. 그는 말과 생각을 끊어야 한다고 말한다. 그가 "말과 생각이 끊어지면 통하지 않는 곳이 없다(節言節慮, 無處不通)."라고 전해 온 선어록을 굳이 인용한 까닭도 여기에 있다.

좀 과한 표현이 아닌가 싶지만, 오늘날 우리 사회가 막말 시대니, 폭언 시대니, 불통의 시대에 놓여 있다고 말을 하는 사람들도 적지 않다. 지나치게 말이 남용되고 생각이 오용되어서 그런가? 하기야 한 사람의 발설은 그 사람의 구업口業이요, 그가 책임져야 할 몫이다. 그런데 자신이 말한 업과 몫을 일쑤 가볍게 여기는 경우가 있다.

조홍식은 보조국사 지눌이 표명한 저 유명한 선언문인 「권수정혜결사문」에서 "위순상쟁違順相爭, 시위심병是爲心病"이란 말을 남겼다고 한다. 옳고 그름을 두고 서로 다투지만, 이것 때문에 바로 마음의 병이 된다는 것. 권수정혜결사문이란, 선정과 지혜를 닦기를 권장하는 결사의 글이다.

오늘날 우리 사회는 정치적인 진영 논리가 양분되어 심하게 몸살을 앓고 있다. 옳고 그름을 따지고 시비곡직을 가린다는 것 자체가 우리를 병들게 하는 건지도 모른다. 조홍식은 마음과 시기의 성숙을 강조한다. 그의 글에 인연법에 관한 얘기들이 많은 이유다. 우리 사회에 날을 세우는 사람들이 적지 않다. 때가 무르익기를 기다릴 줄 아는 여유와 지혜가 있다면, 한편으로는 사람들이 그렇게까지 조급해지지 않을 것이다.

> 시절인연이 도래하여 한차례 가을바람이 일어나니 그토록 꽉 막혀 답답하던 운무가 일시에 확 걷혀 맑은 창공에 온 우주가 제 모습을 역력히 드러낸다.
>
> (……)
>
> 가을 맞아 거두는 열매, 그간 얼마나 인고의 세월을 겪었던가. 씨가 있어 밭에 심으니 해도 나고 비도 내려 기약 없는 세월 속에 가꾸어 왔다. 이 또한 인연 도래에 틀림없다.(70면)

시절인연이라고 하는 말은 우리나라 승가에서 많이 사용하는 표현이다.

만날 사람은 언젠가 반드시 만나게 되고, 이루어질 일은 반드시 이루어지게 된다는 것. 다만 아직 시기가 성숙되지 않았을 뿐이다. 이것이 바로 시절인연에 온전히 들어맞는 뜻일 게다. 농부가 농사를 짓는 일도 하나의 시절인연을 기다리는 것이다.

조홍식의 『선심시심』에 실려 있는 내용은 대체로 선시의 내용에 얽힌 우리나라의 고승에 관한 얘깃거리들이 많다. 그런데 여기에서 눈길을 끄는 것은 중국의 재가 시인 중에서 저명한 왕안석과 소동파에 관한 장이 앞뒤로 연결되어 있다는 점이다. 그는 이들의 시가 지닌 불교적인 친연성이 있음을 밝히려고 했던 것 같다.

조홍식의 글 「종산鍾山을 유람하며」는 왕안석의 시에 관한 글이다. 이 글의 모두에 제시된 그의 시편은 7언절구인 「종산유람」이다. 종산은 그의 고향인 강서성에 있는 명산으로, 그가 만년에 정계에서 은퇴하여 은거하던 곳이다.

종일 산을 보아도 산이 싫지 않아
산을 사서 마침내 산에서 늙어갈 수 있네.
산에 꽃이 다 떨어져도 산은 오래 있고
산에 물은 덧없이 흘러도 산은 스스로 한가롭네.

終日看山不厭山
買山終得老山間
山花落盡山長在
山水空流山自閑

왕안석은 송나라 시대에 신법파에 속한 급진적인 개혁주의자였다. 그는 재상의 반열에 올라 여러 가지 정치적인 개혁과 제도의 쇄신에 큰 성공을 거두었다. 그러나 기득권층인 보수주의자들의 역풍에 휘말려 모든 것이 물거품으로 돌아갔다. 그가 마지막으로 찾은 곳은 고향의 산인 종산. 조홍식은 왕안석이 무상한 권력의 생리와 인정세태를 멀리하면서 한가로운 청산의 세계로 귀의한 측면만을 부각하고 있지만, 사실은 그의 인간적인 한계도 없지 않았다. 그의 급진적인 제도 개혁은 시기상조인 면도 없지 않았다고 한다. 더욱이 그의 인간관계는 비타협적인 것으로 유명하였다. 불교의 인연법에 따르면, 그에겐 시절인연이 결코 없었던 것이다.

소동파는 왕안석과 당색이 다른 구법파의 일원이었다. 그 역시 왕안석처럼 정치적인 험로를 밟았던 사람이다. 권력을 잡고 있었던 왕안석의 신법파를 반대했기 때문에, 그는 재주가 있음에도 불구하고 지방 관리로만 전전했다. 다음에 소개하는 시편 「마상부시일편馬上賦詩一篇」은 굴곡 많고도 덧없는 인생을 회고한 웅숭깊은 명시이다. 조홍식의 책에 실려 있는 역본보다 이 글에선 나의 뜻대로 재구성된 하나의 역본을 제시하려고 한다.

도처에서 만난 인생, 그대에겐 무엇과 같느뇨.
눈과 진흙 위를 거쳐 간 기러기의 자취로다.
진흙 위에는 우연히 남겨진 발톱자국이요,
기러기 날갯짓은 어찌 다시 예나 제나 따지리.
늙은 스님은 이미 돌아가시고 탑은 새로 지어졌네.
벽상(壁上)의 시는 허물어져 이제 흔적조차 없구나.
지난 날 기구한 삶을 다시 소슬히 기억하나니,
먼 길에 지친 사람이여, 발을 절면서 울고 가는 나귀여.

人生到處知何似

應似飛鴻踏雪泥
泥上偶然留指瓜
鴻飛那復計東西
老僧已死成新塔
壞壁無由見舊題
往日崎嶇還記否
路長人困蹇驢嘶

이 시는 소동파가 한 사찰에서 하루를 보내면서 자신의 불운한 인생을 회고하는 가운데 세상살이의 무상감을 노래한 것이다. 이것은 그의 아우인 소철蘇轍에게 써 준 시다. 그는 소철에게 인생은 무엇과 같으냐고 먼저 묻는다. 자신은 기러기의 자취라고 비유해 자답한다. 눈과 진흙을 거쳐 간 기러기의 자취는 순식간에 녹거나 지워진다. 자신의 불우한 정치 생명과도 같다. 여기저기 돌아다니면서 잠시 쉬어가는 절의 노승은 어느덧 열반에 들고 벽상에 적힌 시문은 어느새 허물어져 흔적조차 없다. 지방 관리로서 나귀 등에 몸을 신고 이 마을 저 고을로 옮겨 다니는 그의 생애도 이제 저물어간다.

모든 것이 덧없다.

요컨대 조홍식은 소동파를 가리켜 이러저러한 사실을 들어 "동파거사를 즐겨 자칭하며 불가에 귀의하니 그는 결국 백천만겁에 만나기 어려운 보배를 지녔구나."(181면)라는 평가에 도달하기에 이른다.

사견이 허용된다면, 소동파 역시 왕안석처럼 인간적인 한계를 지닌 인물이다. 세상 사람들 중에 한계 없는 사람이 어디 있으랴.(소동파는 글과 상소를 통해 고려국을 비난하는 자신의 생각을 거듭해 밝혔던 인물이다. 심지어 그는 고려국을 거란족의 앞잡이라고 폄하하기도 했다. 요즘 식으로 말하면 그는 혐한파의 중심인물이었던 셈이다.) 두 사람 모두에게 시절인연이 없었다. 나는 때로 시절인연을 가리켜 고진감래라는 말과 동의어의 개념으로 쓸 수 있다고 믿고 있는 사람이다. 그들이 때를 내다보는 안목과 통찰력이 부족했다는 얘기도 된다.

조홍식의 글 「사바세계를 극락으로」에 보면 짧은 선어록 같은 게 있다. 누구의 글이며 어디에서 따온 것인지 전혀 밝혀져 있지 않다. 내게는 예사롭지 않은 파문으로 다가오는 어록이다.

時無別體
依華以位

조홍식의 『선심시심』에는 "시간의 실체가 따로 있지 않아 / 꽃이 피니 때를 알 수 있다."(206면)라고 풀이되어 있다. 이것저것 따져보면 정말 예사롭지 않은 글이라는 느낌이 물씬 전해 온다. 나는 이 여덟 자의 경(인)구를 하나의 극서정시로 보고 이렇게 옮겨지기를 제안해 본다.

시간은 몸이 따로 없으니,
꽃들이 피면 때를 안다네.

시간은 몸이 없다. 꽃 피기를 기대어 때를 안다? 꽃들이 피고 지는 것을 통해 비로소 때를 알 수 있다는 것이다. 시간의 구속과 추이를 잊는다는 것은 한마디로 말해 도인의 경지에 들어섰음을 가리킨다. 왕안석과 소동파에게 시운時運이 불리했다는 것은 자신들이 때가 무르익기를 기다리지 못했다는 사실을 반증하기도 한다.

찾아보기

사색의 그물망과 친화력

2014년 6월 25일 초판 1쇄 인쇄
2014년 6월 30일 초판 1쇄 발행

지은이 송희복
펴낸이 김희옥
펴낸곳 동국대학교출판부

주소 100-715 서울시 중구 필동로 1길 30
전화 02-2260-3483~4
팩스 02-2268-7851
Homepage http://www.dgpress.co.kr
E-mail book@dongguk.edu
출판등록 제2-163(1973. 6. 28)
인쇄처 (주)타라티피에스

ISBN 978-89-7801-419-9 03810

값 18,000원